I0876744

Kohlhammer

Geschichte im Unterricht

Band 1: Kompetenzorientierter Geschichtsunterricht
Band 2: Vorantike und Antike Welt
Band 3: Welt des Mittelalters und der Frühen Neuzeit
Band 4: Neuzeit
Band 5: Zeitgeschichte

Werner Heil

Neuzeit
Das 19. Jahrhundert

Verlag W. Kohlhammer

Umschlag: Erklärung der Menschenrechte – Detail
Französische Schule
Umschlagkonzept: Peter Horlacher

1. Auflage 2013

Alle Rechte vorbehalten
©2013 W. Kohlhammer GmbH Stuttgart
Gesamtherstellung:
W. Kohlhammer Druckerei GmbH + Co KG, Stuttgart
Printed in Germany

ISBN 978-3-17-022144-4

Inhaltsverzeichnis

Vorwort und Einführung

Der vorliegende Band schließt an Band 3 an, der das Mittelalter und die Frühe Neuzeit behandelte. Wie allen vorausgehenden Bänden liegt dem Unterricht das in Band 1 entwickelte Kompetenzmodell zugrunde. Dieses Kompetenzmodell versucht, durch eine systematische Entwicklung und Vernetzung von Domänen, Kategorien und Begriffen zu einer Kompetenzbildung zu gelangen.

Auch in diesem Band orientiert sich die Darstellung an den Bedürfnissen und den Bedingungen des Geschichtsunterrichts am Gymnasium. In den bisherigen Bänden wurde die kategoriale Wissensbasis der Orientierungskompetenz immer weiter aufgebaut. Dieser Wissensaufbau wird in diesem Band mit der Französischen und der Industriellen Revolution abgeschlossen. Die darauf folgenden Unterrichtsinhalte dienen daher vor allem der Vertiefung und der Anwendung der Orientierungskompetenz. Die Anwendung wird in erster Linie in der Beurteilung und Bewertung historischer Phänomene bestehen; die Orientierungskompetenz geht damit in Handlungskompetenz über.

Gefahren für den kompetenzorientierten Unterricht

Zur Entwicklung der Kompetenzen sind das konsequente Wiederholen und Vertiefen der Domänen, Kategorien und Begriffe wichtig. Dieses Wiederholen und Vertiefen sollte vor allem im Anwenden der Kompetenzen auf historische Phänomene bestehen. Ein Nachlassen in der Konsequenz führte bei jüngeren Schülerinnen und Schülern umgehend zu einem Absinken des Leistungsniveaus; durch die Wiederaufnahme der Wiederholungs- und Vertiefungsarbeit konnte aber das höhere Niveau schnell wieder erreicht werden.

Man könnte bei oberflächlicher Betrachtung des Modells beklagen, dass es zu einer gewissen Schematisierung der Geschichtsbetrachtung führe. Diese Schematisierung liegt aber keineswegs in der Natur des Kompetenzmodells, sondern in seiner noch unentwickelten Anwendung. Am Anfang werden – insbesondere jüngere – Schülerinnen und Schüler das Modell zunächst in der Tat schematisch anwenden; das ist ganz selbstverständlich und gar nicht zu vermeiden, da ihnen zu Beginn noch keine elaborierte, vernetzte Begrifflichkeit zur Verfügung steht; sie muss ja erst im Laufe der Zeit im Umgang mit den Domänen, Kategorien und Begriffen sowie in der Entwicklung der Kompetenz entstehen. Die schematische Anwendung entspricht den ersten tappenden Gehversuchen eines Kindes, das im Laufe der Zeit seine Beine immer geschickter und natürlicher zu bewegen lernt, wenn die entsprechende Übung dazukommt. Nicht anders ist es im kognitiven Bereich der Kompetenzbildung.

Kompetenzbildung

Durch zunehmende Vernetzung und Vertiefung der Begriffe entsteht die notwendige Gewandtheit im Umgang mit ihnen, die das Schematisieren als eine erste Niveaustufe der Entfaltung der Kompetenz hinter sich lässt und zu dem führt, was durch die Kompetenzbildung erreicht werden soll – eine reflektierte und begründete Urteilsbildung, die sich ihrer eigenen Voraussetzungen bewusst ist. Die schematische Anwendung der Begriffe entspricht der Niveaustufe A; sie gibt zu erkennen, dass die historische Begrifflichkeit vorhanden ist, aber noch nicht die notwendige Flexibilität besitzt, die der Vielgestaltigkeit des Geschichtsprozesses gerecht wird. Diese Beweglichkeit des Denkens entsteht auf der zweiten Niveaustufe, auf der die Begriffe, die die Wissensbasis der Kompetenz konstituieren, zueinander in Beziehung gesetzt werden. Dies geschieht sowohl in zeitlicher wie auch in kausaler Hinsicht. Die Schülerinnen und Schüler kommen dadurch in die Lage, Entwicklungen innerhalb einer Domäne darstellen zu können, z. B. die Entwicklung der Herrschaftsformen von der Stammesherrschaft bis zur heutigen Demokratie. Soll diese Darstellung über die chronologische Genese hinausgehen, muss sie auch kausale Erläuterungen enthalten. Dazu ist nötig, über die Grenzen der Domänen hinauszugehen und die Kategorien anderer Domänen zu Erklärung heranzuziehen. Auch da wird eine solche Erklärung zunächst einfach und unbeholfen ausfallen müssen, da die Schülerinnen und Schüler sich zuerst auf eine oder zwei Domänen stützen werden. So könnten sie die Entstehung der Aristokratie oder Demokratie auf eine Veränderung der Gesellschaft zurückführen. Durch Hinzuziehung weiterer Domänen wie „Wirtschaft" oder „Religion" differenziert sich die Erklärung weiter, sodass die Schülerinnen und Schüler allmählich lernen, von einer monokausalen zu einer multikausalen Erklärung überzugehen. Dies bedeutet einen weiteren Schritt in der Ausarbeitung der Kompetenz; wir bewegen uns nun auf einer oberen Graduierung innerhalb der Niveaustufe B.

Wird den Schülerinnen und Schülern im Laufe der Arbeit bewusst, dass sie zwar gewandt und gekonnt mit den kategorialen Begriffen arbeiten können, dass diese Begriffe aber selbst nur eine Auswahl und damit eine Begrenzung ihrer Urteilsfähigkeit darstellen, dann erreichen sie die Niveaustufe C. Sie sind nun in der Lage, ihre eigenen Überlegungen zu reflektieren und die Grenzen ihrer Urteilsbildung zu erkennen. Auf der Niveaustufe C bewegen sie sich ebenfalls, wenn sie die Kategorien mehrerer Domänen zusammennehmen, um die Rechtmäßigkeit oder Angemessenheit einer historischen Erscheinung zu beurteilen – z. B. die Idee der Volkssouveränität in der Neuzeit.

Der Aufbau der historischen Kompetenz geht also von der Erarbeitung kategorialer Begriffe aus, die dann zunehmend vernetzt und reflektiert werden. Diese Begriffsvernetzung wird dadurch zu einem dynamischen Ganzen, das sowohl selbstreflexiv als auch kreativ ist. In den Bänden 4 und 5 geht es vor allem um diese dynamische und selbstreflexive Anwendung der Orientierungskompetenz. Insofern sie historische Phänomene beurteilt und ggf. Defizite in der historischen Entwicklung feststellt, geht sie in eine Handlungskompetenz über. Sie orientiert sich dabei an den Kategorien, die der anthropologisch-historischen Entwicklung des Menschen entsprechen. Die Kategorien stellen also keine absoluten, sondern relative Wertmaßstäbe dar. Dadurch unterscheiden sie sich von einer Geschichtsphilosophie.

Einfache Form der Orientierungskompetenz

Orientierungskompetenz:
Die Schülerinnen und Schüler können sich
(a) in der Geschichte orientieren
(b) durch die Geschichte orientieren (Standort und Identität)

Domäne	**Kategorie**	**Niveaustufe**	**Operator**
• Herrschaft	• Demokratie • Aristokratie • Theokratie • Stammesherrschaft	**(a) Reproduktion** • Wiedergabe der Domäneninhalte (Wissen, Reproduktion)	**(a) Reproduktion** Domäneninhalte • benennen • zeitlich einordnen • eigenen Standort beschreiben • Identität benennen usw.
• Gesellschaft	• Bürgerliche Gesellschaft • Ständegesellschaft • Kollektive Gesellschaft		
• Recht	• Rechtsgleichheit • Standes- oder Gruppenrechte • Rechtlosigkeit	**(b) Problembewusstsein** Fragen zu • den Domäneninhalten • ihrer Entwicklung • und ihrem wechselseitigen Zusammenhang formulieren (Reorganisation, Transfer)	**(b) Problembewusstsein** • Den Bezug von Domäneninhalten zueinander erklären • Die Bedeutung des Standorts erläutern • Identität analysieren usw.
• Wirtschaft	• Marktwirtschaft • Merkantilismus • Feudalismus • Kollektivwirtschaft		
• Wirklichkeit	• Sinneswirklichkeit • Symbolische Wirklichkeit • Gedankliche Wirklichkeit • Götterwirklichkeit		
• Selbstverständnis	• Individualismus • Partikularismus • Kollektivismus	**(c) Problemlösung** • Domäneninhalte beurteilen • Methodische Reflexion (Problemlösefähigkeit, Reflexion)	**(c) Problemlösung** • Domäneninhalte beurteilen • Ihre Berechtigung begründen • Standort und Identität beurteilen und bewerten • Fremdverstehen methodisch begründen und herleiten usw.
• Religion	• Religionsfreiheit • Monotheismus • Polytheismus		
• Wissenschaft	• Wissenschaft • Interpretation • Mythos		
• Krieg	• Ächtung des Kriegs • Heiliger Krieg • Gerechter Krieg • Krieg als Naturzustand		
Wissen		**Können**	

Grundlegende Bedenken, die dem Kompetenzmodell entgegengebracht wurden, beruhen auf dem Missverständnis, dass man das Begriffsgefüge des Strukturgitters nicht als dynamische Einheit, sondern als eine Addition abstrakter Begriffe aufgefasst hat. Dies zeugt von mangelnder Vertrautheit mit den lernpsychologischen Grundlagen der Kompetenzbildung. Deren Kenntnis kann ein solches Missverstehen vermeiden; denn unsere Begriffskonfiguration der Orientierungskompetenz wie auch die Konfigurationen aller weiteren Kompetenzen stellen nichts anderes als lernpsychologische Schemata dar, deren Natur nicht Statik, sondern Dynamik ist.

Auch sei nochmals daran erinnert, dass die Niveaustufen essenzieller Bestandteil der Kompetenz sind. Auch sie verdeutlichen, dass man die Kategorien der Domänen nicht als statische Elemente verstehen darf, die die Schülerinnen und Schüler nur zu lernen hätten.

Niveaustufen der Kompetenz		
Niveaustufe	**Beschreibung**	**Operator**
A	• Wiedergeben (Wissen, Reproduktion)	• „nennen, herausarbeiten, beschreiben, charakterisieren“ usw.
B	• Vertiefende Fragen stellen • Probleme erkennen • Wissen und Können auf andere Zusammenhänge übertragen (Problembewusstsein, Transfer)	• „erstellen, darstellen, analysieren, einordnen, begründen, erklären, erläutern, vergleichen“ usw.
C	• Selbstständig Probleme lösen • Das Vorgehen bedenken und begründen (Problemlösefähigkeit, Reflexion)	• „überprüfen, beurteilen, bewerten, erörtern, gestalten“ usw.

Didaktische Reduktion

Wie für jeden Geschichtsunterricht stellt eine radikale Reduktion der historischen Inhalte auf grundlegende Strukturen auch für die Kompetenzbildung eine wesentliche Voraussetzung dar. Damit wird ein zweites Ziel des Buches formuliert. Es geht um die Herausarbeitung der inhaltlichen Essenz des Geschichtsunterrichts, nicht um eine methodische Vermittlung der Inhalte, nicht um Arbeits- und Sozialformen. Das inhaltlich Wesentliche herauszufiltern bedeutet die größte Herausforderung für die jungen Kolleginnen und Kollegen, nicht die methodische Vermittlung der Inhalte. Gerade hier wird der Unterschied von Geschichtswissenschaft und Geschichtsunterricht deutlich: Die Geschichtswissenschaft differenziert und nuanciert, der Geschichtsunterricht reduziert und vereinfacht. Das muss er aus lerntheoretischen Gründen tun. Der oftmals gegen die Reduktion vorgebrachte Einwand, dass die so reduzierten Inhalte „so gar nicht stimmten“, verkennt diese Notwendigkeit. Tragende Stützen sind nicht das Bauwerk; das ist gewiss richtig. Aber ohne tragende Stützen wäre ein Bauwerk nicht möglich.

Die inhaltliche Essenz des Geschichtsunterrichts ist von jeder Methodik unabhängig; die Bedeutung der Revolution von 1848 bleibt unverändert dieselbe – gleichgültig, ob sie schülerzentriert oder lehrerorientiert unterrichtet wird. Die didaktische Reduktion der Inhalte hängt auch nicht von der Frage ab, ob der Unterricht lernzielorientiert oder kompetenzorientiert angelegt ist. Sie stellt eine unerlässliche Prämisse beider Unterrichtsformen dar. Der Unterschied beginnt erst an der Stelle, wo die inhaltlichen Ergebnisse zu einer Kompetenz weiterverarbeitet werden. Daher haben wir bislang eine doppelte Ergebnissicherung durchgeführt: Eine inhaltliche, bei der der lernzielorientierte Unterricht stehen bleiben kann, und eine kompetenzorientierte, wodurch der lernzielorientierte Unterricht in den kompetenzorientierten übergeführt wird. Die zweite benötigen wir, wie schon gesagt, nach der Behandlung der Französischen und der Industriellen Revolution nicht mehr in der elementaren Form, da sie in dieser bereits vorliegt.

Ergebnissicherung

In unsere Darstellung werden immer wieder reflektierende Passagen eingebaut, die in ihrer grundlegenden Fragehaltung in der Geschichtswissenschaft weniger üblich sind. Sie sind der spezifischen Natur des Geschichtsunterrichts und des kompetenzorientierten Geschichtsunterrichts geschuldet. Zum einen muss der Geschichtsunterricht durchgehend problemorientiert angelegt sein; die Schülerinnen und Schüler sollen zum Nachdenken angeregt werden. Sie sollen historische Sachverhalte nicht nur auf der Inhaltsebene kennenlernen (Niveaustufe A), sondern sie auch verstehen und begreifen (Niveaustufen B und C). Dieses Verstehen- und Begreifenlernen führt zum systematischen Aufbau einer historischen Urteilsbildung. Sie findet auf der Grundlage der erworbenen Kompetenzkategorien statt, die dadurch zu einer reflektierten Basis der Urteilsbildung werden. Durch diese Urteilsbildung wird die Handlungskompetenz entwickelt, die beurteilt, ob ein historischer Sachverhalt, eine Zielsetzung wünschenswert ist oder eher vermieden oder verhindert werden sollte. Dadurch kommt ein normatives Element ins Spiel, das für die Geschichtsentwicklung berechtigt ist, da es in ihr auch um die Entwicklung und Umsetzung von Werten geht. Entscheidend ist dabei allerdings, dass dieses normative Element durch den Bezug auf die historisch-anthropologische Entwicklung des Menschen, nicht nach subjektivem Wähnen und Meinen oder durch ein unreflektiertes Geschichtsbild begründet wird. Grundlagen zur Urteilsbildung zu schaffen, stellt die zentrale Funktion der Kompetenzkategorien dar. Wir kennzeichnen solche Prozesse der Urteilsbildung in den Marginalien als „Kompetenzorientierte Urteilsbildung".

Problemorientierung und Handlungskompetenz

Eine Kompetenzüberprüfung findet im Anschluss an jede Unterrichtseinheit in der Weise statt, dass die oben angegeben Niveaustufen der Kompetenz mit der Frage „Kann ich ...?" verbunden werden: „Kann ich einen Sachverhalt wiedergeben, erläutern, beurteilen?" Das entspricht den drei Niveaustufen der Kompetenz. Aufgaben dazu kann jede Lehrerin und jeder Lehrer ohne Probleme selbst erstellen, sodass wir auf ihre explizite Darstellung verzichten. Beispiele dazu finden sich in Band 1 und 2 unserer Reihe.

Kompetenzüberprüfung

1 Die Französische Revolution

1.1 Planung der Unterrichtseinheit

Planung der Unterrichtseinheit

Zur Planung der Unterrichtseinheit gehen wir wie in den vorausgehenden Bänden wieder von den Domänen aus und fragen, welche Kategorien für die Französische Revolution von Bedeutung sind:

Herrschaft	Recht	Gesellschaft	Religion	Wissenschaft
• Demokratie • Verfassungsstaat • Volkssouveränität • Revolution	• Ständerechte • Menschen- und Bürgerrechte • Freiheit • Gleichheit	• Ständegesellschaft • Bürgerliche Gesellschaft	• Religionsfreiheit • Abschaffung der Religion	• Naturwissenschaft • Empirismus

Wirklichkeit	Selbstverständnis	Wirtschaft	Krieg
• Sinneswirklichkeit • Gedankliche Erfassung der Sinneswelt	• Individualismus • Freiheit und Selbstbestimmung • Gleichheit	• Marktwirtschaft • Kapitalismus • Brüderlichkeit	• Politischer Krieg • Volksbewaffnung

Wir sehen, dass die Kategorien in den Domänen, die mit der Wirklichkeitserfahrung zu tun und die wir daher als „Wirklichkeitskategorien" bezeichnet haben, seit Anbruch der Neuzeit konstant geblieben sind. Andere wie diejenigen der Domänen des Rechts, der Herrschaft, der Gesellschaft usw. sind in der Frühen Neuzeit zum ersten Mal sichtbar geworden, wurden aber zurückgedrängt; nun brechen sie mit neuer Gewalt hervor und suchen ihre politische und soziale Verwirklichung. Mit der Französischen Revolution werden sie zu Leitideen eines Zeitalters: Die Ideen der Demokratie, der Menschen- und Bürgerrechte, der Freiheit und der Gleichheit, die zu einer bürgerlichen Gesellschaft führen werden, sowie die Ideen des Verfassungs- und des Nationalstaats. Sie beschäftigen zunächst europa-, dann aber auch weltweit die politischen Köpfe der Zeit, die für sie eine angemessene Staats- und Gesellschaftsform zu schaffen suchen. Hinzu kamen die Ideen der Marktwirtschaft und des

Kapitalismus als neue Wirtschaftsformen. Ihnen haben wir den in der Revolution nur diffus bleibenden Begriff der „Brüderlichkeit" zugeordnet.

Strukturskizze

Strukturskizze „Die Französische Revolution"			
Leitthema: Die Französische Revolution – ein unvollendetes Fundament der Neuzeit?			
Voraussetzungen der Revolution	Grundlegende Umgestaltungen	Die Krise der Revolution	Ergebnisse und Aufgaben
• Geistige Voraussetzungen: • Aufklärung • Staatstheorien • Politische und gesellschaftliche Missstände	• National- und Verfassungsstaat • Bürgerliche Gesellschaft • Volksbewaffnung • Menschenrechte	• Robespierre und der Terreur • „Revolutionärer Wahnsinn" • Das Direktorium und der „Retter" Napoleon	• Fragwürdige Errungenschaften • Die Problematik der Umsetzung von „Freiheit, Gleichheit und Brüderlichkeit"
Notwendige Veränderungen		Unzulängliche Umsetzung	Defizite und Aufgaben
Die Grundsteine der modernen Welt		bedürfen einer weiteren Verarbeitung und Durchdringung	

1.2 Voraussetzungen der Revolution

Der Absolutismus hatte, wie wir in Band 3 dargestellt haben, gedanklich, politisch, gesellschaftlich und wirtschaftlich ein problematisches Erbe hinterlassen. Die Staatstheorie entwickelte ein strenges Gottesgnadentum, in dem der Herrscher zu einer sakrosankten Person geworden war. Ideen von Mitbestimmung und Gleichheit der Bürger, wie sie zaghaft in der italienischen Renaissance und der deutschen Reformation aufgetreten waren, traten in den Hintergrund oder verschwanden. Finanziell war der Staat ruiniert. Die Hälfte der Staatseinnahmen floss in die Schuldentilgung, ein weiteres Viertel verschlangen die Militärausgaben, 6% gingen an den Hof, 5% waren zur Rentenzahlung für den Ersten und Zweiten Stand nötig; so blieben für die eigentliche Regierungsarbeit gerade 14% des Staatshaushaltes übrig. Der französische Staat hatte eine hegemoniale Stellung in Europa erlangt, deren Verteidigung Geld kostete.

Erbe des Absolutismus

Mit der Aufklärung geriet der Absolutismus gedanklich in die Defensive. Die Aufklärer verlangten Gedanken- und Religionsfreiheit und griffen damit den absoluten Staat in seiner Substanz an. „Aufklärung ist der Ausgang des Menschen aus seiner selbst verschuldeten Unmündigkeit", schrieb Immanuel Kant 1784; er verlangte, dass die Menschen selbst- und eigenständig denken sollten. „Habe den Mut, dich deines eigenen Verstandes zu bedienen, ist der Wahlspruch der Aufklärung."[1] Damit war jeder Autorität und jedem obrigkeitlichen Denken der Kampf angesagt; der Mensch war auf sich verwiesen und sollte den Maßstab zur Beurteilung der Dinge allein seiner Vernunft entnehmen. So hatte es bereits umfassend und tiefgründig Pico della Mirandola

Aufklärung

zu Beginn der Frühen Neuzeit formuliert. Kant forderte nichts revolutionär Neues, sondern erinnerte an ein Grundprinzip der europäischen Neuzeit.

1.2.1 Die Staatstheorien von Montesquieu und Rousseau

Nachdem eine Neugestaltung des Staatswesens, das den Forderungen nach Freiheit und Gleichheit gerecht geworden wäre, in der Zeit von der Reformation bis zum Absolutismus nicht gelungen war, machten englische Staatstheoretiker wie John Locke die ersten Schritte zur Begründung einer demokratischen Herrschaft. Ihnen folgten französische Denker nach, von denen Charles de Montesquieu und Jean Jacques Rousseau die bedeutendsten waren.

Montesquieu

> „Es gibt in jedem Staat drei Arten von Vollmacht: die legislative Befugnis, die exekutive Befugnis in Sachen, die vom Völkerrecht abhängen, und die exekutive Befugnis in Sachen, die vom Zivilrecht abhängen. Auf Grund der ersteren schafft der Herrscher oder Magistrat Gesetze auf Zeit oder für die Dauer, ändert geltende Gesetze oder schafft sie ab. Auf Grund der zweiten stiftet er Frieden oder Krieg, sendet oder empfängt Botschaften, stellt die Sicherheit her, sorgt gegen Einfälle vor. Auf Grund der dritten bestraft er Verbrechen oder sitzt zu Gericht über die Streitfälle der Einzelpersonen. Diese letztere soll richterliche Befugnis heißen, und die andere schlechtweg exekutive Befugnis des Staates. [...] Sobald in ein und derselben Person oder derselben Beamtenschaft die legislative Befugnis mit der exekutiven verbunden ist, gibt es keine Freiheit. Es wäre nämlich zu befürchten, dass derselbe Monarch oder derselbe Senat tyrannische Gesetze erließe und dann tyrannisch durchführte. Freiheit gibt es auch nicht, wenn die richterliche Befugnis nicht von der legislativen und von der exekutiven Befugnis geschieden wird."[2]

So schrieb Montesquieu 1748. Freiheit war für ihn der zentrale Begriff, um den sich seine Staatstheorie drehte. Um sie zu wahren, hielt Montesquieu eine strenge Gewaltenteilung für erforderlich:

Theorie der Demokratie

Staatstheorie Montesquieus		
Exekutive	Legislative	Judikative
• Regierung • König • Minister • Sie führen die Gesetze aus	• Gesetzgebung • Volkssouveränität • Volk bzw. Volksversammlung • Sie machen die Gesetze	• Rechtsprechung • Gerichte • Sie prüfen die Rechtmäßigkeit der Regierungshandlungen und der Gesetzgebung
• Ziel: Schutz der Freiheit des Einzelnen • Mittel: • Strenge Gewaltenteilung • Strenge Unabhängigkeit der Gewalten		

Unabhängigkeit der Gewalten

Keine Gewalt durfte allmächtig werden, jede sollte die andere kontrollieren. Das war nur möglich, wenn sie voneinander unabhängig waren. Damit legte Montesquieu das theoretische Fundament der neuzeitlichen Demokratie. Die Teilung der Gewalten ist ein konstitutiver Bestandteil dieses Herrschaftsverständnisses. Jede Demokratie muss sich daran messen lassen, inwieweit ihre

Gewalten geteilt und – noch wichtiger – inwieweit sie voneinander unabhängig sind. Nur eine strikte Unabhängigkeit der Gewalten kann ihre Kontrollfunktion garantieren und die Freiheit wahren.

Montesquieu erkannte auch, dass eine direkte Demokratie in größeren Staatswesen praktisch nicht durchführbar sei; daher trat er für eine repräsentative Demokratie ein, bei der gewählte Vertreter anstelle des gesamten Volkes handeln. Auch verlangte er, dass die gesetzgebende Körperschaft in regelmäßigen und nicht zu großen Zeitintervallen tagen müsse:

> „Es gäbe keine Freiheit mehr, wenn die legislative Körperschaft eine beachtliche Zeitspanne nicht zusammenberufen worden wäre."[3]

Kompetenzorientierte Urteilsbildung

Montesquieus Theorie wurde zum Maßstab der europäischen Neuzeit. Die Entwicklung, die der Absolutismus aufgehalten hatte, setzte sich fort. Fragen wir uns, wie sich diese neuzeitliche Form der Gewaltenteilung von der der Antike unterscheidet, wo ebenfalls eine Verteilung der Macht auf unterschiedliche Institutionen und Personen stattfand. Ein zentraler Unterschied liegt in der funktionalen Aufteilung der Macht: Es gibt regierende, gesetzgebende und rechtsprechende Gewalten und Einrichtungen. Jeder wird eine ganz bestimmte Funktion zugewiesen, die nur sie allein ausüben darf. In der Antike konnte eine Person oder Institution mehrere Funktionen ausüben: So konnte ein römischer Konsul auch Kapitalstrafen verhängen, für die in der neuzeitlichen Gewaltenteilung nur ein Gericht zuständig ist. Ebenso durfte eine Volksversammlung auch juristische Funktionen ausüben. Daher kann man sagen, dass in der Antike die Gewalt mehr institutionell, in der Neuzeit mehr funktional geteilt ist. Der entscheidende Unterschied wird deutlich, wenn wir die Domäne „Selbstverständnis" zurate ziehen. Dort haben wir erkannt, dass sich der antike Mensch als Teil des Staates betrachtete und eine ihm untergeordnete Rolle einnahm. So im Staatsverständnis des Aristoteles und so ganz besonders in der Staatswirklichkeit Spartas.[4] In der Neuzeit dagegen steht der einzelne Mensch im Mittelpunkt. Er ist nicht nur Teil eines Ganzen, sondern selbst ein Ganzes, ein absoluter Wert, den es zu schützen gilt. Seinem Schutz, seiner Freiheit hat die Staatsmacht zu dienen. Die Gewaltenteilung zielt also primär auf den Schutz und die Freiheit des Einzelnen ab. In der Antike dagegen hatte sie die Aufgabe, die Freiheit des Staates, d. h. seine Funktionsfähigkeit zu erhalten.

Schutz des Einzelnen

Zum Schutz des Einzelnen sind eine strikte Funktionsteilung der Gewalten und ihre strenge Unabhängigkeit voneinander erforderlich. Wo eine Gewaltenverschränkung besteht, wie z. B. in der Bundesrepublik, ist der Schutz des Einzelnen nicht in dem Maße gewährleistet, wie dies seiner Stellung im Wertekanon als auch im Souveränitätsverständnis der Neuzeit angemessen wäre. Von dem Einzelnen in der Form des Volkes geht alle Gewalt aus, nicht vom Staat.

> „Die Begründer des Grundgesetzes haben damit festgelegt, dass das Volk der Souverän ist, der durch Wahlen und Abstimmungen seine Gesamtgewalt auftrennt in «besondere Organe der Gesetzgebung» (Legislative), also Bundestag und Länderparlamente, «der vollziehenden Gewalt» (Exekutive), also Regierung und Verwaltung, und «der Rechtsprechung» (Judikative), also alle Gerichte. Dazu bemerkt

Richter Udo Hochschild vom Verwaltungsgericht Dresden: «In Deutschland ist die Justiz fremdbestimmt. Sie wird von einer anderen Staatsgewalt – der Exekutive – gesteuert, an deren Spitze die Regierung steht. Deren Interesse ist primär auf Machterhalt gerichtet. Dieses sachfremde Interesse stellt eine Gefahr für die Unabhängigkeit der Rechtsprechung dar. Richter sind keine Diener der Macht, sondern Diener des Rechts. Deshalb müssen Richter von Machtinteressen frei organisiert sein. In Deutschland sind sie es nicht."[5]

Repräsentative Demokratie

Ein weiterer wesentlicher Unterschied liegt in der Idee der Repräsentation des Einzelnen durch gewählte Vertreter. Die unmittelbare Entscheidungsgewalt und die unmittelbare Entscheidungsfreiheit gibt der Einzelne aus pragmatischen Gründen an Vertreter ab, die an seiner Stelle handeln. Dies ist nicht ganz unproblematisch, wie wir aus der neuesten Geschichte wissen. Denn welcher Schutz bleibt dem Einzelnen, wenn seine Vertreter gegen ihn und seine Interessen handeln? Hier bestehen eine Lücke und ein Bruch im Demokratieverständnis, insofern der Einzelne seinem Vertreter untergeordnet wird. Diese Unterordnung beschreibt nicht nur eine Unlogik, sondern auch einen gefährlichen Punkt der politischen Wirklichkeit, indem der Einzelne auf seine konkrete Freiheit zugunsten einer theoretischen Vertretung verzichtet. Hier wäre eine Institution nötig, die dem Einzelnen ein Widerspruchsrecht und ein Widerstandsrecht gegen solche Entscheidungen „in seinem Namen" einräumt. Diese Schlussfolgerung ergibt sich aus der Einsicht, dass in der Neuzeit dem Einzelnen ein oberster und absoluter Wert zukommt, wie wir dies in Band 3 entwickelt haben und bei der Besprechung der Menschenrechte noch sehen werden.

Rousseau

Ebenfalls ein Vertreter der Aufklärung und in seinem eigenen Verständnis ein Theoretiker der Demokratie war Jean-Jacques Rousseau. In seiner Abhandlung zum Gesellschaftsvertrag schrieb er 1762:

„Der Mensch wird frei geboren, und überall ist er in Ketten. [...] Auf seine Freiheit zu verzichten heißt auf seine Menschheit, die Menschenrechte, ja selbst auf seine Pflichten zu verzichten. [...] Eine solche Entsagung ist mit der Natur des Menschen unvereinbar, und man entzieht, wenn man seinem Willen alle Freiheit nimmt, seinen Handlungen allen sittlichen Wert."[6]

Rousseau intonierte hier nicht nur eine Lobeshymne auf die Freiheit, sondern er betrachtete die Freiheit als ein konstitutives Element des Menschseins. Sie ist – wie wir es in Band 3 formuliert haben – eine anthropologisch-historische Komponente des neuzeitlichen Menschseins und damit nicht nur ein politisch oberster und absoluter Wert, sondern eine Komponente der anthropologisch-historischen Evolution, die unantastbar sein muss, wenn die Natur des Menschen nicht zerstört werden soll. Zur Wahrung dieser Freiheit suchte Rousseau eine geeignete Staatsform zu finden.

„Wie findet man eine Gesellschaftsform, die mit der ganzen gemeinsamen Kraft die Person und das Vermögen jedes Gesellschaftsmitgliedes verteidigt und schützt, und kraft deren jeder einzelne, obgleich er sich mit allen vereint, gleichwohl nur sich selbst gehorcht und frei bleibt wie vorher? Dies ist die Hauptfrage, deren Lösung der Gesellschaftsvertrag gibt. [...] Jeder von uns stellt gemeinschaftlich seine Person und seine ganze Kraft unter die oberste Leitung des allgemeinen Willens, und wir nehmen jedes Mitglied als untrennbaren Teil des Ganzen auf. [...] Der Verlust, den der Mensch durch den Gesellschaftsvertrag erleidet, besteht in dem Aufgeben seiner natürlichen Freiheit und des unbeschränkten Rechts auf alles, was ihn reizt und was er erreichen kann. Sein Gewinn äußert sich in der bürgerlichen Freiheit und in dem Eigentumsrecht auf alles, was er besitzt."[7]

Gesellschaftliche Quadratur des Kreises

Rousseau verlangte offensichtlich die Quadratur des Kreises: Jeder sollte sich mit allen zusammenschließen und doch nur sich selbst gehorchen. Die Gemeinschaft sollte den Einzelnen schützen und verteidigen, der in dieser Gemeinschaft seinen eigenen Willen pflegen und bewahren sollte. Dieser Wille sollte aber nicht der persönliche, natürliche Wille sein, der seiner Lust, Neigung oder Kraft folgt, sondern ein allgemeiner Wille, der ihm die bürgerliche Freiheit und einen rechtmäßigen Besitz gibt, den Rousseau „das Eigentum" nennt.

Volonté générale

„Aus dem Vorhergehenden ergibt sich, dass der allgemeine Wille beständig der richtige ist und immer auf das allgemeine Beste abzielt; daraus folgt jedoch nicht, dass Volksbeschlüsse immer gleich richtig sind. Man will stets sein Bestes, sieht jedoch nicht immer ein, worin es besteht. [...] Oft ist ein großer Unterschied zwischen dem Willen aller (volonté des tous) und dem allgemeinen Willen (volonté générale); letzterer geht nur auf das allgemeine Beste aus, ersterer auf das Privatinteresse und ist nur eine Summe einzelner Willensmeinungen."[8]

Rousseau erkannte richtig, dass ein Beschluss, der von allen getragen wird, also dem „Willen aller" entspricht, keineswegs dem Wohl des Ganzen oder seiner Mitglieder dienen muss. Er kann auch aus egoistischen Motiven einer Gruppe gefasst worden sein, die ihre Interessen gegenüber anderen durchsetzen will. Daher führte er noch einen „allgemeinen Willen" ein, der per Definition auf das „Richtige" und das „allgemeine Beste" abzielte. Dies erinnert an die allgemeinen Definitionen eines Aristoteles oder Platon, bei denen die „Tugend", das „gute Leben" oder schlechthin nur „das Gute" und „Gerechte" als oberste Ziele des Staates benannt wurden. Wir haben bei der Besprechung dieser Vorstellungen in Band 2 erkannt, dass es sich bei diesen philosophischen Wertsetzungen immer um eine Einheit von Intellektualität und Moralität handelte.[9] In der Moralität erhebt sich das Individuum auf eine Stufe der Allgemeinheit ohne sein Einzelsein, seine Individualität, zu verlieren. Diese die Individualität erhaltende Moralität muss auch bei Rousseaus „Allgemeinem Willen" mitgedacht werden, sonst geschieht es schnell, dass der Allgemeine Wille zu einem diktatorischen Willen wird, der den Einzelnen unterdrückt.

„Damit demnach der Gesellschaftsvertrag keine leere Form sei, enthält er stillschweigend folgende Verpflichtung, die allein den übrigen Kraft gewähren kann; sie besteht darin, dass jeder, der dem allgemeinen Willen den Gehorsam verweigert, von dem ganzen Körper dazu gezwungen werden soll; das hat keine andere Bedeutung als dass man ihn zwingen werde, frei zu sein."[10]

Allgemeiner Wille als Naturordnung

Der „Allgemeine Wille" zielt ähnlich wie die antike Polis, die römische Res publica, die ägyptische Maat und der mittelalterliche „Wille Gottes" auf eine naturgegebene Grundordnung ab, die im Staatsaufbau und in der Staatsordnung zum Ausdruck kommen soll. Diese Grundordnung kann nicht durch einen menschlichen Willen geschaffen, sondern durch entsprechende Einsicht nur erkannt werden. Daher verstanden sich die alten Herrscher bis ins ausgehende Mittelalter nicht als Gesetzgeber, sondern als Richter über das Einhalten dieser Ordnung. Sie lag im „Willen der Götter", in der „Vernunft" oder im „Willen Gottes" begründet.

Theorie der Diktatur

Zur Diktatur artet dieser allgemeine Wille aus, wenn eine Regierung, sei es in Form einer Person, einer Gruppe, einer Partei, sich anmaßt, diesen allgemeinen Willen zu verkörpern. Dies ist so während der Französischen Revolution geschehen, wie wir noch sehen werden, als Robespierre den Anspruch erhob, in seinem „Terror der Tugend" diesen allgemeinen Willen zu vertreten; ebenso im Nationalsozialismus, wo die nationalsozialistische Regierung behauptete, den Willen des Volkes zu verkörpern; ebenso in den kommunistischen Diktaturen, wo „die Partei" oder die entsprechenden Führungskader mit dem allgemeinen Willen gleichgesetzt wurden. Der allgemeine Wille ist nicht nur nicht veräußerbar, wie Rousseau erkannte; er ist auch nicht vereinnahmbar. Keine konkrete Person oder Gruppe kann und darf ihn für sich in Anspruch nehmen, denn sonst wird er immer zu einer volénté des tous. Er kann sich nur im Zusammenspiel des Ganzen realisieren, wie dies die antiken Gesellschaften zurecht praktiziert haben. Indem er dies nicht hinreichend deutlich machte, wurde Rousseau – entgegen seiner Intention – zum Theoretiker der modernen Diktaturen.

Inhaltliche und kompetenzorientierte Ergebnissicherung

Staatstheorie Rousseaus		
Staat (Republik)	• Allgemeiner Wille (volonté générale) • Staatsoberhaupt = Gesamtheit der Bürger	• Bürger • Recht des Gesetzes • Eigentum
	leitet oder unterdrückt	
Naturzustand	• Wille des Einzelnen • Wille der Mehrheit	• Natürliche Person • Recht des Stärkeren • Besitz
	• Theorie der naturrechtlichen Demokratie • Unbeabsichtigte Theorie der Diktatur	

Rousseau lehnte eine Gewaltenteilung ab, da der allgemeine Wille auf das Beste abzielte; eine Teilung dieses Willens ließ das Ziel daher nicht besser, sondern schlechter erreichen. Im gleichen Sinne, wenngleich nicht im selben Geiste, argumentierten spätere Diktatoren.

Volkssouveränität

Rousseau entwickelte in seiner Abhandlung zum Gesellschaftsvertrag auch die Vorstellung der Volkssouveränität. Sie ist ähnlich schwierig zu fassen wie die Vorstellung des „Allgemeinen Willens", mit der sie verknüpft ist. Der Souverän besteht in der Gesamtheit der Bürger, die den allgemeinen Willen realisieren. Nicht der einzelne Bürger ist souverän, sondern ihre Gesamtheit; aber nicht die Gesamtheit als numerische Größe, sondern nur insofern sie den allgemeinen Willen verkörpert. Daher wäre es besser, von dem allgemeinen Willen als dem Souverän zu sprechen. Dies wäre, wenn man diesen Willen präzisiert, die staatliche Ordnung in ihrer Gesamtheit, wie wir dies in der Vorantike, der Antike und im Mittelalter kennengelernt haben. Ganz so ist es aber bei Rousseau nicht, denn er geht tatsächlich von dem einzelnen Individuum aus, das seine Entscheidungsgewalt an den Souverän abtritt. Damit entspricht

Rousseaus Theorie der europäischen neuzeitlichen Entwicklung, die im Individuum ihr Zentrum und ihren obersten Wert gefunden hat. Individuum und Allgemeinheit gilt es also in eine rechte Beziehung zu setzen. Rousseau versuchte dies durch die Konstruktion eines „Allgemeinen Willens".

Kompetenzorientierte Urteilsbildung

Seine Problematik, dass durch den allgemeinen Willen aus der gerechten Demokratie eine Diktatur werden kann, haben wir besprochen. Die Annahme einer Wertinstanz, die oberhalb der subjektiven Interessen des Einzelnen besteht, ist allerdings berechtigt. Genauso aber auch der absolute Schutz des Einzelnen, der ebenfalls einen obersten Wert darstellt und daher nichts anderem, auch keinem allgemeinen Willen, untergeordnet werden darf. Das haben wir bei der Betrachtung der Reformation erkannt, wo wir zu dem Ergebnis gekommen sind, dass die absoluten Werte „Recht", „Wahrheit, „Gerechtigkeit" die der Neuzeit angemessene neue Gestalt des mittelalterlichen „Willen Gottes" sind.[11] Zu diesen absoluten Werten gehören auch die Freiheit und die Würde des Menschen. Eine neue Staatsgestaltung muss diese Werte vereinen können, ohne dass die eine der anderen untergeordnet wird. Diese Aufgabe muss sie lösen, wenn sie dem neuzeitlichen Selbstverständnis gerecht werden will; sie muss dafür ein neues Staatsverständnis entwickeln, das der Stellung des Einzelnen den entsprechenden Platz einräumt. Der Begriff der Volkssouveränität greift hier zu kurz, da er den Einzelnen ausschließt. Rousseau hatte recht, wenn er die Souveränität vom Einzelnen ausgehen ließ; er dachte aber noch zu sehr in antiken Kategorien und ließ ihn daher die Souveränität an etwas Allgemeines wie den Allgemeinen Willen abgeben, der, wie wir oben gesagt haben, dem Verständnis der antiken Polis und der Res publica entsprach. Hier war der Einzelne Teil des Ganzen. In der Neuzeit ist er selbst ein Ganzes und muss daher entsprechend gewürdigt werden: Jeder einzelne ist ein Souverän, der seine Souveränität nicht veräußern darf und kann. Dies wird in den Menschenrechten deutlich. Der Begriff der Volkssouveränität wird diesem Tatbestand nicht gerecht, da der Begriff des „Volkes" keinen substanziellen Inhalt hat. Er dient eher einem demagogischen Missbrauch, wie wir es im Nationalsozialismus erlebt haben. „Souverän" können nur absolute Werte sein: Das sind der konkrete Einzelne mit seiner Freiheit und Menschenwürde sowie die Ideen der Wahrheit, der Gerechtigkeit, des Rechts und der Moralität. Diese Werte konstituieren das Menschsein. Der Staat hat ihnen zu dienen; und nur durch diesen Dienst erhält er eine Daseinsberechtigung. Er muss also Instanzen schaffen, die es ermöglichen, nach diesen Werten zu suchen und nach ihnen zu handeln. Das können nur eine freie Wissenschaft, eine unabhängige Justiz, eine freie Religion oder Philosophie und eine Wirtschaft, die der sozialen Gerechtigkeit verpflichtet ist. Sie müssen die Kontrolle über die Macht des Staates ausüben und ihr Grenzen setzen. Damit hätten wir einen Bogen zu Montesquieu zurückgeschlagen. Wir werden sehen, ob der Französischen Revolution eine Staatsgestaltung in diesem Sinne gelungen ist.

1.2.2 Langandauernde Krise der Gesellschaft

Krise des Adels

Mit dem Absolutismus geriet die Gesellschaft in eine langandauernde Krise. Der Adel wurde seiner alten Funktionen beraubt und verkam am Hofe des Königs, wo er seines Vermögens verlustig ging und sich mit Lakaiendiensten begnügen musste. Er wurde in der Nation mehr und mehr isoliert und hatte am politischen Leben immer weniger Anteil. Auf der anderen Seite blieben ihm seine alten Privilegien, die ihn in einer Scheinwelt weiter leben ließen. In einem Theaterstück Beaumarchais schlug dem Adel folgende Kritik entgegen:

> „Weil Ihr ein großer Herr seid, Herr Graf, haltet Ihr Euch für einen großen Geist! Adel, Rang, Vermögen, das alles macht Euch stolz. Was habt ihr eigentlich getan, sie zu verdienen? Ihr gabt Euch nur die Mühe, geboren zu werden, weiter nichts! Im übrigen seid Ihr ein ganz gewöhnlicher Mensch. Ich dagegen, ein Mann der dunklen Menge, musste, nur um zu leben, weit mehr Verstand und Kenntnisse gebrauchen, als man seit 100 Jahren gebraucht, um ganz Spanien zu regieren."[12]

Die Adligen im Zuschauerraum quittierten die Kritik mit stürmischer Begeisterung. Sie hatten nicht begriffen, welchen Spiegel ihnen Beaumarchais vorhielt.

Krise der Bürger und Bauern

Die Adligen machten 2% der Bevölkerung aus. Sie besaßen aber etwa zwei Drittel des Grundbesitzes im Königreich und entrichteten etwa nur 10% der an den Staat zu zahlenden Steuer. 90% hatten die Bürger und Bauern aufzubringen, die noch unter weiteren Ungerechtigkeiten litten, wie aus ihren Beschwerdeheften hervorging, die sie den Ständeversammlungen übergeben durften. Im Beschwerdeheft des Dorfes Guyancourt bei Versailles verlangten die Bauern 1789:

> „Alle Steuern sollten von den drei Ständen ohne irgendwelche Ausnahme gezahlt werden, von jedem Stand nach seinen Kräften. Gleiches Gesetz und Recht für das ganze Königreich. Völlige Aufhebung der Sondersteuern und der Salzsteuer. Abgabenfreiheit für alle Messen und Märkte und die Abschaffung aller Weggelder. Völlige Beseitigung jeglicher Art von Zehnten in Naturalien. [...] Alle Eigentumsrechte sollen heilig und unverletzlich sein. Es möge rascher und mit weniger Parteilichkeit Recht gesprochen werden. Gänzliche Abschaffung aller Frondienste, welcher Art und Natur sie sein mögen. [...] Alle Pfarrer sollen verpflichtet sein, alle ihre Amtspflichten zu erfüllen, ohne dafür irgendeine Vergütung zu verlangen."[13]

Das erinnert an die Forderungen der Bauern von 1525 und zeigt, wie wenig sich politisch und sozial für die Bürger und Bauern in diesen 250 Jahren verändert hatte. Obwohl sie ökonomisch der Träger des Staates waren, hatten sie keine politischen Rechte. Daher schrieb Sieyès in seiner Schrift über den Dritten Stand 1789:

> „Der Plan dieser Schrift ist ganz einfach. Wir legen uns nur drei Fragen vor:
>
> 1. Was ist der dritte Stand? Alles.
> 2. Was ist er bis jetzt in der politischen Ordnung gewesen? Nichts.
> 3. Was verlangt er zu werden? Etwas.
>
> Der dritte Stand ist eine vollständige Nation. Was wird zum Unterhalt und Wohlsein einer Nation gefordert? Private Arbeit und öffentliche Dienstgeschäfte."[14]

Krise des Staates

Auf der anderen Seite stand der König. Auch er hatte zu klagen, da der Staat vor dem Bankrott stand: Die Ausgaben überstiegen mit 639 Millionen Livres die Einnahmen, die bei 506 Millionen Livres lagen. Davon blieben, wie wir oben gesagt haben, nur 18% für die Staatsregierung übrig, da die Hälfte in die Zinszahlungen für Schulden floss und ein weiteres Viertel für das Heer verbraucht wurde. Damit waren König und Staat praktisch handlungsunfähig.

Inhaltliche Ergebnissicherung

Langandauernde Krise der Gesellschaft		
Adel	Bauern/Bürger	König
• Verlust der alten politischen Rechte • Beibehaltung der Privilegien • Isoliert in der Nation • Erlöschen des politischen Lebens • Wirklichkeitsfremdheit	• Hohe Abgaben verschiedener Art • Schlechte Lebensbedingungen • Unfrei • Politisch rechtlos • Gleichsetzung des Dritten Standes mit der Nation (Sieyès)	• Finanzielle Schwierigkeiten • Drei Kriege in einem Jahrhundert • Luxusleben am Hofe • Staat vor dem Staatsbankrott

Forderungen		
Adel	Bauern/Bürger	König
• Erhalt der alten Ordnung	• Steuergerechtigkeit • Rechtsgleichheit • Politische Mitbestimmung • Freiheit und Eigentum • Bessere Versorgung	• Steuern
Begründungen		

• Ständeordnung ist gottgewollt
• Sie garantiert
  • den Erhalt des Staates
  • und die Ordnung des Lebens
	• Leistungen des Dritten Standes ermöglichen das staatliche und gesellschaftliche Leben
	• Der dritte Stand ist in Wahrheit die Nation
		• Staatskrise durch hohe Geldausgaben

König

Was sollte der König tun? Naheliegend wäre gewesen, wenn er sich mit den Bürgern und Bauern gegen den Adel zusammengeschlossen hätte; denn ihre Forderungen waren berechtigt. Hätte er sie erfüllt, hätte er auch sein Schuldenproblem lösen können, da eine Besteuerung des Adels seine Steuereinnahmen erhöht hätte. Am 24. Januar 1789 ließ er die Generalstände einberufen, die ab dem 5. Mai 1789 tagten – zum ersten Mal wieder seit über 150 Jahren.

1.3 Die Geburt eines neuen Staates und einer neuen Gesellschaft

1.3.1 National- und Verfassungsstaat

Eröffnung der Generalstände

Am 5. Mai wurde die Generalständeversammlung eröffnet. Die Stände saßen wie gewohnt voneinander getrennt und durch die Kleiderordnung unterschieden: Rechts vom König saß der Erste Stand in violetten oder roten Gewändern, links der Zweite Stand in farbenprächtiger Kleidung, an der Stirnseite, dem König gegenüber, die Bürger und Bauern in Schwarz. So wurde die alte Ständeordnung nochmals und zum letzten Mal äußerlich sichtbar. Die Atmosphäre war gespannt. Schon am Vortag beim Empfang der Stände in Versailles hatte die Bevölkerung den Dritten Stand und den König mit Jubel begrüßt, die geistlichen und weltlichen Adligen aber mit eisigem Schweigen empfangen. Als nach Eröffnung der Versammlung König und Adel ihre Hüte wieder aufsetzen – dies war ihr Vorrecht –, taten einige Bürger das Gleiche. Sie demonstrierten damit, dass sie die Ungleichbehandlung nicht mehr akzeptieren wollten. Um eine Eskalation zu vermeiden, nahm darauf der König seinen Hut wieder ab. Die Adligen folgten ihm notgedrungen.

Abstimmungsmodus

Die drei Stände waren jeweils mit 300 Repräsentanten vertreten. 300 Personen vertraten also 98% der Bevölkerung, 600 die übrigen 2%. Um seinen guten Willen zu zeigen, gestand der König eine Verdoppelung der Vertreter des Dritten Standes zu. Damit standen 600 Bürger und Bauern 600 Adligen gegenüber. Abgesehen davon, dass auch damit keine angemessene Repräsentation der Bevölkerung erreicht war, nutzte diese Verdoppelung praktisch nichts, denn die Generalstände stimmten nicht nach Köpfen, sondern nach „Stimmkörpern" ab: Jeder Stand hatte eine Stimme; damit blieb die Mehrheit des Adels gewahrt.

Nation statt Stände

Als dann der König und der Finanzminister nur über die finanziellen Probleme des Staates sprachen, war die Enttäuschung der Vertreter des Dritten Standes auch gegenüber dem König groß. Sie verlangten eine Aufhebung der Abstimmungsordnung und erklärten sich am 6. Juni zu „Abgeordneten der Gemeinden". Das war eine Anspielung auf das englische Parlamentssystem, wo im Unterhaus, dem „House of Commons", der Dritte Stand in einer eigenen Versammlung tagte. Vier Tage später lud der Dritte Stand die ersten beiden Stände zu einer gemeinsamen Sitzung „aller Vertreter der Nation" ein. Und wiederum eine Woche später beantragte Abbé Sieyès, diese Versammlung der Stände zu einer „Nationalversammlung" zu erklären. Der Antrag wurde mit überwältigender Mehrheit angenommen. Damit war ein erster und weitreichender Schritt getan: Die Stände wurden durch die „Nation" abgelöst. Damit entstanden ein neues Selbstwertgefühl und ein neues Zusammengehörigkeitsgefühl. War man vorher – auch über nationale Grenzen hinweg – mehr seinem Stand verbunden, so bildete nun die Zugehörigkeit zur Nation das einigende Band. Man war jetzt nicht mehr Bürger oder Adliger, sondern Franzose oder Deutscher usw. Damit ging eine die Grenzen überschreitende Solidarität mit seinen Standesgenossen „im Ausland" zugunsten einer nationalen Zusammengehörigkeit verloren. Die Zugehörigkeit zur Nation wurde nun zum Abgrenzungsmerkmal gegenüber anderen. Zum Nationalstaat kam damit ein Nationalbewusstsein als verbindendes und abgrenzendes Band hinzu.

Inhaltliche Ergebnissicherung

Einberufung der Generalstände und die Geburt des Nationalbewusstseins		
Probleme	Konservative Geschehnisse	Revolutionäre Veränderungen
• Gespannte Atmosphäre • Kleiderordnung • Problem der Kopfbedeckung • Zusammensetzung: Je Stand 300 Vertreter • Abstimmung nach „Stimmkörpern"	• König gesteht eine Verdoppelung der Repräsentanten des Dritten Standes zu • König und Finanzminister sprechen nur Finanzkrise an • Politische Enttäuschung für den Dritten Stand	Dritter Stand • drängt auf Aufhebung der Abstimmungsordnung • erklärt sich zu „Abgeordneten der Gemeinden" • lädt die ersten beiden Stände zu einer Sitzung „aller Vertreter der Nation" ein • erklärt sich auf Vorschlag von Sieyès mit 490 gegen 90 Stimmen zur Nationalversammlung
• Die Generalstände werden zur Nationalversammlung • Das Nationalbewusstsein löst das Ständebewusstsein ab		

Ballhausschwur

Am 20. Juni 1789 kam es zu einer entscheidenden Sitzung aller drei Stände in Gegenwart des Königs. Sie fand im Ballhaus, einer Halle für Ballspiele, statt, da der König den offiziellen Sitzungssaal hatte schließen lassen. Der König erklärte den Vereinigungsbeschluss vom 17. Juni für ungültig und befahl, dass sich die Stände wieder getrennt versammeln sollten. Der Sitzungspräsident Jean-Sylvain Bailly erklärte darauf, dass „die versammelte Nation keine Befehle entgegenzunehmen habe." Damit machte er die Nationalversammlung zum Souverän. Auch der Befehl zur gewaltsamen Auflösung der Versammlung traf auf Widerstand, vor dem der König zurückwich: „Wenn sie nicht gehen wollen, sollen sie eben bleiben", soll er gesagt haben. Eine Woche später „befahl" er dann die Vereinigung der drei Stände. Der König setzte der Revolution also wenig Entschlusskraft entgegen. Noch am gleichen 20. Juni beschloss die Nationalversammlung die Immunität ihrer Mitglieder und gab sich das Versprechen, nicht eher auseinanderzugehen, bis Frankreich eine Verfassung habe. Damit machte sie einen zweiten revolutionären Schritt zum neuzeitlichen Staat: Den Schritt in den Verfassungsstaat. Aus der absoluten Monarchie wurde nun eine konstitutionelle.

Inhaltliche Ergebnissicherung

Ballhausschwur 20.6.1789	
König	Versammlung
• erklärt Beschluss vom 17.6. für ungültig • befiehlt die Trennung der Stände • gibt den Befehl zur gewaltsamen Auflösung der Versammlung • wird zum Nachgeben gezwungen: „Wenn sie nicht gehen wollen, sollen sie eben bleiben." • „befiehlt" die Vereinigung der drei Stände (27.6.)	• leistet Widerstand • Bailly: „Die versammelte Nation hat keine Befehle entgegenzunehmen" • Graf Mirabeau: „Nur vor der Gewalt der Bajonette werden wir von unseren Plätzen weichen!" • beschließt Immunität ihrer Mitglieder • beschließt die Ausarbeitung einer Verfassung
Die Nationalversammlung erklärt sich	• zum Souverän • zur verfassungsgebenden Versammlung

Verfassung von 1791

Verfassung von 1791		
Exekutive	Legislative	Judikative
• König • Vom König ernannte Regierung	• Nationalversammlung • Gesetzgebung	• Gerichtshöfe • Hochgericht • Rechtsprechung
• Suspensives Veto des Königs gegen Gesetze	• Zensuswahlrecht (Aktiv- und Passivbürger) • Kein Frauenwahlrecht	• Gerichtshöfe gewählt • Hochgericht durch Nationalversammlung ernannt
Gottesgnadentum	Volkssouveränität	

Beurteilung

Die Verfassung setzte grundlegende Prinzipien der großen Staatstheoretiker um: Sie übernahm von Montesquieu die Gewaltenteilung, von Rousseau das Prinzip der Volkssouveränität, aus der das Wahlrecht hergeleitet wurde. Allerdings ließ sie eine gewisse Inkonsequenz erkennen:

- Dem König wurde – außer in Verfassungs- und Finanzfragen – ein suspensives Veto gegen die Beschlüsse der Nationalversammlung eingeräumt
- Ein Zensuswahlrecht schloss einen großen Teil der Bürger vom Wahlrecht aus; die Rechtsgleichheit wurde also nicht konsequent umgesetzt
- Frauen blieb nach wie vor das Wahlrecht vorenthalten
- Das Prinzip des Gottesgnadentums stand neben dem der Volkssouveränität
- Die Frage des Eigentums im Sinne Rousseaus wurde nicht geregelt

1.3.2 Die Entstehung der bürgerlichen Gesellschaft

Abschaffung der Privilegien

Am 4. August 1789 beschloss die Nationalversammlung die Abschaffung der Privilegien der ersten beiden Stände. In einem Dekret vom 11. August wurde das Ende des Feudalsystems bestätigt. Darin hieß es:

„Die Nationalversammlung vernichtet das Feudalwesen völlig. Sie dekretiert, dass Feudal- wie Grundzinsrechte und -pflichten [...] entschädigungslos aufgehoben werden. [...] Ebenso wird das Sonderrecht der Jagd und offenen Wildgehege abgeschafft. Jede grundherrliche Rechtsprechung wird entschädigungslos abgeschafft. Alle [...] Zehnten oder dafür eintretenden Grundzinsabgaben, in deren Genuss weltliche oder geistliche Körperschaften, Pfründeninhaber und Kirchenvorstände kommen, [...] werden abgeschafft. [...] Die Käuflichkeit der Gerichts- und Magistratsämter ist ab sofort aufgehoben. Die Rechtsprechung soll kostenlos erfolgen. Die finanziellen, persönlichen und materiellen Privilegien [...] werden für immer abgeschafft. Der Besteuerung sollen alle Bürger und alle Vermögen, nach den gleichen Grundsätzen und in der gleichen Weise, unterliegen. [....] Alle Bürger sollen, ohne Unterschied ihrer Geburt, freien Zugang zu allen kirchlichen, zivilen und militärischen Ämtern und Würden haben; niemand, der einem Erwerbsberuf nachgeht, soll dadurch seines Adelsprädikates verlustig gehen."[15]

Abschaffung der Privilegien aus Sicht des Adels

Damit schien eine Rechtsgleichheit hergestellt. Die Bürger triumphierten über ihre Erfolge; der Adel sah in der Abschaffung der Privilegien ein Opfer für das Vaterland und war froh, dass den Bürgern auch hier ihre Inkonsequenz entgangen war: Sie stellten eine formale Rechtsgleichheit her, nicht aber eine Gleichheit der Besitzverhältnisse. Sie hatten Rousseaus Eigentumsbegriff und seinen bemerkenswerten Hinweis vergessen: „Keiner", so erklärte er, „darf soviel besitzen, dass er andere kaufen kann; keiner so wenig, dass er sich verkaufen muss".

Kompetenzorientierte Urteilsbildung

Rousseau wies damit darauf hin, dass zur lebenswirksamen Umsetzung von Freiheit und Gleichheit auch eine hinreichende materielle Grundsicherung notwendig ist. Wir erinnern uns an die sozialen Missstände, die im antiken Griechenland und in Rom dadurch eingetreten waren, dass sich der Grundbesitz in den Händen weniger konzentrieren konnte; wir erinnern uns ferner an die Sozialgesetzgebung im Alten Israel, die erkannte, dass jedem ein hinreichendes Stück Land zur Verfügung gestellt und eine regelmäßige Entschuldung durchgeführt werden muss, damit eine menschenwürdige Existenz gewährleistet ist.[16] Es genügt nicht, dass Ideale wie Freiheit, Gleichheit und Brüderlichkeit abstrakt formuliert in Gesetzen niedergeschrieben werden, sondern es muss eine Lebenswirklichkeit geschaffen werden, in der sie auch verwirklicht werden können. In der Gegenwart haben Götz Werner und Adrienne Goehler mit ihrer Forderung nach einem Grundeinkommen diese lebenswirkliche Umsetzung eingefordert. Sie stellten bewusst einen Zusammenhang zur Französischen Revolution her, wenn sie im Untertitel ihres Buches formulierten: „Freiheit, Gleichheit, Grundeinkommen".[17] Sie gaben damit dem vernachlässigten Schlagwort der „Brüderlichkeit" einen greifbaren Sinn.

Bürger- und Menschenrechte

Der nächste große Schritt der Revolution erfolgte drei Wochen später. Am 26. August 1789 verabschiedete die Nationalversammlung die Erklärung der Menschen- und Bürgerrechte:

„In der Überzeugung, dass die Unkenntnis, das Vergessen oder die Verachtung der Menschenrechte die alleinigen Ursachen der öffentlichen Missstände und der Verderbtheit der Regierungen sind, haben die in der Nationalversammlung vereinigten Vertreter des französischen Volkes beschlossen, in einer feierlichen Erklärung die natürlichen, unveräußerlichen und geheiligten Menschenrechte darzulegen, damit diese Erklärung allen Mitgliedern des gesellschaftlichen Verbandes beständig vor Augen ist und sie ohne Unterlass an ihre Rechte und Pflichten erinnert werden; damit die Handlungen der gesetzgebenden wie auch der ausübenden Macht in jedem Augenblick mit dem Zweck jeglicher politischen Einrichtung verglichen werden können und dadurch mehr geachtet werden; damit die Beschwerden der Bürger, von nun an auf einfache und unbestreitbare Grundsätze gegründet, sich immer auf die Erhaltung der Verfassung und das Wohl aller richten mögen."[18]

Kompetenzorientierte Urteilsbildung

Die Menschenrechte werden als „natürliche", „nicht veräußerbare" und „geheiligte" Rechte bezeichnet. Hier klingt nicht leeres Pathos mit, sondern wir haben wieder den Fall, dass ein oberster Wert dadurch begründet wird, dass sein intellektueller Gehalt zugleich moralisch erlebt wird. Eine solche Legitimation haben wir beim vorantiken Gottkönigtum, in der antiken Polis und der Res publica sowie beim mittelalterlichen Gottesbegriff bereits kennengelernt. Die Verfasser der Menschenrechte haben daher im Grunde nichts Neues formuliert, sondern die alte, allem Dasein zugrunde liegende Ordnung, die vormals Maat, Wahrheit, Gerechtigkeit, Vernunft, Gott genannt wurde, auf den Menschen übertragen, an dem sie nun erlebt wird. Das stellt eine Besonderheit der europäischen Geschichtsentwicklung dar, die die herausragende Stellung des Individuums in dieser europäischen Entwicklung sichtbar macht. In ihrer vollen Tragweite wird die Bedeutung der Menschenrechte erst verständlich, wenn wir erkennen, dass mit den Menschenrechten zugleich eine Grundordnung des Daseins beschrieben wird, die sowohl der natürlichen wie der historischen Evolution zu Grunde liegt. Sie zu zerstören ist gleichbedeutend mit der Zerstörung dieser Entwicklung und des inneren Wesens des Menschen. Damit wird verständlich, dass ein solches Recht nicht einer staatlichen Gesetzgebung unterliegen kann, sondern dass es vorstaatlich ist und sein muss – ein im Dasein und im Menschen verankertes Naturrecht, das weder gegeben noch aufgehoben werden kann. Das bundesrepublikanische Grundgesetz wird dem Wesen dieses Rechts insofern gerecht, als es die Menschenrechte an erster Stelle nennt, bevor es die Rechte des Staates formuliert.

In diesem umfassenden Sinne verstanden, werden das Vergessen oder die Missachtung der Menschenrechte zu Recht zu „Ursachen der öffentlichen Missstände und der Verderbtheit der Regierungen" gemacht. Und in diesem Sinne dienen sie zu Recht als Maßstab der Beurteilung des politischen Handelns und politischer Einrichtungen. Was ihnen bis zum heutigen Tage fehlt, ist auch hier eine lebenswirkliche Verankerung, die es ermöglicht, sie nicht nur zur Beurteilung, sondern auch zur Gestaltung der politischen und sozialen Wirklichkeit anzuwenden. Sie dürfen also nicht nur in einem Verfassungspapier stehen, sondern es müssen politische Institutionen geschaffen werden, die ihren Schutz und ihre Umsetzung wirksam gewährleisten.

Zentraler Gehalt der Menschenrechte

„1. Die Menschen werden frei und gleich an Rechten geboren und bleiben es. Die gesellschaftlichen Unterschiede können nur auf dem allgemeinen Nutzen begründet werden.

2. Der Zweck jeder staatlichen Vereinigung ist die Erhaltung der natürlichen und unverjährbaren Menschenrechte. Diese Rechte sind Freiheit, Eigentum, Sicherheit und Widerstand gegen Unterdrückung.

3. Der Ursprung jeder Herrschaft liegt wesensmäßig beim Volke; keine Körperschaft, kein einzelner kann Herrschaft ausüben, die nicht ausdrücklich von ihm ausgeht."[19]

Kompetenzorientierte Urteilsbildung

Freiheit und Gleichheit der Menschen werden als zentraler Inhalt der Menschenrechte formuliert. Und der zweite Artikel weist dem Staat die Aufgabe zu, die Menschenrechte zu schützen und zu erhalten. Das ist sein Zweck und Legitimationsgrund. Nach dem oben Gesagten ist das verständlich. In dieser Zweckbestimmung des Staates liegt bis zum heutigen Tage revolutionäre Sprengkraft; denn welcher Staat wird dieser Aufgabe tatsächlich gerecht? Auch hier ist die Französische Revolution noch nicht zum Ende gekommen.

Diese Aufgabe steht in einer gewissen Spannung zu der Herausbildung eines Nationalbewusstseins in der Folge der Überwindung des Ständestaates. Denn ein Nationalstaat wird der Umsetzung der Menschenrechte nicht gerecht, wenn er die Rechte der Bürger über die Zugehörigkeit zur Nation definiert. Dies war in analoger Form in der Antike der Fall. Ein neuzeitlicher Staat dagegen darf seine Rechtsbestimmungen und sein Selbstverständnis nicht über den Nationenbegriff definieren, sondern muss dies über die Menschenrechte, über die Werte des Menschseins tun. Der Maßstab der Nation fällt hinter die menschheitliche Höhe der Revolution zurück und wird zu dem Desaster führen, das die Nationalstaaten und das nationalstaatliche Denken im Verlauf des 19. Jahrhunderts anrichten werden. Es entspricht, wie wir in Band 2 entwickelt haben, dem antiken Denken, wo eine solche Wertsetzung zeitgemäß war, nicht aber der Wertewelt der europäischen Neuzeit, die in den Menschenrechten ihren zentralen Wert und Angelpunkt hat.

Kompetenzorientierte Ergebnissicherung

Recht	
Rechtsgleichheit	Menschenrechte
Abschaffung der Privilegien 4.8.89: • Keine Steuerprivilegien • Keine Frondienste und persönliche Dienstleistungen • Keine Sonderrechte der Provinzen und Städte • Kein Kirchenzehnt Aber: • Ungleiche Eigentumsverhältnisse an Grund und Boden bleiben unangetastet	Erklärung der Menschen- und Bürgerrechte am 26.8.89: • Vorstaatliches Naturrecht • Unveräußerlich • Mensch oberster Wert • Würde und Freiheit des Menschen • Aufgabe des Staates ist der Erhalt und die Sicherung der Menschenrechte Aber: • Nationalstaat statt Menschenrechtsstaat

Auch hier führen wir wieder eine kategoriale Ergebnissicherung durch. Ihr Sinn – darauf sei immer wieder hingewiesen – ist nicht eine schematische Auflistung von Begriffen, die gelernt werden sollen, sondern die Herausbildung der Befähigung, mit diesen Begriffen umzugehen. Die Schüler sollen diese Begriffe auf den drei Niveaustufen der Kompetenz zur geschichtlichen Orientierung und zur historischen Urteilsbildung anwenden können. Die entsprechenden Operatoren sind Teil der Kompetenz, die hier eingeübt werden soll.

Kompetenzorientierte Ergebnissicherung

	Herrschaft	Recht	Gesellschaft
Französische Revolution	• Demokratie • Volkssouveränität • Nationalstaat	• Rechtsgleichheit • Menschenrechte	• Bürgerliche Gesellschaft • Nationalbewusstsein
Absolutismus	• Gottesgnadentum • Herrscher nicht an Gesetze gebunden • Alle Macht und alles Recht sollen beim Herrscher sein	Unterschiedliche Rechte: • Privilegien für 1./2. Stand • Freiheit oder Unfreiheit im Dritten Stand	Ständegesellschaft: • Geistlicher Adel • Weltlicher Adel • Bürger und Bauern • Stadtgesellschaft • Mensch als Untertan

Entstehung der Nationalgarde

Der Entwicklung Frankreichs unter der Leitung der Nationalversammlung sah der König nicht tatenlos zu. Anfang Juli ließ er Truppen um Paris zusammenziehen. Das Gerücht von einem reaktionären Gewaltstreich des Königs machte die Runde. Paris fühlte sich in einem Belagerungszustand; der Brotpreis stieg. In dieser Situation entschloss sich die Nationalversammlung am 13. Juli 1789 zur Bildung einer Bürgermiliz. Damit ging die Kriegsführung in die Gewalt der Nationalversammlung über; dem königlichen Heer stand nun ein bürgerliches gegenüber. Es bestand zunächst aus 48 000 Mann.

Sturm auf die Bastille

Am Tag darauf erfolgte der „Sturm auf die Bastille", der zum Symbol des Kampfes der Revolutionäre gegen den Feudalismus geworden ist. Daher wird der 14. Juli seit 1880 als französischer Nationalfeiertag gefeiert. Tatsächlich fand keine Erstürmung der Bastille statt; sie wurde von dem Kommandanten übergeben – unter Begleitumständen, die für die „Erstürmer" wenig ruhmreich waren. So wurde die Vereinbarung des freien Abzugs der Besatzung der Bastille nicht eingehalten, stattdessen der Kommandant enthauptet, sein Haupt auf einen Spieß gesteckt und zum Rathaus getragen. Damit stand ein grausiges Bild am Anfang der „Volksbewaffnung", die zunächst als Erfolg gefeiert wurde, aber schon unter Napoleon ihre furchtbaren Schattenseiten offenbarte, indem sie „billige" Soldaten lieferte, die im Laufe der Zeit zum „Menschenmaterial" verkamen. Die Menschenrechte wurden hier schnell vergessen.

1.4 Die Radikalisierung der Revolution

Sansculotten

Die einfachen Bürger, die die Revolution auf der Straße gemacht hatten bzw. von dem Besitzbürgertum dazu gebraucht wurden, waren mit der Verfassung von 1791 zu Verlierern der Revolution geworden. Sie wurden zwar aus den feudalen Bindungen befreit, blieben aber arm und aufgrund des Zensuswahlrechts weiterhin politisch rechtlos. Als Sansculotten erhoben sie ab 1791 ihr Haupt und forderten auch ihre Teilhabe an den Erfolgen der Revolution, die bislang nur dem Besitzbürgertum zugutekamen. Die Frage, was ein Sansculotte sei, beantwortete ein Journalist 1793:

> „Ein Sansculotte, Ihr Herren Schufte? Das ist einer, der immer zu Fuß geht, der keine Millionen besitzt, wie ihr sie alle gern hättet, keine Schlösser, keine Lakaien zu seiner Bedienung, und der mit seiner Frau und seinen Kindern, wenn er welche hat, ganz schlicht im vierten oder fünften Stock wohnt. Er ist nützlich, denn er versteht ein Feld zu pflügen, zu schmieden, zu sägen, zu feilen, ein Dach zu decken, Schuhe zu machen und bis zum letzten Tropfen sein Blut für das Wohl der Republik zu vergießen. [...] Am Abend tritt er vor seine Sektion, nicht etwa mit einer hübschen Larve, gepudert und gestiefelt, in der Hoffnung, dass ihn alle Bürgerinnen auf den Tribünen beachten, sondern vielmehr, um mit all seiner Kraft die aufrichtigen Anträge zu unterstützen und jene zunichte zu machen, die von der erbärmlichen Clique der regierenden Politikaster stammen. Übrigens: Ein Sansculotte hat immer seinen Säbel blank, um allen Feinden der Revolution die Ohren abzuschneiden. Manchmal geht er mit seiner Pike ruhig seiner Wege; aber beim ersten Trommelschlag sieht man ihn nach der Vendée gehen, zur Alpenarmee oder zur Nordarmee."[20]

Mit den Sansculotten wurde die Revolution zu einer Angelegenheit des Kleinbürgertums. Standen sich zu Beginn der Revolution Bürger und Adel gegenüber, so waren nun Besitzbürger und Kleinbürger die neuen Kontrahenten.

Krieg für die Freiheit

Gewalt wurde sowohl im Innern als auch nach außen zu einem Mittel, das die Revolution erhalten und weiterführen sollte. Damit kehrte sie sich radikal von ihren ursprünglichen Zielen ab. Bereits Mitte Dezember 1791 kam der Girondist Brissot zu dem Ergebnis,

> „dass ein Volk, das nach zehn Jahrhunderten der Sklaverei die Freiheit errungen hat, des Krieges bedarf. Es braucht den Krieg, um die Freiheit zu befestigen; es braucht ihn, um die Freiheit von den Lastern des Despotismus zu säubern; es braucht ihn, um die Männer zu entfernen, die [die Freiheit] verderben könnten."[21]

Dem revolutionären Frankreich standen auf dem Kontinent nur absolute Monarchien gegenüber, die das revolutionäre Gedankengut verdammten und die Revolution gefährdeten; allen voran Österreich und Preußen. Ihnen erklärte Frankreich am 20. April 1792 den Krieg und betonte,

> „dass die französische Nation [...] die Waffen nur aufnimmt zur Verteidigung ihrer Freiheit und Unabhängigkeit; dass der Krieg, den sie unternehmen muss, kein Krieg ist von Nation gegen Nation, sondern die gerechte Verteidigung eines freien Volkes gegen den ungerechten Angriff eines Königs; dass die Franzosen niemals ihre Brüder verwechseln werden mit ihren wahren Feinden; dass sie nichts unterlassen werden, um die Geißel des Krieges zu lindern, das Eigentum zu schonen und zu erhalten und alle unvermeidlichen Leiden des Krieges einzig auf die fallen zu lassen, die sich gegen ihre Freiheit verschwören."[22]

Österreich und Preußen reagierten am 25. Juli mit einem scharfen Manifest zugunsten der Sicherheit des französischen Königs und seiner Familie, in dem sie drohten

> „eine exemplarische, in ewigem Angedenken bleibende Rache [zu] nehmen, die Stadt Paris [der] gänzlichen Zerstörung preisgeben und die rebellischen, dieser Attentats schuldigen Verbrecher den verdienten Strafen [zu] überliefern."[23]

Terror im Innern

Diese Drohung bewirkte das Gegenteil. Die Pariser Residenz des Königs wurde gestürmt, der König gefangengenommen und abgesetzt. Am 22. September 1792 wurde Frankreich zur Republik erklärt. Eine neue Zeitrechnung markierte diesen Einschnitt. Der Beschluss dazu wurde von einer neuen, radikalen Nationalversammlung gefasst, die am Tag zuvor unter dem Namen „Nationalkonvent" zusammengetreten war. Sie wurde nur von 10% der Wahlberechtigten gewählt, weil eine offene Wahl – geheime Wahlen gab es noch nicht – lebensgefährlich werden konnte. Nur radikale Republikaner konnten ungefährdet ihre Stimme abgeben. Seit dem Sturz des Königs hatte der Nationalkonvent die Regierung übernommen und damit gegen Montesquieus Prinzip der Gewaltenteilung verstoßen. Sie regierte über Ausschüsse, deren wichtigster der sog. „Wohlfahrtsausschuss" war, dem alle anderen untergeordnet waren. Er tagte unter der Leitung von Maximilian Robespierre.

> „Man könnte sagen, dass Licht und Finsternis [...] in dieser großen Epoche der Menschheitsgeschichte darum kämpfen, die Geschicke der Welt unwiderruflich zu entscheiden, und dass Frankreich der Schauplatz dieses furchtbaren Ringens ist. Von außen kreisen euch alle Tyrannen ein, im Innern haben sich alle Freunde der Tyrannei verschworen [...]. Man muss die inneren und äußeren Feinde der Republik vernichten oder mit ihnen untergehen: Der erste Grundsatz Eurer Politik muss also in der jetzigen Lage sein, das Volk durch die Vernunft und die Feinde des Volkes durch den Schrecken zu leiten. Wenn im Frieden die Tugend die treibende Kraft der Volksregierung ist, so sind es in der Revolution zugleich die Tugend und der Terror; die Tugend, ohne die der Terror unheilvoll, der Terror, ohne den die Tugend ohnmächtig ist."[24]

So die tödliche Logik Robespierres, der allein in Paris in der Zeit von Mai 1793 bis zum August 1794 nach Angaben der Pariser Conciergerie 2 780 Menschen zum Opfer fielen, die durch Revolutionstribunale und Sondergerichte zum Tode verurteilt wurden. Die Gesamtzahl für das Land dürfte bei etwa 17 000 gelegen haben. Das ergibt rund 33 Hinrichtungen pro Tag. Die Betroffenen waren zu 28% Bauern, 25% Angehörige der bürgerlichen Mittelschicht, 31% Bürger der unteren Schichten, die Sansculotten; der Anteil der Adligen lag bei 8,5%, der der Geistlichen bei 6,5%. Die Revolution fraß also überwiegend die eigenen Kinder.

Terrorgesetze

Als Gesetzesgrundlage für die Verurteilungen und Hinrichtungen dienten vor allem das Gesetz über die Verdächtigen vom 17. September 1793 und das sog. Prairialgesetz vom 10. Juni 1794.

In dem ersten Paragraphen hieß es:

> „Als Verdächtige gelten
>
> 1. alle, die sich durch ihr Verhalten, ihre Beziehungen oder ihre in Wort oder Schrift geäußerten Ansichten als Anhänger der Tyrannei, des Föderalismus und als Feinde der Freiheit erwiesen haben;
>
> 2. alle, die sich nicht auf die durch das Gesetz vom 21. März dieses Jahres vorgeschriebene Weise über die Mittel zu ihrer Existenz und die Erfüllung ihrer Bürgerpflichten ausweisen können;
>
> 3. alle, denen die Beglaubigung der Staatsbürgertreue verweigert worden ist; [...]
>
> 5. jene unter den ehemaligen Adligen, [...] die nicht beständig ihre Verbundenheit mit der Revolution kundgetan haben."[25]

Das Prairialgesetz vom 10. Juni 1794 steigerte diese Vorgaben und den Terror noch. Wurden in den 13 Monaten vor ihm ungefähr 1 220 Todesurteile in Paris gefällt, so waren es in den 49 Tagen nach dem Prairialgesetz 1376.[26]

Nach ihm war ein öffentlicher Feind und wurde mit dem Tode bestraft, wer für die Wiederherstellung des Königtums eintrat, die Volksvertretung beleidigte, das Volk oder die Volksvertretung täuschte, falsche Nachrichten verbreitete, die öffentlichen Sitten verdarb, die Kraft und Reinheit der revolutionären Prinzipien antastete, usw.[27] Aus einer Revolution für Freiheit und Gleichheit war eine Diktatur geworden, die die Unfreiheit bis in das Denken der Menschen trug.

Veränderung der Revolution	
1789	1792–1794
• Adel versus Bürgertum = „Volk“	• Großbürgertum versus Kleinbürgertum = „Volk“
• Verfassungsstaat	• Republik
• Konstitutionelle Monarchie	• Gewalt als Mittel zur Durchsetzung revolutionärer Ziele
• Erringung der Menschenrechte	• Terror und Diktatur

„Der revolutionäre Wahnsinn“

Das Abgleiten der Revolution in eine Diktatur wurde von irrationalem Gebaren begleitet. Der Konvent „beschloss“, dass es keinen Gott gebe, dafür aber ein „höchstes Wesen“; auch wurde der Seele per Konventsbeschluss die Unsterblichkeit verliehen. Eine neue Zeitrechnung wurde eingeführt, die das Jahr in 12 Monate zu 30 Tagen einteilte; am Ende wurden 5–6 Schalttage eingefügt, die sog. Sansculottentage. Der Monat hatte drei Dekaden, die je 9 Arbeitstage und einen Feiertag umfassten. Die Monate und die Tage wurden umbenannt; die traditionellen und christlichen Elemente sollten verschwinden. Der revolutionäre Elan schlug sich auch in der Namensgebung nieder: Louis-Républicain, Marie-Patriote-Républicaine wurden Kinder nun genannt; ebenso liefen ab jetzt Philosophie und Egalité auch auf zwei Beinen umher. Die Erziehung wurde vereinheitlicht, Einheitsuniformen und Symbole der Gesinnung eingeführt: Hosen, Kokarde und phrygische Mütze. Eine ordinäre Sprache sollte der revolutionären Gesinnung besonderen Nachdruck verleihen.

Erziehung nach St. Just

Aufschlussreich sind St. Justs Ansichten zur Erziehung:

„Die Kinder gehören ihrer Mutter bis zum 5. Lebensjahr, danach gehören sie bis zu ihrem Tode der Republik. Das Kind, der Bürger, gehört dem Vaterland [...]. Die Disziplin in der Kindheit muss streng sein. Man soll die Kinder in der Liebe zum Schweigen erziehen [...]. Sie sollen knapp sprechen lernen [...]. Die Kinder [...] brauchen [...] nicht zu spielen, sondern sollen Übungen machen. Die Jungen werden vom 5. bis zum 16. Jahr durch den Staat erzogen [...]. Man darf die Kinder weder schlagen noch liebkosen. Man bringt ihnen das Gute bei, indem sie ein einfaches, naturgemäßes Leben führen. Die Kinder tragen zu allen Jahreszeiten Kleider aus Leinwand. Sie schlafen auf Matten [...]. Sie essen gemeinschaftlich. Ihre Nahrung besteht aus Wurzeln, Früchten, Gemüsen, Milchspeisen, Brot und Wasser [...]. Die Erziehung der Kinder zwischen 10 und 16 Jahren liegt auf militärischem und landwirtschaftlichem Gebiet. Sie werden in Kompanien zu je 60 eingeteilt. [...] Die Mädchen werden von ihren Müttern erzogen. Die Lehrer der Schüler [...] werden aus dem Volk unter denjenigen gewählt, die die weiße Schärpe erworben haben. Die Männer, die immer ohne Tadel gelebt haben, dürfen mit 60 Jahren eine weiße Schärpe tragen. Die Alten, die eine weiße Schärpe tragen, dürfen das Privatleben der Beamten und der jungen Männer unter 21 Jahren überwachen und beurteilen."[28]

Kompetenzorientierte Urteilsbildung

Die Vorstellungen St. Justs erinnern an Sparta. Wir kennen dieses Verhaltensmuster bereits aus unseren Betrachtungen zur Frühen Neuzeit im dritten Band der Buchreihe. Wenn zeitgemäße soziale und politische Formen nicht gefunden wurden, treten regressive Vorstellungen auf; solche, die nicht dem Gestern, sondern meist dem Vorgestern der Geschichte entstammen. So verwundern die Monatsdekaden mit ihren neun Arbeitstagen und einem Ruhetag nicht; wir kennen sie aus dem alten Ägypten. Im frühen russischen Kommunismus treffen wir sie erneut. Auch der Drang, die Tradition und die Einflüsse des Christentums zu eliminieren, enthüllt die tieferen Kräfte, die in der Terrorphase der Revolution am Werke waren. Es sind Kräfte, die gegen das Humane und gegen die historische Evolution gerichtet sind. Sie werden aktiv, wenn die neuen historischen Werte, die der ersten Phase der Revolution zugrunde lagen, keine angemessenen sozialen Formen finden. Hier liegen die Tragik und das Unvollendete der Französischen Revolution begründet. Goya hat diesen Zusammenhang auf seine Weise zum Ausdruck gebracht: „Der Schlaf der Vernunft erzeugt Ungeheuer". Eine Einsicht in die Geschichtsentwicklung, der wir im 20. Jahrhundert wieder begegnen werden.

Goya
„Schlaf der Vernunft"

1.5 Das Direktorium und der Aufstieg Napoleons

9. Thermidor II

Am 27. Juli 1794, dem 9. Thermidor des Jahres II der radikalisierten Revolution, endete die Terrorphase mit dem Sturz und der Hinrichtung Robespierres, St. Justs und 100 weiterer Jakobiner. Die Pariser Kommune wurde aufgelöst und am 11. November 1794 der Jakobinerclub geschlossen. Die Politik der Thermidorianer war auf Mäßigung, Versöhnung und Stärkung des Konvents ausgerichtet. Die „Place de la Révolution" wurde in „Place de la Concorde" umbenannt. Die revolutionäre Verfassung von 1793 wurde am 22. August 1795 durch eine neue ersetzt.

Direktorialverfassung

Die Direktorialverfassung hielt an der Republik fest. Sie kehrte wieder zum Prinzip der Gewaltenteilung zurück und schuf für die Gesetzgebung ein Zweikammersystem. Ein Rat der 500 sollte die Gesetzesvorlagen vorbesprechen; zur Abstimmung war aber eine zweite Kammer, der Rat der Alten, vorgesehen. Dadurch sollten übereilte Gesetzesbeschlüsse wie in der Terrorphase vermieden werden. Auch jugendlichem Ungestüm bei einer Beschlussfassung sollte durch ein Mindestalter von 40 Jahren vorgebeugt werden. Die Verfassung sah eine geheime Wahl vor und gab eine uneingeschränkte Verfügungsgarantie über das Eigentum. Das Wahlrecht war an eine Steuerzahlung gebunden, deren Höhe aber nicht festgelegt war; die Wahlmänner dagegen wurden erneut an ein bestimmtes Einkommen gebunden, sodass auf diesem Wege wieder ein Zensuswahlrecht eingeführt wurde. Direkt durften die Bürger die Gemeindeverwaltungen und die Friedensrichter wählen. Die Wahl der Departementverwaltungen und der Richter blieb den Wahlmännern vorbehalten. Die sechs Minister wurden von den Direktoren ernannt.

<table>
<tr><th colspan="3">Direktorialverfassung vom 22.8.1795</th></tr>
<tr><th>Exekutive</th><th>Legislative</th><th>Judikative</th></tr>
<tr><td rowspan="2">5 Direktoren
(gewählt aus Kandidatenliste mit 10 Kandidaten)
6 Minister
Departement- und Gemeindeverwaltungen</td><td>Rat der Alten (250)
• Mindestalter 40
• Beschlussfassung</td><td rowspan="2">Oberste Gerichte
Richter
Friedensrichter</td></tr>
<tr><td>Rat der 500
• Mindestalter 30
• Beratung
• Gesetzesinitiative</td></tr>
<tr><td colspan="3">Wahlmänner
• An Steuerleistung gebunden
• Mindestalter 25</td></tr>
<tr><td colspan="3">Bürger
• Steuerzahler (kein Mindestbetrag)
• Fester Wohnort</td></tr>
</table>

Probleme der Direktorialzeit

Zwei Drittel der neugewählten Abgeordneten mussten aus dem alten Konvent stammen, damit eine Kontinuität der Arbeit gewährleistet sei. Deren Ansehen war verständlicherweise gering, da sie noch mit dem Blut der Terrorherrschaft befleckt waren. Die neue Verfassung brachte eine ähnliche Unzufriedenheit mit sich wie die Verfassung von 1791, da sie den gleichen Personenkreis benachteiligte, der schon bei der alten das Nachsehen hatte. Die Royalisten waren nach wie vor unzufrieden und suchten durch Aufstände, die von einer antirevolutionären Bauernbewegung unterstützt wurden, zunehmend Einfluss auf das politische und soziale Geschehen zu gewinnen. Auf der anderen Seite standen wieder die einfachen Bürger, die sich wiederum von den Gewinnen der Revolution ausgeschlossen sahen. Sie bildeten eine volksrevolutionäre Opposition und verlangten „Brot und die Verfassung von 1793“. Unter François-Noel „Gracchus“ Babeuf bildete sich 1795/96 eine Untergrundorganisation der „Gleichen“. Sie entwickelte kommunistische Ideen, verlangte die Abschaffung des Regimes der Neureichen und des Privateigentums. Ihr Ziel war ein radikaler und zentralistischer Staatssozialismus. So war die Herrschaft von rechts und links bedroht. Viele fürchteten eine Wiederholung der Zeit des Terreurs. Das Vertrauen in die Staatsverfassung schwand, zumal auch das Direktorium durch den Austausch des einen oder anderen Direktors eigene Machtspiele betrieb. Das Militär erschien so als Garant der staatlichen Ordnung und der Errungenschaften der Revolution. Auf diesem Hintergrund vollzog sich der Aufstieg Napoleons.

Napoleons Staatsstreich

Napoleon hatte sich als siegreicher General der Revolutionstruppen einen Namen gemacht. In die Politik des Direktoriums war er insofern einbezogen, als Veränderungen, die dort vorgenommen werden sollten, mit seiner Rückendeckung geschahen. Am 9. November 1799, dem 18. Brumaire VIII des

Revolutionskalenders, beseitigte er durch einen Staatsstreich die Verfassung und setzte sich als Erster Konsul an die Spitze des Staates.

Konsularverfassung

Napoleon zog als Erster Konsul die Gesetzesinitiative an sich und ernannte Minister und hohe Staatsbeamte. Die beiden anderen Konsuln waren auf eine beratende Funktion beschränkt. Das Parlament war in zwei Kammern gespalten, die sich teilweise gegenseitig blockierten. So blieb Napoleon meist die letzte Entscheidung. Die Gewaltenteilung war damit wieder aufgehoben. Napoleon ließ sich seine Entscheidungen nicht durch das Parlament, sondern durch direkte Volksabstimmungen, die Plebiszite, bestätigen. Damit gewannen sie eine hohe Legitimation; er selbst machte sich so vom Parlament unabhängig. Selbstbewusst erklärte er: „Bürger! Die Revolution ist zu den Grundsätzen zurückgekehrt, von denen sie ausging; sie ist zu Ende."[29] Das Konsulat war auf zehn Jahre beschränkt; die Konsuln wurden jährlich in ihrem Amt bestätigt. Um sich aus dieser Abhängigkeit zu befreien, ließ sich Napoleon am 2. August 1802 durch Volksabstimmung zum Konsul auf Lebenszeit wählen.

Konsularverfassung		
Erster Konsul	Parlament	Volksabstimmungen
• Gesetzesinitiative • Ernennung von Ministern und hohen Staatsbeamten	• Begrenzte Mitwirkungsrechte der beiden Kammern	• Zustimmung zur neuen Verfassung

Kaiser der Franzosen

Am 2. Dezember 1804 gab er seiner faktischen Alleinherrschaft ein offizielles und pompöses Gewand: In Anwesenheit des Papstes krönte er sich in der Kathedrale Notre Dame zum Kaiser der Franzosen und begründete damit das Erste Kaiserreich. Seine usurpierte Herrschaft stützte sich auf vier Faktoren: Auf seine Persönlichkeit, auf eine rechtsstaatliche Ordnung, die er in Frankreich nach den Unruhen der Revolution wieder herstellte; auf den Wohlstand, der sich auf Grund dieser Ordnung wieder entfalten konnte, und auf seine Macht als Heerführer und hegemonialer Herrscher auf dem Kontinent.

Napoleon: Kaiser der Franzosen			
Persönlichkeit	Ordnung	Wohlstand	Macht
• Erfolgreicher General • Vielseitig • Zielbewusst • Skrupellos	• Ende des Bürgerkriegs • Einheitliches und gleiches Recht: Code Civil • Geordnete Verwaltung • Versöhnung mit der Kirche • Manipulation der öffentlichen Meinung	• Geordnete Staatsfinanzen • Förderung von Handel und Gewerbe (Freihandel) • Straßenbau • Bessere Aufstiegschancen (besonders in der Armee)	• Volksheer • Frankreich ist Hegemonialmacht auf dem Kontinent • Kranz abhängiger Staaten • Reiches Bürgertum vom Heeresdienst befreit

1.6 Das Ergebnis der Revolution

Mit Napoleon hat eine große, aber umstrittene Revolution in einer großen und ebenso umstrittenen Gestalt ihr Ende gefunden. An ihrem Ausgangspunkt stand eine absolute Monarchie, die durch eine konstitutionelle und die Herrschaft des Besitzbürgertums abgelöst wurde. Sie mussten einer Republik und einer Terrorherrschaft des Kleinbürgertums weichen, die ihrerseits von einer Republik und einer erneuten Herrschaft des Besitzbürgertums verdrängt wurden. Diese Republik ging im Ersten Konsulat Napoleons unter, der im Sinne des Besitzbürgertums herrschte. Am Ende stand wieder ein gekröntes, wenngleich illegitimes Haupt, das sich als Vollender der Revolution ausgab: Napoleon als Kaiser der Franzosen, der sich seine Legitimation durch mehr oder weniger manipulierte Volksabstimmungen verschaffte. Was also hatte die Revolution gebracht? Blickt man nur auf den gerade beschriebenen parabelartigen Verlauf der Revolution, könnte man sagen, dass sie bei dem Punkt angekommen ist, von dem sie ausgegangen war: Bei der Herrschaft eines einzigen Mannes. Das wäre aber doch eine zu oberflächliche Betrachtung der Geschehnisse. Denn die Herrschaft Napoleons beruhte auf ganz anderen Fundamenten und Prinzipien als die absolute Herrschaft Ludwigs XVI.; auch die französische Gesellschaft war eine andere geworden; ebenso hatte das politische Denken nichts mehr gemein mit den Zeiten der vormaligen Könige. Die Französische Revolution markierte einen so grundlegenden Einschnitt in die europäische Geschichte, dass man durchaus sagen kann, dass die europäische Neuzeit mit ihr erst begann. Sie begann allerdings auf eine nicht ganz unproblematische Art und Weise, sodass konträre Bewertungen möglich sind.

Errungenschaften der Revolution

Errungenschaften der Revolution		
• Bürgerliche Gesellschaft • Idee der Volkssouveränität • Idee der Menschenrechte • Verfassungsstaat • Nationalbewusstsein	• Zivilehe, Zivilscheidung • Öffentliche Meinung • Politisches Engagement der Bürger • Gleichberechtigung der Frau wird zum ersten Mal gefordert	Aber: • Erster Blick in den Abgrund des Unmenschlichen • Kein neues Staatsverständnis • Kein Bewusstsein, das den Menschenrechten gerecht würde

Historikerbewertungen

Sehen wir uns zwei Bewertungen professioneller Historiker an. Der deutsche Historiker Gerhard Ritter schrieb 1948:

> „Die europäische Menschheit wurde zur kritischen Nachprüfung ihres Autoritätsglaubens aufgerufen; die öffentliche Meinung wurde überall mobilisiert, ein ungeheurer Prozess der Politisierung eingeleitet, in den nach und nach alle Volksschichten hineingezogen wurden: zuerst das Bürgertum, zuletzt auch die Masse des Industrieproletariats. Was so entstand war ein Gärungsprozess, der [...] eine ewige Unruhe in das politisch-soziale Gefüge der europäischen Menschheit hineinge-

bracht hat. Dabei war die Rationalisierung des politischen Lebens nur ein Teilstück der großen, seit dem 18. Jahrhundert siegreich vordringenden Bewegung zur Rationalisierung, Entzauberung, Technisierung der Welt überhaupt; ihr fiel auch die alte Herrschaft der Kirche über die Geister zum Opfer, sodass nun der Staat mehr als jemals früher zur beherrschenden Macht des öffentlichen Lebens werden konnte. Mit der Umwandlung des alten Obrigkeitsstaates zum demokratischen Volksstaat und mit der Verdrängung der Kirchen aus dem Mittelpunkt des Lebens war grundsätzlich der Weg zum modernen Totalstaat eröffnet."[30]

Dagegen schrieb der mit dem Nobelpreis ausgezeichnete französische Schriftsteller Anatole France 1923:

„Sie hat alles umgestürzt, und wir haben dabei nichts gewonnen. Ihr verdanken wir die Bewaffnung der Völker, die Kasernen, die unzähligen Kriege. Durch sie haben die Menschen wesentliche, greifbare und wertvolle Freiheiten eingebüßt und dagegen die rein theoretische Freiheit eingetauscht, sich über Probleme zu äußern, von denen sie nichts verstehen [...]. Im Grunde war die Französische Revolution [...] eine Angelegenheit des Bürgertums und der Kapitalisten. Das Soziale, das Menschliche, war ihr fremd. Hinter ihren prunkvollen Worten steckte nur Eigennutz, hinter ihren großen Gesten Ehrgeiz [...]. Sie hat das Privateigentum befestigt, gekräftigt und verbreitet und dadurch all die Ungerechtigkeiten, die daraus hervorgehen, noch vervielfacht; sie hat das Zeitalter des Kapitalismus und Industrialismus eingeleitet. Ihr trügerischer Individualismus hat den einzelnen einem Staat ausgeliefert, der zum Ungetüm geworden ist. Dieser über Gebühr angewachsene Staat ist tyrannisch, herrschsüchtig und maßlos geworden. Seine Ansprüche hat dieses Scheusal mit dem schönen Namen «Vaterlandsliebe» geschmückt."[31]

Zwiespältiges Erbe der Revolution

Positives Erbe nach Ritter	Negatives Erbe nach France
• Kritikfähigkeit gegenüber Autoritäten • Mobilisierung der öffentlichen Meinung • Prozess der Politisierung eingeleitet • Rationalisierung des öffentlichen Lebens • Ablösung der Herrschaft der Kirche • Staat wird beherrschende Macht • Weg zum modernen Totalstaat	• Bewaffnung der Völker • Kasernen und unzählige Kriege • Verlust greifbarer Freiheiten gegenüber einer theoretischen Freiheit • Angelegenheit des Bürgertums und der Kapitalisten • Unsozial und unmenschlich • Festigung des Privateigentums und der damit verbundenen Ungerechtigkeiten • Der Staat wurde zum tyrannischen, herrschsüchtigen, maßlosen Ungetüm • Trügerischer Individualismus

Kompetenzorientierte Ergebnissicherung

Wir verzichten auf die Domänen „Wissenschaft" und „Wirklichkeit", da sich in ihnen keine Neuerungen gegenüber der Frühen Neuzeit ergeben haben.

Herrschaft	Recht	Gesellschaft	Wirtschaft
• Verfassungsstaat • Volkssouveränität • Demokratie • Konstitutionelle Monarchie	• Menschen- und Bürgerrechte • Einheitliches und gleiches Recht für alle	• Bürgerliche Gesellschaft • Nationalbewusstsein	• Marktwirtschaft • Privateigentum

Religion	Selbstverständnis	Krieg
• Abschaffung der Religion • Religion wird Privatsache • Napoleon: Religion als Machtinstrument	• Individualismus • Mensch ist frei und gleich • Menschenrechte	• Mittel der Politik • Volksheer • Volkskriege

Kompetenzorientierte Urteilsbildung

Versuchen wir, mithilfe unserer Kompetenzkategorien zu einer Beurteilung der Französischen Revolution zu gelangen. Den zentralen Angelpunkt der neuzeitlichen europäischen Wertewelt stellt der Mensch dar, dessen naturrechtliche Verfassung ihm Würde und Unantastbarkeit verleiht. Im Erleben der menschlichen Persönlichkeit treffen wir auf die Einheit von Intellektualität und Moralität, die zu allen Zeiten den Maßstab für einen obersten Wert darstellte. An diesem Wert müssen sich daher alle anderen Kategorien ausrichten. Für den Bereich „Herrschaft" bedeutet dies, dass der Mensch keiner Fremdherrschaft unterliegen darf, sondern sich selbst bestimmen muss. Seine Rechte sind gesetzlich festgelegt. Daher bedarf es eines Verfassungsstaates und einer Demokratie. In diesen Punkten hat die Französische Revolution politische Formen hervorgebracht, die der historisch-anthropologischen Entwicklung angemessen sind.

Konkrete Freiheit

Inwieweit sie noch verbesserungsfähig sind, haben wir oben bei der Besprechung des Begriffs der Volkssouveränität und der repräsentativen Demokratie behandelt. Souverän ist der Einzelmensch; die Souveränität dem „Volk" zuzuschreiben, ist eine pragmatische Hilfskonstruktion, die dem neuzeitlichen Selbstverständnis nicht gerecht wird, da mit dem „Volk" dem Einzelnen eine diffuse Entität übergeordnet wird, die den Einzelnen um seine Rechte bringen kann. In der Volksideologie des Nationalsozialismus wird uns diese Möglichkeit dramatisch vorgeführt. Auch die „Repräsentation" des Einzelnen durch Vertreter kann nur als eine solche pragmatische Konstruktion angesehen werden; hier könnten die „Vertreter" eigene Interessen im Namen und zu Lasten des Vertretenen geltend machen. Der Einzelne braucht also auch in der repräsentativen Demokratie eine Einrichtung, die ihn ein unmittelbares Eingreifen und die Geltendmachung seiner Rechte erlaubt. Dadurch wird die Freiheit wieder konkret und praktisch. Das Fehlen einer solchen konkreten Freiheit beklagte Anatole France zurecht.

Rechtsgleichheit

Im Bereich der „Gesellschaft" stellt die bürgerliche Gleichheit die angemessene Kategorie dar; denn, wenn der Einzelne souverän ist, kann er niemandem über- oder untergeordnet sein, sondern jedem nur auf gleicher Ebene begegnen. Gleichheit gilt auf der Ebene des Rechts. Würde man sie auf die Ebene der Persönlichkeit, des Individualismus, übertragen, führte sie zu Einheitsmenschen, zu Klonen, nicht zu Individuen. Im Bereich des Eigentums oder der Wirtschaft würde sie die Einzelinitiative unterdrücken und zu sozialen Missständen führen, die wir aus dem Sozialismus kennen.

Individual- und Nationalbewusstsein

Das mit der Revolution aufgekommene Nationalbewusstsein dagegen wird weder der Rechtsgleichheit noch dem neuzeitlichen Selbstverständnis gerecht, das sich über die Persönlichkeit des Einzelnen, nicht über die Zugehörigkeit zu einer Nation definiert. Hier fielen die Revolution und das nachfolgende 19. Jahrhundert in eine Denkweise zurück, die der Antike, nicht der Neuzeit angemessen war. Die Folgen dieses Rückfalls waren der Nationalismus des 19. und 20. Jahrhundert und die damit verbundenen Katastrophen der nationalen Kriege und der beiden Weltkriege.

> „Alle, [...] die [...] die Freiheit wenigstens ahnden, und sie nicht hassen, oder vor ihr erschrecken, sondern sie lieben: alle diese sind ursprüngliche Menschen, sie sind, wenn sie als ein Volk betrachtet werden, ein Urvolk, das Volk schlechtweg, Deutsche. [...] was an Geistigkeit, und Freiheit dieser Geistigkeit glaubt, und die ewige Fortbildung dieser Geistigkeit durch Freiheit will, das, wo es auch geboren sei, und in welcher Sprache es rede, ist unseren Geschlechts, es gehört uns an und wird sich zu uns tun."[32]

So hatte Fichte in seinen „Reden an die deutsche Nation" das Deutschsein definiert. Er bestimmte es menschheitlich durch die Anerkennung menschheitlicher Ideen, die er als gemeinschaftsstiftend erlebte, nicht biologisch oder sprachlich. Diese Ideen schleuderte er Napoleon entgegen, von denen dieser bekannt haben soll, dass sie mehr zu seinem Untergang beigetragen haben als die Waffen auf dem Schlachtfeld.

Brüderlichkeit und Wirtschaft

Bezüglich der Wirtschaft hat die Französische Revolution keine neuen Ideen hervorgebracht. Sie blieb im Dienste des Besitzbürgertums und hat die mit dem Privateigentum verbundenen sozialen Ungerechtigkeiten verfestigt, wie Anatole France feststellte. Sie hat ihr eigenes Schlagwort der „Brüderlichkeit" nicht verstanden. Es betrifft die Wirtschaft und die wirtschaftliche Grundsicherung des Menschen.[33] Dieses Prinzip haben wir in der Sozialgesetzgebung im Alten Israel kennengelernt: Der Mensch bedarf zu seiner Existenz einer elementaren materiellen Basis, die ihm die soziale und staatliche Gemeinschaft gewährleisten muss. Damals war es das prinzipiell unverkäufliche Stück Land; heute wäre es das von Götz Werner geforderte Grundeinkommen oder ein Recht auf Arbeit. Die soziale Problematik der freien Marktwirtschaft ist der Französischen Revolution nicht bewusst geworden. Wir werden sie im Zusammenhang mit der Industrialisierung besprechen.

Religionsfreiheit

Hinsichtlich der Religion entspricht dem neuzeitlichen Individualismus die Religionsfreiheit. Auch diesem Prinzip wurden die Französische Revolution und Napoleon nicht gerecht. Die Revolution nicht, indem sie die Religion abschaffen wollte und so wie der spätere Sozialismus einen staatlich verordneten Atheismus propagierte; Napoleon nicht, indem er die Religion wie im Absolutismus instrumentalisierte und den Zwecken des Staates unterordnete.

Staatsverständnis

Auch das Staatsverständnis der Französischen Revolution hatte sich gegenüber dem Absolutismus nicht geändert, obwohl die Menschenrechtserklärung klar aussprach, dass dem Staat eine neue Rolle zukomme: Er habe den Schutz und die Aufrechterhaltung der Menschenrechte zu gewährleisten, nicht sich selbst über den Menschen zu stellen. Das haben die Revolutionäre der Terrorphase und Napoleon vergessen und missachtet; die einen beugten die Menschen unter abstrakte und fanatisierte Ideale, der andere ordnete sie seinem Machtwillen unter und verbrauchte und missbrauchte Soldaten, die er zu Tausenden in den Tod schickte, wie Gebrauchsgegenstände.

Damit wurden der Krieg und die Kriegsführung verschlimmert. Statt zu erkennen, dass die Stellung des Individuums jede Gewaltanwendung gegen es verbietet und damit eine Ächtung des Krieges folgerichtig gewesen wäre, führte die Volksbewaffnung zu immer grausameren und rücksichtsloseren Kriegen. Statt „unantastbar" wurde der Mensch zum Menschenmaterial. Krieg

Damit wird deutlich, dass die Französische Revolution mit ihren Schlagworten „Freiheit, Gleichheit, Brüderlichkeit" zwar richtige Ideen hervorgebracht hat, die zu Leitideen der nachfolgenden Zeiten geworden sind, dass es ihr aber nicht gelungen ist, für diese Ideen die angemessenen staatlichen und sozialen Formen zu finden. Hier bleibt für die weitere Geschichtsentwicklung noch vieles zu tun; die Französische Revolution ist, so gesehen, noch nicht beendet. Fazit

Kompetenzorientierte Ergebnissicherung

Gesellschaft mit differenzierten Lebensbereichen[34]		
Freiheit	Gleichheit	Brüderlichkeit
• Individuelle Entwicklung • Erziehung • Kultur • Religion	• Recht • Politik	• Wirtschaft • Grundsicherung der Existenz • Soziale Versorgung

Gesellschaftliche Fehlentwicklungen	
Freiheit in der Wirtschaft	Gleichheit in der Wirtschaft

• Kapitalismus
  • mit wirtschaftlichen
  • und sozialen Fehlentwicklungen
	• Sozialismus
	  • mit wirtschaftlichen
	  • und sozialen Fehlentwicklungen

2 Die Industrielle Revolution

Grundlegende Bedeutung

Neben der Französischen prägte die Industrielle Revolution das Gesicht der Neuzeit. Sie führte nicht nur zu grundlegenden Veränderungen in der menschlichen Lebenswelt, sondern griff genauso grundlegend in die Natur und ihren Haushalt ein. Mit der Welt der Technik überzog eine neue Schöpfung, nun von Menschenhand, den Erdball, die geeignet war, nicht nur die alte Schöpfung in den Hintergrund zu drängen, sondern sie sogar in ihren Fundamenten zu zerstören. Die technische Entwicklung brachte auch eine ungeheure Beschleunigung der historischen Entwicklung mit sich. Prozesse, die über Tausende von Jahre Alltag waren, wurden in wenigen Jahrzehnten hinweggefegt; und die Neuerungen ihrerseits dann innerhalb weniger Jahre.

Die Industrialisierung brachte mit dem Industriearbeiter eine neue soziale Schicht hervor, die dem Unternehmer gegenüberstand; sie war von ihm nicht nur abhängig, sondern geriet geradezu in eine neue Form von Sklaverei, aus der sie sich wieder mühsam befreien musste. Die Industrialisierung führte weltweit zu einer Zweiteilung der Länder: Industrieländer, die politisch und wirtschaftlich die Führung in der Welt übernahmen, und Entwicklungsländer, die hinter der industriellen Entwicklung zurückblieben. Auch militärisch wurde eine neue Zweiklassengesellschaft geschaffen: Wer technisch gerüstet war, gewann gegenüber dem technisch Rückständigen eine turmhohe Überlegenheit und hatte nicht nur militärisch, sondern auch politisch die Nase vorne. So konnten sich aufgrund von technischen Entwicklungen und Kapazitäten Machtkonstellationen verschieben und verändern. Die Industrielle Revolution dürfte daher neben der neolithischen die tiefgreifendste und bedeutendste Revolution der Weltgeschichte sein.

2.1 Planung der Unterrichtseinheit

Die Industrialisierung deckt sich mit keiner unserer klassischen Geschichtsdomänen, sondern übergreift sie; auf der anderen Seite betrifft sie nicht alle Domänen. Sie hat Auswirkungen in den Bereich der Herrschaft, insofern die technische Ausrüstung des Militärs neue Machtmittel zur Verfügung stellt. Sie betrifft die Domänen Recht und Gesellschaft, insofern durch den Gegensatz von Unternehmer und Arbeiter nicht nur eine wirtschaftliche, sondern auch eine rechtliche und soziale Zweiteilung entsteht. Und mit der Arbeiterschaft werden die gesellschaftlichen Schichten oder Klassen durch eine weitere vermehrt. Diese gesellschaftlichen und rechtlichen Veränderungen werden zentraler Inhalt der Unterrichtseinheit sein. Sie konzentrieren sich in der Entstehung und den Lösungsmöglichkeiten der Sozialen Frage. Ferner werfen wir einen Blick auf die Entstehungsbedingungen der Industrialisierung in England und in Deutschland.

Strukturskizze

Strukturskizze „Industrialisierung“				
Grundlagen	England	Deutschland	Soziale Frage und ihre Lösungsversuche	
• Bevölkerungs- und Nahrungsmittelentwicklung	• Gesellschaftliche Voraussetzungen • Leitsektor Textilindustrie • Dampfmaschine • Infrastruktur	• Gesellschaftliche Voraussetzungen • Leitsektor Eisenbahn • Politische Bedeutung der Industrialisierung	• Lebens- und Arbeitsbedingungen der Arbeiterschaft • Frauen- und Kinderarbeit • Kapitalismus als Gesellschaftsform	• Unternehmer • Kirchen • Parteien • Gewerkschaften • Staat • Radikale Lösungen

2.2 Grundlagen der Industrialisierung

Bevölkerungsentwicklung

Seit Mitte und Ende des 18. Jahrhunderts war zunächst in England, dann auch in Deutschland ein Absinken der Sterberate der Bevölkerung zu beobachten. Die Gründe dafür lagen in einer besseren Ernährung und in einer zunehmend verbesserten medizinischen Versorgung. Dies führte zu einer Zunahme der Bevölkerung, die A. Landry als „demographische Revolution“ bezeichnete. Hinzu kam, dass durch die Abschaffung des Zunftzwanges das Gewerbe nun frei gewählt werden konnte und daher mehr Menschen sich ihren Lebensunterhalt verdienen konnten. Mit der Überwindung der ständischen Gesellschaft fielen Heiratsbeschränkungen weg. So war früher eine Eheschließung an den Nachweis eines ausreichenden Lebensunterhaltes gebunden, erbrechtliche Ordnungen hatten das Heiratsalter heraufgesetzt oder es war die Zustimmung der Herrschaft zur Heirat erforderlich. Diese Hindernisse wurden zuerst in England beseitigt, dann auch allmählich auf dem europäischen Kontinent, sodass überall eine deutliche Bevölkerungszunahme zu verzeichnen war. In England fiel sie prozentual am stärksten aus, in Deutschland war sie angesichts der ohnehin schon hohen Bevölkerungszahl in absoluten Zahlen am höchsten.

Verbesserung der Nahrungsmittelerzeugung

Parallel zu Bevölkerungsentwicklung nahm auch die Nahrungsmittelproduktion zu. Gründe dafür lagen in einer neuen Anbaumethode: Statt Felder brach liegen zu lassen wie bei der Dreifelderwirtschaft nutzte man nun die gesamte Anbaufläche und versuchte einer Auslaugung der Böden dadurch entgegen zu wirken, dass man die Bebauung entsprechend variierte. Das war di sog. Fruchtwechselmethode. Eine gezielte Züchtung machte Pflanzen gege Krankheiten widerstandsfähiger. Eine zunehmende künstliche Düngung ver besserte den Ertrag der Böden. Der Einsatz von Maschinen steigerte die Effizi enz der Arbeit. Die Bauernbefreiung erhöhte die persönliche Motivation an ei ner Leistungs- und Gewinnsteigerung. Bedurfte es um 1800 noch vier Bauern um einen Stadtbewohner zu ernähren, so hatte sich das Verhältnis 100 Jahre später umgekehrt: Um 1900 ernährte ein Bauer vier Verbraucher. Wiederun knappe 100 Jahre später war die Zahl derer, die nun vom Arbeitsertrag eine Bauern leben konnten, auf 65 gestiegen.

Verelendung

So stellte sich die Entwicklung am Ende dar. Bis zur Mitte des 19. Jahrhunderts sah das Verhältnis aber noch nicht so günstig aus. Die Nahrungsmittelproduktion blieb zunächst hinter der Bevölkerungsentwicklung zurück, was zur Folge hatte, dass die Getreide- und die Bodenpreise stiegen. Hinzu kam, dass auch die Landwirtschaft sich immer mehr an dem gewinnorientierten Denken ausrichtete und ihre Produkte daher möglichst teuer verkaufen wollte. Auf der Seite der Konsumenten dagegen blieb die Lohnentwicklung zurück. Die Konkurrenz auf dem Arbeitsmarkt war groß, und die Unternehmer konnten die Löhne niedrig halten oder gar noch drücken. So kam es zu einer Verelendung der Massen, dem sog. „Pauperismus". Auf dem Lande lebten 60% der Bevölkerung am Rande des Existenzminimums.

Auswanderungen

Um der Not zu entgehen, verließen viele ihre Heimat und suchten ihren Lebensunterhalt in der Fremde. In den 20er und 40er Jahren des 19. Jahrhunderts waren große Auswanderungswellen aus Deutschland zu verzeichnen. Bis Ende des Jahrhunderts waren 5,5 Millionen Menschen in die Vereinigten Staaten abgewandert; davon allein 430 000 aus Baden und Württemberg.

Malthus Bevölkerungsgesetz

Die Haltung der Menschen zu ihrer Not wurde durch eine unglückliche Erkenntnis beeinflusst oder bestimmt – durch das von Thomas Malthus 1798 formulierte Bevölkerungsgesetz:

> „Die Bevölkerung wächst, wenn keine Hemmnisse auftreten, in geometrischer Reihe an. Die Unterhaltsmittel nehmen nur in arithmetischer Reihe zu. Schon einige wenige Zahlen werden ausreichen, um die Übermächtigkeit der ersten Kraft im Vergleich zu der zweiten vor Augen zu führen. [...] Ich sehe keine Möglichkeit, dem Gewicht dieses Gesetzes, das die gesamte belebte Natur durchdringt, auszuweichen. Weder eine erträumte Gleichheit noch landwirtschaftliche Maßnahmen von äußerster Reichweite könnten seinen Druck auch nur für ein einziges Jahrhundert zurückdrängen. Deshalb scheint dieses Gesetz auch entschieden gegen die mögliche Existenz einer Gesellschaft zu sprechen, deren sämtliche Mitglieder in Wohlstand, Glück und verhältnismäßiger Muße leben und sich nicht um die Beschaffung von Unterhaltsmitteln für sich und ihre Familien zu sorgen brauchen. [...] Die Armen müssen zwangsläufig noch schlechter leben, und viele von ihnen werden in äußerste Not geraten. Da auch die Zahl der Arbeiter die Nachfrage auf dem Arbeitsmarkt übersteigt, wird der Arbeitslohn eine fallende Tendenz zeigen, während gleichzeitig der Preis der Lebensmittel eine steigende Tendenz aufweisen wird. Der Arbeiter muss daher mehr Arbeit leisten, um dasselbe zu verdienen wie zuvor."[35]

Unter arithmetischer Zunahme verstand Malthus die additive Zunahme in der Reihe 1 2 3 4 usw.; unter geometrisch die exponentielle Zunahme in der Reihe

1 2 4 8 usw. Damit schien wissenschaftlich erwiesen, dass die Not naturgegeben sei. Es schien keinen Weg und keine Gesellschaft zu geben, wo alle in Wohlstand, Glück und Muße leben konnten. Damit war die soziale Gewissenlosigkeit, die während der Zeit der Industrialisierung zu beobachten war, wissenschaftlich gerechtfertigt. Das rationale Denken hatte sich dem humanen entgegengestellt und die revolutionär errungenen Menschenrechte zu einem nicht einlösbaren Ideal, zu einer Utopie, gemacht. So schien es.

Inhaltliche Ergebnissicherung

Grundlagen der Industrialisierung			
Bevölkerungszunahme und Nahrungsmittelproduktion			
• Rückgang der Sterblichkeit • Wegfall von Heiratsbeschränkungen • Besserer Lebensunterhalt durch Gewerbefreiheit	Zunahme der Nahrungsmittelproduktion: • 1800: Vier Bauern ernähren einen Verbraucher • 1900: Ein Bauer ernährt vier Verbraucher	Gründe: • Fruchtwechselmethode • Pflanzenzüchtung • Bodenverbesserung durch künstliche Düngung • Einsatz von Maschinen • Bauernbefreiung	• Bedarf übersteigt zunächst die Produktion • Anstieg der Getreide- und Bodenpreise • Lohnentwicklung bleibt zurück • Verelendung der Massen („Pauperismus") • Auswanderungsbewegungen

„Malthussches Gesetz"		**Zeit nach Malthus**
• Nahrungsmittelproduktion bleibt hinter der Bevölkerungsentwicklung zurück • Nahrungsmittelzunahme linear: 1 2 3 4 ... • Bevölkerungszunahme exponentiell: 1 2 4 8 ... Folge: • Not ist naturgegeben und nicht änderbar	Bisher haben eine Ernährungskatastrophe verhindert: • Pestepidemien • Kriege • Feudale Schranken • Zunftschranken	• Die Bevölkerungszunahme verringerte sich gegen Ende des 19. Jahrhunderts (ab 1880) und stagnierte schließlich • Die Einkommen in der Industrie stiegen aufgrund der Produktivitätssteigerung stärker als die Preise • Die Ertragssteigerungen in der Landwirtschaft hielten mit der Bevölkerungsentwicklung Schritt • Importe aus Kolonien • Öffnung des Handels zum Welthandel

Wissenschaftliches Denken

Die zentralste und unabdingbarste Voraussetzung der Industrialisierung war das neue wissenschaftliche Denken. Keine soziale oder durch die Umwelt bedingte Gegebenheit hätte zur Erfindung einer Dampfmaschine geführt, wenn nicht Begriffe wie Druck und Gegendruck, Drehmoment, Kraftübertragung usw. hätten gebildet werden können. Das war erst durch das neue abstrakte wissenschaftliche Denken möglich, mit dem das Tor zur Neuzeit geöffnet wurde. Dieses neue Denken war ganz auf die Sinneswelt und die Sinneserfahrung fokussiert; alle Begriffe, die es denken konnte, galten allein für sie und die Erfassung äußerer, physikalisch-mechanischer Zusammenhänge. Daher war es geeignet, eine mechanistische Technik zu entwickeln. Es war dagegen nicht imstande, Lebensvorgänge und soziale Prozesse zu verstehen. Das letzte haben wir in Band 3 bei der Besprechung Machiavellis gesehen; das erste wird an der Umweltzerstörung deutlich, zu der dieses Denken geführt hat – nicht durch menschliche Nachlässigkeit allein, die es auch gegeben hat, sondern durch die Natur dieses Denkens selbst.

2.3 Die Industrialisierung in England: Textilindustrie und Infrastruktur

Technisierung

Jahrtausende lang hatte sich im Wirtschaftsleben nichts Wesentliches verändert. Garn wurde seit der Jungsteinzeit bis in die frühe Neuzeit mit der Hand gesponnen und Tuch mit der Hand gewebt; ein Gleiches galt für andere Waren. Mit den Manufakturen des Absolutismus wurde die Herstellung rationalisiert, aber noch nicht technisiert. Von einer Technisierung können wir erst sprechen, wenn die technischen Mechanismen Energie erzeugen, nicht nur Energie nutzen. Sie werden dadurch zu einer eigenen Energiequelle, die autonom und von der Natur unabhängig ist. Diesen Schritt erreichte die Industrialisierung durch die Erfindung der Dampfmaschine. Ihr waren andere Erfindungen vorausgegangen, die ihren Einsatz erst sinnvoll machten.

„Leitsektor" Textilindustrie

In England nahm die Industrialisierung ihren Ausgangspunkt von der Textilindustrie. Die Nachfrage nach Textilien hatte einen gewaltigen Absatzmarkt geschaffen, der zunächst von Indien und der indischen Baumwolle bedient wurde. Durch die Ausdehnung des British Empire bis nach Indien hatte England sich diesen Markt angeeignet und mit politischen Mitteln dafür gesorgt, dass er in seiner Hand blieb. Konkurrenz und wirtschaftliche Entwicklungen in den Kolonien wurden unterdrückt und dem Mutterland so eine einzigartige wirtschaftliche Stellung gegeben. Hinzu kam, dass England als größte Seemacht die überseeischen Handelswege beherrschte. So dominierte England den Welthandel und verfügte über große Kapitalien, die für eine Entwicklung von Industrie und Wirtschaft vonnöten waren. Nicht nur das von Innungszwängen befreite Bürgertum, sondern auch der Adel beteiligten sich an den wirtschaftlichen Unternehmungen, die ihnen Reichtum und Ansehen und in der Folge auch Macht brachten.

Erfindungen im Textilbereich

So wurden gerade im Bereich der Textilindustrie entscheidende Erfindungen gemacht, die der Industrialisierung den Weg bahnten. 1733 erfand John Kay das „Fliegende Weberschiffchen", eine Vorrichtung, die den Querfaden bzw. „Schussfaden" mechanisch durch die Längsfäden ziehen konnte. Dadurch wurde ein mechanisches Weben möglich, das das Weben von Hand nicht nur ablöste, sondern auch in der Qualität übertraf. Die Produktion konnte so verdoppelt werden. Zunächst erwies sich dies noch nicht als allzu großer Vorteil, da nicht genügend Garn zur Verfügung stand, um die höhere Geschwindigkeit des mechanischen Webens sinnvoll nutzen zu können. Vier Spinner waren nötig, um einen Weber mit Garn zu versorgen. Dadurch wurde eine nächste Erfindung notwendig, die die Garnherstellung beschleunigte. Dies erfolgte ab 1764 durch James Hargreaves „Spinning-Jenny", bei der ein Spinner 8–12 Spindeln gleichzeitig bedienen konnte. Dadurch konnte nicht nur mehr Garn hergestellt werden, seine Qualität wurde dadurch auch besser: Die Fäden wurden weicher, feiner und auch reißfester, sodass so ein besseres Schussgarn erzeugt werden konnte. Auch das Kettengarn, die Längsfäden, konnte verbessert werden. 1769/71 schuf Richard Arkwright eine wasserkraftbetriebene Spinnmaschine („water frame"), die noch stärkeres Garn produzierte, indem sie Baumwolle durch Walzen hindurch zog, bei denen jedes folgende Paar mit doppelter Geschwindigkeit lief. Samuel Crompton kombinierte dann 1779 die Vorzüge von Hargreaves und Arkwrights Maschinen zur „Mule Jenny", die auf der Basis von Dampfantrieb 50 Spindeln gleichzeitig laufen lassen konnte. Damit waren die Voraussetzungen geschaffen, unter denen der von Edmund Cartwright erfundene und von Richard Roberts verbesserte mechanische Webstuhl erfolgreich eingesetzt werden konnte. Die Tuchproduktion hatte sich von 1764–1794 um das Dreißigfache und bis 1844 um das Achtzigfache gesteigert. Die Qualität war besser als die der indischen Tuche, womit England sich das Weltmonopol in der Tuchindustrie sicherte.

Interdependenz der Industriezweige

Interdependenz der Industriezweige		
Textilindustrie (Schrittmacherindustrie)	• Bleichmittel • Färbemittel	**Chemische Industrie**
• Transportfahrzeuge • Spinnmaschinen • Webmaschinen • Dampfmaschinen	• Schafwolle	• Düngemittel
Maschinenbau	• Landmaschinen • Eisen	**Landwirtschaft**
Bergbau	• Kohle	**Eisenindustrie**

Die Textilindustrie machte Zuarbeiten anderer Industrien nötig, sodass ihre Entwicklung auch die der anderen beförderte. Sie wurde so zur Schrittmacher- bzw. zur Leitindustrie.

Die Industrialisierung beflügelte auf der einen Seite den wissenschaftlichen und technischen Fortschritt, begrenzte ihn aber auch zugleich, indem die Wissenschaft in die Abhängigkeit der Industrie geriet: Erforscht wurde nur, was sich lohnte. Damit bezahlte die Wissenschaft ihren Fortschritt mit dem Verlust ihrer Freiheit, worin sich wieder eine Gegenläufigkeit von industrieller und politischer Entwicklung zeigte.

Interdependenz von Industrie und Wissenschaft	
Vorzüge	**Nachteile**
Förderung des • wissenschaftlichen und • technischen Fortschritts	• Wissenschaft gerät in Abhängigkeit von der Industrie: Erforscht wird nur, was sich lohnt. • Beeinträchtigung der wissenschaftlichen Freiheit

Dampfmaschine

Den entscheidenden Antrieb erhielt die Industrialisierung durch James Watts Erfindung der Dampfmaschine. Bei der Dampfmaschine wird durch Wasserdampf, der durch zwei verschiedene Ventile abwechselnd eingelassen wird, ein Kolben hin und her bewegt; dadurch erzeugt die Dampfmaschine Energie und Kraft. Diese Kraft wird auf ein Schwungrad übertragen, das seinerseits die Schwung- bzw. Antriebsräder der Arbeitsmaschinen in Bewegung setzt. Diese Entdeckung revolutionierte die Welt – nicht nur die Arbeitswelt des Menschen, sondern auch die politische Welt und das Leben im Alltag. Zum ersten Mal lieferte eine Maschine Arbeitskraft und Energie; etwas, das vorher nur ein Mensch, ein Tier oder die Natur leisten konnten. Vor der Erfindung der Dampfmaschine war die Wasserkraft der wichtigste Energieträger. Daher lagen alle fabrik- und mühlenartigen Anlagen an Flüssen und Bächen. Nun waren die Fabriken nicht mehr standortgebunden, sondern konnten überall errichtet werden.

Anwendungsbereiche

Die Dampfmaschine fand in allen Bereichen der industriellen Produktion Anwendung. Sie diente als Antrieb für

- Spinn- und Webmaschinen
- Pump- und Fördermaschinen in Bergwerken
- Gebläsemaschinen in Hüttenwerken
- Dampfschiffe
- Dampflokomotiven

Bedeutung

Die Erfindung der Dampfmaschine veränderte das Leben, die Arbeit, die Fortbewegung und die Umwelt des Menschen. Maschinen arbeiteten für den Menschen. Eine neue Welt, die Welt der Technik, entstand und breitete sich über die Erde aus. Mit ihr begann das Maschinenzeitalter, das das gesamte menschliche Leben von Grund auf veränderte, wie wir im Detail noch sehen werden. In der Arbeitswelt entstand ein neuer Sektor, den es so vorher noch nicht gegeben hatte: Der sog. Sekundäre Sektor der Verarbeitung bzw. der Industrie. Der primäre, den nun ergänzt und erweitert wurde, umfasste die Rohstoffgewinnung, worunter Ackerbau und Viehzucht sowie die Förderung von Bodenschätzen verstanden wurde. Dieser primäre Sektor war der vorrangige Inhalt der Wirtschaftsentwicklung von der Jungsteinzeit bis zum 18. Jahrhundert. Nun kam einer zweiter hinzu, dem im 20. Jahrhundert drei weitere folgen werden: Der „Tertiäre Sektor" der Dienstleistungen, der „Quartäre" der Freizeitwirtschaft und der „Quintäre" der Abfallwirtschaft. Dies belegt die beschleunigte Entwicklung und die grundlegende Veränderung der Arbeitswelt durch die Industrialisierung.

Verkehrswege

Ein weiterer zentraler Aspekt der Industrialisierung war der Ausbau der Verkehrswege. Im Jahre 1750 verdoppelten 20 Meilen Landtransport die Kosten für eine Tonne Ware. 1761 halbierte ein neu eröffneter Kanal zwischen Manchester und einem benachbarten Kohlegebiet den Kohlepreis. Der Ausbau der Verkehrswege lohnte sich wirtschaftlich und wurde daher vorangetrieben; zunächst der Kanalbau bis 1830, mit der Entwicklung der Eisenbahn dann der Ausbau des Schienennetzes.

Inhaltliche Ergebnissicherung

Industrialisierung in England		
Leitsektor Textilindustrie	**Dampfmaschine**	**Infrastruktur**
• Erfindung des „Fliegen-den Weberschiffchens“ • Herstellung des weicheren und feineren Schussgarns • Herstellung des festeren und gröberen Kettengarns • „Spinning-Jenny“: Ein Spinner kann 8–12 Spindeln gleichzeitig bedienen • Feinere Fäden als von Hand • Wasserkraftbetriebene Spinnmaschine • Dampfbetriebene Spinnmaschine • Mechanischer Webstuhl	• Fabriken sind nicht mehr standortgebunden • Antrieb für Spinn- und Webmaschinen • Antrieb für Pump- und Fördermaschinen in Bergwerken • Gebläsemaschinen in Hüttenwerken • Dampfschiff 1802 • Dampflok 1804	• 1750: 20 Meilen Landtransport verdoppeln die Kosten für eine Tonne Ware • 1761: Ein neu eröffneter Kanal zwischen Manchester und einem benachbarten Kohlegebiet halbiert den Kohlepreis • Kanalbau lohnt sich (bis 1830) • Ausbau des Schienennetzes
Bedeutung		
Produktion • von 1764–1794 verdreißigfacht • bis 1844 verachtzigfacht • Qualität besser als indische Tuche • England hat das Weltmonopol in der Tuchindustrie	• Beginn des Maschinenzeitalters • Revolutionierung des gesamten Wirtschafts- und Verkehrswesens	• Einsicht in die Bedeutung der Infrastruktur • Ausbau der Verkehrswege zu Wasser und zu Land

2.4 Die Industrialisierung in Deutschland: Eisenbahn und Schwerindustrie

Eisenbahn als Schrittmacher

1814 entwickelte George Stephenson aus der Dampfmaschine die erste praktisch einsetzbare Dampflokomotive. 21 Jahre später, am 7. Dezember 1835, wurde in Deutschland die erste Eisenbahnlinie eröffnet, die von Nürnberg nach Fürth führte. 20% des seit 1835 gebildeten Kapitals flossen in den Eisenbahnbau. Damit nahm die Eisenbahn in Deutschland die Rolle für die Industrialisierung ein, die in England die Textilindustrie hatte. Entsprechend rasant entwickelte sich dieser Industriezweig:

Eisenbahnbau als Leitsektor der Industrialisierung in Deutschland	
• 1842: Von 245 Loks wurden 38 in Deutschland gebaut = 15,51 % • 1851: Von 1084 Loks wurden 679 in Deutschland gebaut = 62,64 %	Arbeiter im Leitsektor „Maschinenbau“: • 1861: 51 000 • 1882: 356 000 • 1907: 1 120 000

Mit der Reichsgründung 1871 wurde Deutschland zur bedeutendsten kontinentalen Wirtschaftsmacht. Damit begann eine Zweite Industrialisierungsphase, die von 1871–1914 gerechnet wird. Die Erste umfasste dem Zeitraum von 1835–1870. In die Zeit der ersten Phase begann der grundlegende Ausbau des Schienennetzes, der sich in der zweiten Phase etwas mehr als verdoppelte. So wurde Deutschland, Europa und die Welt mit einem Netz von Eisenbahnschienen überzogen, das manchem, wie dem englischen Karikaturisten von «Punch» 1865, auch als gefährliche Spinne erschien.

Karikatur im »Punch«, London 1865

Schienenlänge in km von 1840–1890[36]

	England	Frankreich	Deutschland	USA	Russland
1840	2 400	500	500	4 500	-
1850	10 556	3 100	6 000	15 600	-
1860	17 000	9 500	9 400	50 000	1 600
1870	25 000	18 000	19 500	85 000	11 000
1880	28 900	26 000	34 000	150 000	24 000
1890	32 300	37 000	43 000	269 000	31 000

Revolutionierung des Verkehrswesens

Mit der Entwicklung der Eisenbahn begann eine Revolutionierung des Verkehrswesens, die Hoffnungen und Befürchtungen weckte. Die Veränderungen gegenüber dem früheren Reisen beschrieb die Schriftstellerin Fanny Lewald in ihren Erinnerungen 1862:

> „Im Jahre 1832 war das Reisen noch nicht so leicht wie in unseren Tagen und doch nahm man es schon als einen ungemeinen Fortschritt an, dass man den Weg von Königsberg (heute Kaliningrad) nach Berlin, der auf der Chaussee etwa achtzig Meilen (592 km) lang war, in zweiundsiebzig Stunden zurücklegen konnte. Man liebte es, zu erzählen, wie unsere Großväter und zum Teil auch noch unsere Väter von Königsberg bis Berlin und Leipzig vierzehn Tage unterwegs gewesen wären,

wie man auf der ordinären Post elend und eng gesessen, wie die Wagen in den Löchern des Weges stecken geblieben wären und umgeworfen hätten, wie die Passagiere unter dem Gepäck zu liegen gekommen wären, und wie gewissenhafte Familienväter ihr Testament gemacht hätten, bevor sie einmal eine solche Reise unternommen."[37]

Hohe Erwartungen

Neben der verbesserten Bequemlichkeit des Reisens setzte man hohe Erwartungen in die neuen Verkehrsmöglichkeiten: Die Übel des Lebens sollten behoben werden, denn die Menschen konnten nun schneller und bequemer zueinander kommen und sich kennenlernen. Der Mensch sollte seinen Horizont erweitern; Krieg, Unwissenheit und Krankheit sollten verschwinden.

„Was die Dampfschifffahrt für den See- und Flussverkehr, ist die Eisenbahn-Dampfwagenfahrt für den Landverkehr, ein Herkules in der Wiege, der die Völker erlösen wird von der Plage des Kriegs, der Teuerung und Hungersnot, des Nationalhasses und der Arbeitslosigkeit, Unwissenheit und des Schlendrians, der ihre Felder befruchtet, ihre Werkstätten und Schachte beleben und auch den niedrigsten unter ihnen Kraft verleihen wird, sich durch den Besuch fremder Länder zu bilden, in entfernten Gegenden Arbeit und an fremden Heilquellen und Seegestaden Wiederherstellung ihrer Gesundheit zu suchen."[38]

So äußerte sich Friedrich List 1835 vor der Eröffnung der ersten deutschen Eisenbahnlinie. A. von Sternberg schrieb der Eisenbahn auch eine demokratische Funktion zu:

„Sehen Sie nur unsere Vornehmen und Exklusiven, wie erbittert und mit Recht sie gegen die Eisenbahn sind. Dass sie rasch an irgendeinen Ort hinkommen, daran liegt ihnen wenig, aber dass sie nicht mehr auf ihre Weise die Reise machen sollen, das ist ein Gräuel. Wie? Ein Häuflein untergeordneter Kreaturen, Krämer, Handwerker, Künstler, reisender Possenreißer, alles das hat sich zusammengefunden und zwingt einen Vornehmen, mit ihnen gemeinschaftliche Sache zu machen? Er muss so recht eigentlich nach der Pfeife dieser Menschen tanzen, denn sie wollen reisen, und er soll mit ihnen reisen, wenn er überhaupt reisen will. Und der Staat, was tut er? Er begünstigt diese teuflische demokratische und revolutionäre Erfindung, ja auch noch mehr, das Oberhaupt desselben fährt selbst mit Gevatter Schneider und Handschuhmacher zugleich ab."[39]

Bedenken und Ängste

Aber auch Bedenken und Ängste gegenüber der Eisenbahn blieben nicht aus. In einem Ärztegutachten zur Eisenbahn von 1835 war zu lesen:

„Ortsveränderungen mittels irgendeiner Art von Dampfmaschine sollten im Interesse der öffentlichen Gesundheit verboten sein. Die raschen Bewegungen können nicht verfehlen, bei den Passagieren die geistige Unruhe, „Delirium furiosum" genannt, hervorzurufen. Selbst zugegeben, dass Reisende sich freiwillig der Gefahr aussetzen, muss der Staat wenigstens die Zuschauer beschützen, denn der Anblick einer Lokomotive, die in voller Schnelligkeit dahinrast, genügt, diese schreckliche Krankheit zu erzeugen. Es ist daher unumgänglich nötig, dass eine Schranke, wenigstens sechs Fuß hoch, auf beiden Seiten der Bahn errichtet werde."[40]

Auch Befürchtungen hinsichtlich der großen wirtschaftlichen und sozialen Umstellungen, die die Menschheit nun erleiden müsse, wurden laut:

„Den Eisenbahnbau kann nur die größte Unkunde über die wahren Quellen des Nationalerwerbs anpreisen; denn die Eisenbahn wird die Einfuhr erleichtern, und die notwendige Folge wird ein noch tieferes Sinken der Korn- und Holzpreise sein. Auch wird der Verdienst der Frachtwagenführer aufhören, wie derjenige der Gastwirte, Schmiede und Radmacher!"[41]

So argumentierte, wer über das Gewohnte nicht hinauszudenken vermochte.

Eisen und Kohle

Nicht die Baumwolle, sondern Eisen und Kohle haben letztlich das Gesicht der Industrialisierung geprägt. Die Kohle hatte das Bild der Umwelt am nachhaltigsten verändert, das Eisen wurde militärisch bedeutsam und erhielt dadurch auch entscheidendes politisches Gewicht. Der Bedarf an Maschinen und der Ausbau der Eisenbahn machten immer mehr Stahl notwendig, sodass auf seine Herstellung immer mehr Aufmerksamkeit und Forscherfleiß verwendet wurden. Das Prinzip der Stahlherstellung war, durch immer größere Hitze immer mehr Stoffbeimischungen zu verbrennen, um dadurch immer saubereren, hochwertigeren Stahl zu gewinnen. Das war das Prinzip des Hochofens, der durch entsprechende Befeuerung und Belüftung Temperaturen von 250° bis 2 300° C erzeugen konnte.

Eisenverarbeitung

Am Anfang des 18. Jahrhunderts hatte man Roheisen aus Eisenerz gewonnen, indem man das Eisenerz mittels Holzkohle geschmolzen hatte. Dadurch wurde aber mit der Zeit die Holzkohle knapp, was zu einem Rückgang der Eisenerzeugung führte. Ab 1735 lernte man, Eisen mit Koks statt Holzkohle zu schmelzen, was der Eisenproduktion wieder einen Anschub gab. Das Problem war, dass durch die Verbrennung das Eisen nicht nur geschmolzen, sondern auch verunreinigt wurde. Daher versuchte man, den Feuerherd vom Schmelzherd zu trennen, was 1784 im Puddelverfahren gelang. Der nächste große Fortschritt in der Eisenverarbeitung wurde ein dreiviertel Jahrhundert später erzielt. Mithilfe der Bessemer-Birne konnte durch eine entsprechende Luftzufuhr dem Eisen der Kohlenstoff entzogen und dadurch die Temperatur erhöht werden. Eine Bessemer-Birne erzeugte auf diese Weise in 20 Minuten soviel Stahl wie ein Puddelofen in 24 Stunden. Im Siemens-Martin-Verfahren wurde das alte „Koch"- und Puddelverfahren weiterentwickelt. So wurde eine noch bessere Stahlqualität erreicht, vor allem aber konnte Alteisen wiederverwertet werden. Eine Massenproduktion von Eisen und Stahl wurde jetzt möglich.

Schwerindustrie und Militärwesen

Die Schwerindustrie erlangte für das Militär eine ganz besondere Bedeutung; denn nun konnten Waffen gebaut werden, die der Kriegsführung neue Dimensionen eröffneten, wie wir beim Ersten Weltkrieg sehen werden: Schwere Geschütze, Panzer und große Kriegsschiffe. Die Eisenbahn erhielt strategische Bedeutung für den Truppenaufmarsch, die sich der preußische Generalfeldmarschall Moltke bereits im deutsch-französischen Krieg zunutze machte. Die Industrialisierung wurde zum bedeutendsten Machtfaktor der Staaten. Wer in diesem Prozess nicht mithalten konnte oder zurückfiel, verlor seine weltpolitische Macht. Diesem Schicksal erlagen Russland und China. Deutschland wurde durch die zweite Industrialisierungsphase nach 1871 zur größten kontinentalen Wirtschaftsmacht und nahm hinter den USA die zweite Stelle in der Welt ein. Nicht zuletzt diese Position sollte für die damalige Welt- und europäische Vormacht England zu einem entscheidenden Grund werden, der aufstrebenden Konkurrenzmacht Deutschland 1914 den Krieg zu erklären.

Industrielle Ballungsräume

Die Förderung der Kohleindustrie ließ die für die Industrialisierung so charakteristischen schwerindustriellen Ballungsräume entstehen: In England die Midlands, in Deutschland das Ruhrgebiet und Oberschlesien. Sie werden bei künftigen politischen Streitigkeiten immer eine zentrale Rolle spielen.

Industrialisierung in Deutschland		
Eisenbahn und Maschinenbau	Wirtschaftlicher Aufstieg Deutschlands	Politische Bedeutung der Industrialisierung
• Leitsektor der Industrialisierung in Deutschland • 20% des seit 1835 gebildeten Kapitals gehen in den Eisenbahnbau	• Erste Industrialisierungsphase 1835–1870 • Zweite Industrialisierungsphase 1871–1914: Deutschland wird größte kontinentale Wirtschaftsmacht	• Schwerindustrie wird für das Militärwesen entscheidend • Strategische Bedeutung der Eisenbahn für den Truppenaufmarsch • Wer zurückfällt, verliert seine Machtstellung

2.5 Lebens- und Arbeitsbedingungen während der Industrialisierung: Die Soziale Frage

2.5.1 Neue Arbeitsbedingungen formen eine neue Gesellschaft

Fabrikarbeit

Mit der Manufaktur entstand bereits eine Form der Arbeit, bei der Wohnort und Arbeitsplatz getrennt und auch eine neue Gestaltung der Zusammenarbeit notwendig wurde. Der Unterschied von Manufaktur und Fabrik sollte aber den von Heim- und Manufakturarbeit weit übertreffen. Maschinen wurden zu einem Teil des Arbeitsprozesses; sie drängten den Arbeiter in den Hintergrund und bestimmten den Arbeitsrhythmus. Die Arbeiter konnten nicht mehr nach ihren Kräften und ihrem Rhythmus arbeiten, sondern mussten ihre Arbeitsweise dem Takt der Maschinen anpassen. Auch der Lebensrhythmus wurde ein anderer. Mit der Möglichkeit der elektrischen Beleuchtung konnte man die Nacht zum Tage machen; der Mensch emanzipierte sich von der Natur, wurde aber von der Technik abhängig: Ein Befreiungsprozess, der eine neue Unfreiheit einbrachte.

Bessere Qualität der Fabrikarbeit

Die Vorteile der Fabrikarbeit waren unübersehbar: Die Qualität der Produkte war besser, die Herstellung deutlich günstiger. So konnten die alten Handwerke mit der Fabrikarbeit nicht mehr mithalten und wurden konkurrenz- und überlebensunfähig.

> „Der befangenste Beobachter kann nicht mehr zweifelhaft sein, dass mehrere Handwerker, z. B. Tuchscherer, Nadler, Hutmacher, Zeug- und Nagelschmiede und dergleichen, nicht mehr in ihrer seitherigen Gestalt bestehen können, seit die Anfertigung von Nadeln, Drahtgespinsten, Filzwaren, Watten, Nägeln, Sägen und anderem Eisengerät fabrikmäßig mit so wenig Kostenaufwand erfolgt, dass der Handwerker seine Handarbeit dafür nicht mehr liefern kann. Ebenso wenig ist es zu bestreiten, dass die Fabriken im ganzen viele andere Erzeugnisse der Handwerker wesentlich besser und beträchtlich wohlfeiler liefern, als die Handwerker es zu tun vermögen, und dass eine Katastrophe bevorstehe, in der es darauf ankommen wird, in dem Handwerksstande den Mittelstand zu erhalten.“[42]

So schrieb der königlich-preußische Gerichtsamtmann Friedrich August Benedict 1835 über die neue Technik und den Handwerkerstand.

Wirtschaftsordnung wird zur Gesellschaftsordnung

Der Inhalt der Arbeit war neu: Es ging nicht mehr um eine handwerkliche Herstellung von Produkten, sondern um die Beaufsichtigung von Maschinen, die fehlerfrei und effizient laufen sollten. Noch stärker als bei der Manufaktur gehörten auch die Arbeitsgeräte nicht mehr dem Arbeiter, sondern sie wurden ihm für seine Arbeit zur Verfügung gestellt; er hatte sie pfleglich und gewissenhaft zu behandeln, denn sie waren teuer und der Arbeitsprozess hing mehr von ihnen als vom Arbeiter ab. Die Maschinen waren im Besitz eines Unternehmers, der das nötige Kapital besaß, um sie zu beschaffen und zu unterhalten. Er verfügte damit auch über Rechte: Er konnte Arbeiter anstellen und entlassen. Er wurde damit zum Arbeitgeber, von dessen Entscheidungen Wohl und Wehe des Arbeiters abhingen. Damit wurde er aber auch wieder zum Herr. Die revolutionär erreichte bürgerliche Gleichheit ging in der neuen wirtschaftlichen Ungleichheit unter. So war aus der Wirtschaftsordnung, bei der kapitalbesitzende Unternehmer besitzlosen Arbeitern gegenüberstanden, eine kapitalistische Gesellschaftsordnung geworden, bei der nun wieder bevorrechtete Bürger rechtlosen gegenübertraten. Aus den Eigentumsverhältnissen wurden Rechtsverhältnisse hergeleitet, die neue und erschreckende Abhängigkeiten schufen, wie der Blick in eine Fabrikordnung lehrt.

Fabrikordnung

> „§ 6. Jeder Arbeiter ist für die ihm anvertrauten Gegenstände persönlich verantwortlich. Wenn er dieselben bei Nachfragen nicht gleich vorweisen kann, werden sie auf seine Kosten durch neue ersetzt. [...]
>
> § 9. Ferner werden bestraft [...]:
>
> 1. Unehrerbietiges Betragen gegen die Aufseher. 2. Verhehlung von Untreue. 3. Eigenmächtige Abänderung an den Maschinen, der Beleuchtung, Heizung und Werkzeugen. 4. Störung anderer Arbeiter. 5. Verspätung und Versäumnisse, besonders der Unfug des blauen Montags und das Herbeiholen von Speise und Trank. 6. Unvorsichtigkeit mit Feuer und Licht. 7. Das Tabakrauchen. 8. Lärm machen auf dem Weg zu und von der Fabrik. 9. Beschädigung an Häusern, Gärten, Bäumen, Zäunen, Brunnen und dgl.“[43]

Die Reglementierung der Arbeiter betraf nicht nur ihre Arbeit, sondern auch ihr Benehmen in und außerhalb der Fabrik. Von Freiheit und Gleichheit konnte hier keine Rede sein.

Den Arbeitern wurde nicht selten zunächst ein Teil ihres Arbeitslohnes vorenthalten, um ein entsprechendes Druckmittel für ihr Wohlverhalten zu haben. Bei entsprechendem Fehlverhalten hatte der Arbeiter umsonst gearbeitet, der Unternehmer sich entsprechend bereichert.

> „§ 15. Jedem Arbeiter wird gleich von Anfang sechs Tage oder ein vollständiger Wochenlohn als Decompte (Abzug) zurückbehalten und bei Lohnerhöhung vervollständigt. [...] Nur bei ordnungsmäßigem Austritt wird Lohn und Decompte bezahlt.“[44]

Wenn ein Arbeiter kündigen wollte, musste er dies sechs Wochen vorher anzeigen, der Unternehmer hingegen war zur sofortigen Kündigung berechtigt, wenn sich der Arbeiter ein Vergehen der nachfolgenden Art hatte zuschulden kommen lassen:

„1. Diebstahl oder Untreue. 2. Prügelei, Unzucht oder Betrunkenheit im Fabrikgebäude. 3. Komplotte oder Auflehnung gegen die Fabrikordnung. 4. Beschimpfung der Aufseher. 5. Tätliche Widersetzlichkeit. 6. Weigerung der Übernahme einer ordentlichen Arbeit in der Fabrik. 7. Eigenmächtiges Verlassen der Arbeit. 8. Wiederholte Nachlässigkeit in Erfüllung seines Geschäftes. 9. Beharrlicher Ungehorsam. 10. Absichtliche oder bedeutende Verletzung des anvertrauten Arbeitsgerätes oder Arbeitsstoffes."[45]

Das waren interpretierbare Tatbestände, die den Arbeiter der Willkür der Aufseher oder der Unternehmungsleitung auslieferten.

Demütigung und Würdelosigkeit

Die genannten Reglementierungen,

- Disziplin bei der Arbeit (Pünktlichkeit, sachgemäße Behandlung von Maschinen usw.),
- Respekt vor den Vorgesetzten (Ehrerbietung),
- Benehmen in der Öffentlichkeit (kein Lärm, keine Beschädigungen auf dem Arbeitsweg)
- Haftung für Versäumnisse (Strafgelder in Einzel- und Gruppenhaftung)
- Vorläufiger Verzicht auf zustehenden Lohn (Decompte), der nur bei ordnungsgemäßem Austritt bezahlt wird,

stellten eine demütigende und würdelose Behandlung der Arbeiter dar, die einer praktischen Versklavung gleichkam. Sie standen in erschütterndem Gegensatz zu den Idealen, die in den politischen Revolutionen erhoben wurden. Bei juristischen Auseinandersetzungen wurde ihre Rechtsmäßigkeit damit begründet, dass der Arbeiter den Arbeitsvertrag ja in freier Entscheidung abgeschlossen hätte. Hier wird eine zu kurz greifende Reflexion deutlich, die zu unerträglichen sozialen Zuständen führte.

Kompetenzorientierte Ergebnissicherung

Kapitalistische Wirtschafts- und Gesellschaftsordnung	
Unternehmer (Arbeitgeber/Kapitalist)	**Arbeiter (Arbeitnehmer/Proletarier)**
• Besitz von Maschinen • Besitz von Kapital • Besitz von Rechten	• Verfügt nur über seine Arbeitskraft • Statt Kapital besitzt er Kinder • Keine Rechte
Strebt nach immer mehr Kapital, um konkurrenzfähig zu bleiben	Strebt nach immer mehr Geld, um seine Familie ernähren zu können und sein Leben zu verbessern
Konflikt/„Klassenkampf"	
Aus der kapitalistischen Industrieordnung ist eine kapitalistische Gesellschaftsordnung geworden	

Der Gegensatz Unternehmer–Arbeiter war auch ein Interessensgegensatz. Der eine strebte nach immer mehr Gewinn und Kapital, nicht nur, um sich zu bereichern, sondern vor allem auch, um konkurrenzfähig zu bleiben; der andere benötigte immer mehr Geld, um seine Familie ernähren und sein Leben verbessern zu können. Dieser Gegensatz war weniger moralisch, sondern vor allem strukturbedingt. Ein rücksichtsvoller Unternehmer wäre untergegangen.

Inhaltliche Ergebnissicherung

Merkmale der kapitalistischen Industrieordnung
• Trennung Arbeitsstätte–Wohnstätte, Arbeitszeit–Freizeit • Fremdbestimmter Arbeitsrhythmus: Maschine, Fabrikordnung • Produktion in der Fabrik • Trennung von Produktionskraft und Produktionsmittel • Produktionsmittel sind fremdes Eigentum • Produktionsweise verlangt hohen Kapitalaufwand • Neuer Arbeitsinhalt: Versorgung der Maschine • Ausrichtung der wirtschaftlichen Tätigkeit am Gewinnstreben und an Kapitalanhäufung • Teilung der Industriegesellschaft in kapitalbesitzende Unternehmer und lohnempfangende Industriearbeiter

Kompetenzorientierte Urteilsbildung

Betrachten wir die eingetretenen Verhältnisse unter dem Gesichtspunkt unserer Kompetenzkategorien. Wir benötigen die nachfolgenden Kategorien:

Recht	Selbstverständnis	Gesellschaft	Wirtschaft
• Menschen- und Bürgerrechte • Einheitliches und gleiches Recht für alle	• Individualismus • Mensch ist frei und gleich • Mensch verfügt über Menschenrechte	• Bürgerliche Gesellschaft • Nationalbewusstsein	• Marktwirtschaft • Privateigentum

Es wird deutlich, dass im Bereich der Wirtschaft Werte verletzt wurden, die in den anderen Domänen gelten. Wir wissen aus unseren bisherigen Betrachtungen, dass die Inhalte und Werte der jeweiligen Bereiche ein Eigenrecht besitzen und dass keine zugunsten von anderen eingeschränkt werden dürfen, wenn soziale Schieflagen und Verwerfungen vermieden werden sollen. Eine solche Einschränkung bzw. Nichtbeachtung ist hier geschehen: Die Akteure im Bereich der Wirtschaft, nämlich die Unternehmerschaft, haben in den Rechtsbereich und in den Bereich des Selbstverständnisses eingegriffen und die dort gültigen Werte in ihrem Bereich außer Kraft gesetzt. Ihre wirtschaftliche Macht hat das Recht, das davon unabhängig und selbstständig sein muss, diktiert und im eigenen Interesse gebeugt. Arbeitsbedingungen sind Rechtbedingungen, die nur auf der Ebene freier und gleicher Bürger ausgehandelt werden können. Sie dürfen nicht auf der Ebene von Wirtschaftsstrukturen verhandelt werden, die nicht den Prinzipien von Freiheit und Gleichheit folgen und folgen können. Wenn dies dennoch geschieht, kann nur Unfreiheit und Ungleichheit das Ergebnis sein, da dann die Strukturen des Wirtschaftsprozesses auf die Rechtsverhältnisse übertragen werden. Das darf nicht sein, da sonst das Eigenrecht der gesellschaftlichen Bereiche, die didaktisch unsere Wissensbereiche (Domänen) darstellen, missachtet wird. Dadurch entstehen soziale Schieflagen und Probleme.

Neue Mentalität

Mit der neuen Wirtschaftsordnung entstand nicht nur eine neue Gesellschaftsordnung, sondern auch eine neue Mentalität, die ebenfalls nicht ganz unproblematisch war.

> „Es wurde [...] im Dorf und in der Stadt, vor allem von den anderen Malermeistern, viel über das Glück von Onkel Jochen gesprochen. Dieser aber geriet in Erregung, wenn er solche Reden hörte; er wollte nichts dem Glück, sondern alles seiner Tüchtigkeit verdanken. Er hätte eben nicht, sagte er, wie seine neidischen Kollegen in den Wirtschaften die Zeit versessen und träge auf den Erfolg gewartet. Er wies [...] mit einiger Selbstgerechtigkeit auf den Umstand hin, dass die Arbeit seine einzige Leidenschaft sei [...]. Bei Familienfesten erschien er erst spät, von den Verwandten etwas theatralisch bedauert wegen seiner Arbeitslast, was er geschmeichelt anhörte; sonntags saß er bis tief in den Nachmittag hinein im Kontor, Reisen oder Vergnügungen kannte er nicht. Er hatte jene Leidenschaft zur Arbeit, die damals aufkam und die aus der geschäftlichen Tüchtigkeit etwas Moralisches, fast etwas Religiöses machte. «Ich brauche keine Kirche», sagte Onkel Jochen, «das Geschäft ist meine Kirche». Seine Tätigkeit nahm, ohne dass die handwerkliche Arbeit darunter litt, Züge eines Großunternehmens an, es musste kaufmännisch geführt werden."[46]

So schilderte der Schriftsteller Karl Scheffler einen Malermeister im zweiten Drittel des 19. Jahrhunderts, der Unternehmer wurde. Die Arbeit wurde zu einer Leidenschaft, die Tüchtigkeit moralisch bewertet; sie bekam den Anschein von etwas Religiösem – „Das Geschäft ist meine Kirche". Arbeit und Geld wurden zum Lebensinhalt und verdrängten immer mehr die Religion und andere Werte. Sie wurden selbst zu einer Religion. Diese Problematik haben wir in Band 3 im Zusammenhang mit der überseeischen Expansion der Europäer besprochen, wo wir erkannt haben, dass dem Drang nach Geld eine solche Kraft innewohnt, dass sie geeignet ist, alle Errungenschaften der historisch-anthropologischen Entwicklung auszulöschen und das menschliche Innere auf den Zustand hemmungsloser Raffgier zurückzuwerfen, den die Aufklärer als Naturzustand bezeichnet hatten. Bei der Betrachtung des Umgangs der Unternehmer mit der Arbeiterschaft, insbesondere der Kinderarbeit, gewinnt diese Erkenntnis unmittelbare Evidenz, wie wir noch sehen werden. Die religiöse Verklärung der Arbeit kennen wir aus dem Calvinismus, die insbesondere im englischen Puritanismus entwickelt und vor allem in die Vereinigten Staaten exportiert wurde.

2.5.2 Lebens- und Arbeitsbedingungen des Industrieproletariats

Wohnverhältnisse

Die Wohnverhältnisse des Industrieproletariats, wie man die Arbeiterschaft bald nannte, schilderte Alexis de Tocqueville in seinen „Notizen von einer Reise nach England" für das Manchester der 1835er Jahre sehr anschaulich:

> „Einige dieser Straßen sind gepflastert, aber die meisten weisen Buckel und schlammigen Boden auf, in dem der Fuß des Passanten oder der Wagen des Reisenden einsinkt. Kehrichthaufen, Gebäudetrümmer, Wasserlachen finden sich hier und da vor den Häusern der Einwohner oder auf den mit Höckern und Löchern durchsetzten öffentlichen Plätzen. Nirgendwo sind die Grundwaage des Geometers und das Band des Landmessers an der Arbeit gewesen. In diesem übelriechenden Labyrinth, mitten in dieser weiten und düsteren Wüste von Ziegelsteinen, ragen hin und wieder schöne Steinpaläste empor, deren kannelierte Säulen das Auge des Fremden überraschen [...]. Wer aber vermöchte das Innere jener abseits gelege-

nen Viertel zu beschreiben, der Schlupfwinkel des Lasters und des Elends, welche die gewaltigen Paläste des Reichtums mit ihren scheußlichen Windungen umfangen und erdrücken? Auf einem Grund, der tiefer liegt als der Fluss und von allen Seiten von mächtigen Werkstätten beherrscht wird, erstreckt sich ein sumpfiges Gelände, das die hier und da gezogenen Gräben weder trockenlegen noch sanieren können. Dort enden gewundene und enge Gässchen zwischen einstöckigen Häusern, deren schlecht zusammengefügte Bretter und zerbrochene Fensterscheiben schon von weitem eine Art letzten Asyls ankünden, das der Mensch zwischen Elend und Tod bewohnen kann. Unter diesen elenden Behausungen befindet sich eine Reihe von Kellern, zu denen ein halb unterirdischer Gang hinführt. In jedem dieser feuchten und abstoßenden Räume sind zwölf bis fünfzehn menschliche Wesen wahllos zusammengepfercht."[47]

Das Bild, das Tocqueville zeichnete, war charakteristisch für die Wohnverhältnisse der Arbeiterschaft. Ob man nach England sah oder den Blick auf Deutschland richtete, überall begegnete einen das gleiche Elend, dessen graduelle Unterschiede nicht ins Gewicht fielen. Die Arbeiter wohnten in menschenunwürdigen Behausungen, die immer überfüllt und teilweise noch nicht einmal zu heizen waren. Wer krank wurde, konnte in solchen Räumlichkeiten kaum auf Genesung hoffen. Zwei und mehr Familien teilten sich einen Raum, der nicht selten von einem Seil durchschnitten war, um die jeweiligen Wohnstätten abzugrenzen. Betten wurden umschichtig benutzt, weil sie nicht für alle reichten. Die Hoffnungen auf ein besseres Leben durch die Industrialisierung wurden herb enttäuscht; bestenfalls hoffte man, dass diese Verhältnisse nur eine Durchgangsstation waren, die man bald hinter sich bringen konnte. Diese Hoffnung ließ den einen oder anderen ausharren, wenngleich sie wenig begründet erschien. Man zahlte für eine solche Wohnung einen halben oder einen dreiviertel Wochenlohn, wenn man eine ordentliche Arbeit hatte, die 3–4 Taler einbrachte. Meistens hatte man diese aber nicht, sodass man auf Hilfen angewiesen war. In solchen Fällen mussten erwachsene Kinder oder Verwandte einspringen.

Arbeitszeiten

Über das Verhalten des Arbeiters bei seiner Arbeit gaben die Fabrikordnungen Auskunft. Wir haben oben davon gesprochen. Wie sahen die Arbeitszeiten aus? Gearbeitet wurde an allen Werktagen, auch an Samstagen. Arbeitsfrei waren lediglich Sonn- und Feiertage. Bezahlten Urlaub gab es nicht. Die durchschnittliche Wochenarbeitszeit lag um 1800 bei 70 Stunden, stieg 1820 auf 78 Stunden an, um im Jahr 1840 einen Gipfel von 96 Stunden zu erreichen. 96 Arbeitsstunden bedeuteten eine tägliche Arbeitszeit von 16 Stunden. Darin waren keine Pausen eingerechnet, auch nicht der Weg von und zu der Arbeit. Es war die reine Arbeitszeit. Kam ein solcher Arbeiter nach Hause, war er todmüde. Für die Familie hatte er keine Zeit, die Kinder sah er in der Regel nicht, weil sie schon zu Bette waren, wenn er von der Arbeit zurückkam, oder noch schliefen, wenn er wieder zu ihr aufbrach. An Regenerationszeit blieben ihm maximal 5–6 Stunden, bevor er wieder zur Arbeit aufbrach. Für Pausen und Mahlzeiten gab es keine festen Regelungen. Es gab Arbeitszeiten von 36–44 Stunden am Stück, die lediglich von Pausen von ½–1 Stunde unterbrochen waren. Daher verwundert es nicht, dass die durchschnittliche Arbeitsfähigkeit bei etwa 15 Arbeitsjahren lag.

Der Arbeitslohn war gering und lag nicht selten weit unterhalb des Existenzminimums. 1830 deckte der durchschnittliche Wochenlohn etwa ein Drittel der wöchentlichen Ausgaben. Daher war es selbstverständlich, dass Frauen und Kinder mitarbeiten mussten, um die Existenz zu fristen. Kinder galten daher als Reichtum, obwohl man für sie und ihre Ausbildung nichts tun konnte. Solche Gedanken spielten angesichts der Frage des Überlebens keine Rolle. Der Arbeiter, seine Frau und ihre Kinder waren Arbeitskräfte, Mittel der Produktion, keine Menschen. Die Rechtlosigkeit des Arbeiters und das hohe Angebot an Arbeitskräften machten solche Zustände möglich. Aber auch eine Gesellschaft, die an solchen Verhältnisse zu wenig Anteil und zu wenig Anstoß nahm.

Arbeitslohn

Verhältnis Verdienst und Lebenshaltungskosten (real in Prozent)[48]					
Jahr	Jahresverdienst	Lebenshaltungskosten	Jahr	Jahresverdienst	Lebenshaltungskosten
1871	70	105,8	1895	100	100
1875	87	112,7	1900	111	106,4
1880	79	104,0	1905	114	112,4
1885	89	98,6	1910	119	124,2
1890	96	102,2	1913	125	129,8

Die schlechte Bezahlung eröffnete einen Teufelskreis: Die Männer verdienten zu wenig, also mussten auch die Frauen mitarbeiten. Die Frauen wurden aber noch schlechter bezahlt und nahmen den Männern Arbeitsplätze weg. Statt die Lebensverhältnisse zu verbessern bewirkte die Frauenarbeit daher oftmals das Gegenteil. Die Frauen mussten zu weit geringeren Löhnen arbeiten und die Männer saßen manchmal zu Hause. Dass damit die Institution Familie in der Arbeiterschaft ruiniert wurde, lag auf der Hand. Die Väter waren mit sich und ihrer Situation unzufrieden, die Frauen völlig überarbeitet. In einem solchen Milieu konnten Kriminalität und Verbrechen gedeihen, denn man hatte nichts zu verlieren. Die Kinder blieben sich selbst überlassen, verwahrlosten körperlich und seelisch. So wurden nicht nur das Familienleben, sondern auch die Familien zerstört, den Kindern ihre Kindheit genommen.

Frauen- und Kinderarbeit

Schichtlöhne von Männern und Frauen 1888 im Bezirk Oppeln (Schlesien) in Mark[49]			
Industriezweig	Männer		Frauen
	gelernte	ungelernte	
Walzwerk	2,46	2,16	0,98
Ziegelei	2,28	1,62	0,87
Porzellanfabrik	1,32	1,17	0,34
Baumwollspinnerei	2,08	1,95	0,63
Zigarrenfabrik	2,08	1,95	1,06
Pulverfabrik	1,86	1,14	0,61

Der Teufelskreis der Armut zog zuletzt auch die Kinder in seinen Bann. Denn, da Mann und Frau zusammen zu wenig verdienten, mussten nun auch die Kinder mitarbeiten, die ihrerseits wiederum die Löhne drückten, sodass auch ein dreifacher Lohn nicht mehr ausreichte, das Existenzminimum zu sichern.

Teufelskreis der Frauen- und Kinderarbeit

Frauen- und Kinderarbeit – ein Teufelskreis				
	Frauen		Kinder	
Existenzminimum				
Männer	Männer	Frauen	Frauen	Kinder
		Männer	Männer	Frauen
				Männer
1. Zustand	2. Zustand	3. Zustand	4. Zustand	5. Zustand

Kinderarbeit in einem Bergwerk

Erschütternd ist Friedrich Engels Darstellung der Kinderarbeit in einem Bergwerk:

„In den Kohlen- und Eisenbergwerken [...] arbeiten Kinder von vier, fünf, sieben Jahren; die meisten sind indes über acht Jahre alt. Sie werden gebraucht, um das losgebrochene Material von der Bruchstelle nach dem Pferdeweg oder dem Hauptschacht zu transportieren und um die Zugtüren, welche die verschiedenen Abteilungen des Bergwerks trennen, bei der Passage von Arbeitern und Material zu öffnen und wieder zu schließen. Zur Beaufsichtigung dieser Türen werden meist die kleinsten Kinder gebraucht, die auf diese Weise zwölf Stunden täglich im Dunkeln einsam in einem engen, meist feuchten Gange sitzen müssen, ohne selbst auch nur so viel Arbeit zu haben, als nötig wäre, sie vor der verdummenden, vertierenden Langeweile des Nichtstuns zu schützen. [...] Die Kinder und jungen Leute, welche mit dem Schleppen der Kohlen und des Eisensteins beschäftigt sind, klagen allgemein über große Müdigkeit. [...] Es kommt vor, dass die Kinder, so wie sie nach Hause kommen, sich auf den steinernen Fußboden vor dem Herde werfen und sogleich einschlafen, dass sie keinen Bissen Nahrung mehr zu sich nehmen können und im Schlaf von den Eltern gewaschen und zu Bette gebracht werden müssen, ja dass sie unterwegs sich vor Müdigkeit hinwerfen und tief in der Nacht von ihren Eltern dort aufgesucht und schlafend gefunden werden.“[50]

Kompetenzorientierte Urteilsbildung

Es fehlen die Worte, um diese Zustände angemessen zu würdigen. Zustände, die nicht in einem unzivilisierten Land fernab in einem verlorenen Winkel der Erde, sondern in Europa – in Deutschland, in England – möglich waren; auf einem Kontinent, der gerade die Menschenrechte entdeckt und proklamiert hatte. Das alles geschah nicht aus einer Not der Verantwortlichen heraus, sondern aus Geld- und Profitgier. Wir haben sie bereits in Band 3 im Zusammenhang mit der europäischen Kolonisation besprochen und festgestellt,

„dass der Gier nach Geld und Profit eine solche Kraft innewohnte, dass sie bisher erworbene Werte gründlich verdrängen konnte. Es wurden elementare Egoismen wach, die das eigene Ich ohne jede Rücksicht auf andere, sogar ohne Rücksicht auf Leben und Wohlergehen anderer, bereichern wollten. Das neuzeitliche Streben zum Individualismus wurde also von starken un- oder antisozialen Kräften begleitet, die möglicherweise sogar die Voraussetzung für das erste darstellten. Sie sind so tief in der Menschennatur angesiedelt, dass sie kulturelle und zivilisatorische Errungenschaften aus zwei- bis dreitausend Jahren geschichtlicher Entwicklung hinwegfegen konnten. Das gilt es zu verstehen, wenn wir die Grundlagen der neuzeitlichen Geschichte, ihre Stärken und Gefährdungen, begreifen wollen.“[51]

Was für die frühneuzeitliche Kolonisation zutraf, wird auch in der Zeit des beginnenden Kapitalismus wirksam: Eine antisoziale Strömung, die sich in einem hemmungslosen Drang nach Geld und Profit auslebt, begleitete eine andere, die im Streben nach Anerkennung und Verwirklichung der Menschenrechte zum Ausdruck kommt. Wir erkennen hierin eine spezifische Signatur der Neuzeit, die bereits Pico della Mirandola benannt hatte, als er die Perspektive, die ihm die Neuzeit bot, mit der Möglichkeit eines doppelten Weges beschrieb: Der Mensch könne über sich hinaus ins Göttliche wachsen, aber auch in den „Abgrund des Viehs" sinken.

Ein Weg in den sozialen Abgrund führte über die Art und Weise, mit der die Ideale der Französischen Revolution aufgenommen wurden. Wir haben oben davon gesprochen. Hätte man für die Kategorie des Rechts und die Menschenrechte eine soziale Form gefunden, wäre eine solche würde- und rechtlose Behandlung der Arbeiterschaft durch das Unternehmertum unmöglich gewesen.

Rechtlosigkeit der Arbeiter

> „Hier ist der Fabrikant absoluter Gesetzgeber. Er erlässt Fabrikregulationen [Betriebsordnungen], wie er Lust hat; er ändert und macht Zusätze, wie es ihm beliebt; und wenn er das tollste Zeug hineinsetzt, so sagen doch die Gerichte dem Arbeiter: «Ihr wart ja Euer eigener Herr, Ihr brauchtet ja einen solchen Kontrakt nicht einzugehen, wenn Ihr nicht Lust hattet; jetzt aber, da Ihr unter diesen Kontrakt Euch freiwillig begeben habt, jetzt müsst Ihr ihn auch befolgen». [...] Die Strafen wegen schlechter Arbeit werden vollends willkürlich auferlegt; die Ware wird im Lager nachgesehen, und hier schreibt der nachsehende Lagermeister die Strafen auf eine Liste, ohne den Arbeiter auch nur herbeizurufen; dieser erfährt erst, dass er gestraft worden ist, wenn ihm der Aufseher den Lohn ausbezahlt und die Ware vielleicht schon verkauft und jedenfalls auf die Seite gebracht ist. [...] In vielen Gegenden, besonders in Nordengland, ist es Sitte, dass die Arbeiter auf ein Jahr engagiert werden; sie verpflichten sich, während der Zeit für keinen anderen zu arbeiten, aber der Besitzer verpflichtet sich durchaus nicht, ihnen Arbeit zu geben, sodass sie oft Monate lang arbeitslos sind, und wenn sie wo anders Arbeit suchen, wegen Dienstvernachlässigung sechs Wochen auf die Tretmühle geschickt werden."[52]

Kompetenzorientierte Urteilsbildung

Zu den willkürlichen Rechtssetzungen der Fabrikanten kam die Willkür des Aufsicht führenden Personals hinzu, das die Grenze zum Unrecht ebenso ungestraft überschreiten konnte wie der Unternehmer. Bemerkenswert war die Rechtsprechung der Gerichte, die den Unternehmer in Schutz nahmen, da sie von einem frei ausgehandelten Arbeitsvertrag ausgingen. Sie ist ein Beleg für die Berechtigung von Anatole France Kritik an dem „theoretischen" Freiheitsbegriff. Die Arbeiter hatten praktisch keine andere Wahl als solche Arbeitsverträge einzugehen, wenn sie sich und ihre Familie nicht gleich dem Hungertod ausliefern wollten. So geriet die Arbeiterschaft in eine neue Form der Abhängigkeit, die sie vom Sklavendasein der Antike nur „theoretisch", nicht praktisch unterschied. Es stand im krassen Gegensatz zum bürgerlich-liberalen Leitbild des freien, sich selbst bestimmenden Individuums. Eine andere Handhabung des Rechts und der Rechtssetzung sowie eine garantierte Sicherung ihrer Grundexistenz hätten ihnen eine wirkliche und praktische Freiheit gegeben.

Die politische Situation des Arbeiters

Mancherorts waren die Arbeiter vom Bürgerrecht ausgeschlossen, daher nicht wahlberechtigt und somit politisch rechtlos. So teilten sie das Schicksal anderer Berufsgruppen, von denen es in der Allgemeinen Städteordnung für das Königreich Sachsen vom 2. Februar 1832 in § 53 hieß:

> „Namentlich können in der Regel auf die Erteilung des Bürgerrechts diejenigen keinen Anspruch machen, deren Erwerbszweig in einer gemeinen, eine kunst- oder handwerksmäßige Kenntnis nicht erfordernden Lohnarbeit, wie z. B. die der Tagelöhner, Holzhacker, Lastträger, Aufwärter und dergleichen, besteht; ferner solche Genossen zünftiger Handwerke, welche das Meisterrecht nicht erlangt haben, wenn sie auch mit selbständiger Wirtschaftsführung sich im Stadtgebiet wesentlich aufhalten; insgleichen Personen, deren Gewerbe zwar eine gewisse Fertigkeit, Kenntnis oder Geschicklichkeit erfordert, die für ein stimmfähiges Mitglied des städtischen Bürgervereins nötige Unabhängigkeit aber nicht voraussetzen lässt, wie dies z. B. bei Privat- oder Lohnschreibern der Fall ist."[53]

Den Arbeitern waren von staatlicher Seite Zusammenschlüsse jedweder Art verboten, die auf eine Verbesserung ihrer sozialen Situation abzielten, wie dies bei Gewerkschaften der Fall gewesen wäre. Der Staat sicherte also die liberale Marktordnung, die zu einer Gesellschafts- und Rechtsordnung geworden war. Sie hatte unerträgliche Lebensbedingungen geschaffen und damit die „Soziale Frage" aufgeworfen – die Frage, wie man die menschenunwürdige Lage der Arbeiterschaft verbessern könne.

Inhaltliche Ergebnissicherung

Lebens- und Arbeitsbedingungen des Industrieproletariats: Soziale Frage			
Wohnverhältnisse	Arbeitsbedingungen	Frauen- und Kinderarbeit	Rechtssituation der Arbeiter
• Menschenunwürdige Behausungen • Überfüllt • Teilweise nicht beheizbar	• Disziplin • Pünktlichkeit • Respekt vor den Vorgesetzten • Benehmen in der Öffentlichkeit • Strafgelder für Versäumnisse • Lange Arbeitszeiten: 70–96 Stundenwoche • Keine geregelten Pausen und Mahlzeiten • Durchschnittsdauer der Arbeitsfähigkeit 15 Jahre	• Notwendig zum Überleben • Soziale Folgen: • Verwahrlosung der Kinder • Zerstörung des Familienlebens und der Familien • Kinder ohne Kindheit • Kriminalität	• Recht- und Schutzlosigkeit • Willkürmaßnahmen der Fabrikanten • Keine Vorsorge für Alter, Krankheit, Invalidität • Staatliche Koalitionsverbote (z. B. gewerkschaftlicher Zusammenschlüsse)
Sinnfrage: Wofür lebt der Arbeiter eigentlich?			

Eine Statistik, der man gerne nicht glauben möchte, beschreibt die Folgen der Lebens- und Arbeitsbedingungen der Menschen in verschiedenen englischen Industriestädten:

Lebenserwartung in verschiedenen englischen Landesteilen 1840[54]					
	Rutland	Wiltshire	Leeds	Manchester	Liverpool
	Ländliche Grafschaften		Industriestädte		
Wohlhabende	52	50	45	38	35
Bauern/Händler	41	48	27	20	22
Arbeiter	38	33	19	17	15

2.5.3 Adam Smith: Die theoretische Grundlegung des Wirtschaftsliberalismus

Smiths Lehre

Adam Smiths „Untersuchungen über Natur und Ursprung des Reichtums der Nationen“ von 1776 wurden zur Grundlage des neuen wirtschaftlichen Denkens, das die Staatswirtschaft des Merkantilismus ablöste. Die Idee der Freiheit und der individuellen Initiative sollten zum Antrieb des wirtschaftlichen Handelns werden.

„Da nun aber der Zweck jeder Kapitalanlage Gewinnerzielung ist, so wenden sich die Kapitalien den rentabelsten Anlagen zu, d. h. denjenigen, in denen die höchsten Gewinne erzielt werden. Indirekt aber wird auf diese Weise auch die Produktivität der Volkswirtschaft am besten gefördert. Jeder glaubt nur sein eigenes Interesse im Auge zu haben, tatsächlich aber erfährt so indirekt auch das Gesamtwohl der Volkswirtschaft die beste Förderung. [...] Verfolgt er nämlich sein eigenes Interesse, so fördert er damit indirekt das Gesamtwohl viel nachhaltiger, als wenn die Verfolgung des Gesamtinteresses unmittelbar sein Ziel gewesen wäre.“[55]

Damit macht uns Adam Smith mit zwei grundlegenden Prinzipien seiner Lehre vertraut:

- Der Zweck jeder Kapitalanlage ist Gewinnerzielung
- Die Verfolgung der eigenen Interessen fördert das Gemeinwohl am besten

„Wenn uns [...] ein anderes Land mit einer Ware billiger versorgen kann, als wir sie selbst herzustellen imstande sind, so ist es vorteilhafter, dass wir dem betreffenden Lande diese Ware gegen Produkte unseres eigenen Gewerbefleißes, in denen wir vor dem Auslande etwas voraus haben, abkaufen. [...] Der Jahresertrag einer Volkswirtschaft ist höher, wenn sie sich auf die Erzeugung derjenigen Waren beschränkt, in denen sie vor anderen Ländern Kostenvorteile voraus hat, und sie ihrerseits von anderen Ländern diejenigen Waren kauft, die dort billiger sind. Die Regelung dieser Austauschverhältnisse aber muss dem freien Spiel der wirtschaftlichen Kräfte überlassen bleiben.“[56]

- Waren, die man unter den eigenen Herstellungskosten kaufen kann, soll man kaufen, nicht selbst produzieren
- Man soll sich auf die Produktion derjenigen Waren beschränken, die man billiger als andere Hersteller herstellen kann
- Produktion und Konsum unterliegen dem freien Spiel der Kräfte

„Die Industrie eines Landes kann sich nur in dem Maße vermehren, als das Kapital zunimmt, und das Kapital nimmt nur in dem Maße zu, als nach und nach aus dem Einkommen gespart wird. Kapitalbildung und Industrieentfaltung müssen in einem Lande dem natürlichen Gang der Entwicklung überlassen bleiben. Jede künstliche wirtschaftspolitische Maßnahme lenkt die produktiven Kräfte der Arbeit und auch die Kapitalien in eine falsche Richtung. [...] Das natürliche Bestreben jedes Menschen, seine Lage zu verbessern, ist, wenn es sich mit Freiheit und Sicherheit geltend machen darf, ein so mächtiges Prinzip, dass es nicht nur allein und ohne alle Hilfe die Gesellschaft zu Wohlstand und Reichtum führt, sondern auch hundert unverschämte Hindernisse überwindet, mit denen die Torheit menschlicher Gesetze es nur allzu oft zu hemmen suchte.“[57]

- Die Industrie wächst, wenn das Kapital wächst
- Das Kapital wächst, indem man spart
- Kapitalbildung und Industrieentfaltung müssen dem natürlichen Gang der Entwicklung überlassen bleiben
- Das Bestreben jedes Menschen, seine Lage zu verbessern, überwindet Hindernisse und die Torheit menschlicher Gesetze

Inhaltliche und kompetenzorientierte Ergebnissicherung

Kapitalistische Wirtschaftsweise nach Adam Smith: Die freie Marktwirtschaft		
Staat	Initiative des Einzelnen	Staat
Rechtsrahmen: • Schutz des Eigentums • Handelsrecht • Kartell-gesetzgebung	Ziel: • Größtmögliches Wohl des Einzelnen = größtmöglichstes Wohl der Gesamtheit Mittel: • Der Einzelne sorgt am besten für sich selbst • Freie Investition • Freie Produktion (Konkurrenz, Wettbewerb, Rationalisierung, Monopolbildung) • Freier Warenaustausch • Freier Konsum • Preisbildung nach Angebot und Nachfrage	Politischer Rahmen: • Garantie des freien Waren-austauschs • Erzwingung des freien Zugangs zu Rohstoffen und Märkten

Diese Prinzipien sind zur Basis des heutigen Wirtschaftslebens geworden. Sie werden als so selbstverständlich betrachtet, dass Kritik an ihnen sofort unter Ideologieverdacht fällt. Gerade hier aber bedarf es der Aufmerksamkeit. Denn die genannten Prinzipien sind keineswegs so selbstverständlich, wie sie auf den ersten Blick erscheinen mögen.

Rolle des Staates

Dem Staat wies Smith keine aktive Rolle in der Wirtschaft zu. Er habe lediglich einen Rechtsrahmen herzustellen, in dem das Wirtschaftsleben sich bewegen und entfalten kann. Er soll in erster Linie das Eigentum garantieren und seine Verletzungen unter Strafe stellen. Dies geschieht sowohl durch das Strafrecht wie auch durch ein Handelsrecht, das die rechtlichen Regeln des Handels national und international festschreibt. Auch international sollte der Staat einen freien Warenaustausch ermöglichen und notfalls einen freien Zugang zu Rohstoffen und Märkten erzwingen. Bemerkenswerterweise sollte er aber verhindern, dass einzelne Firmen so groß werden, dass sie den Handel monopolisieren und alle anderen aus ihm verdrängen können. Die Notwendigkeit einer Kartellgesetzgebung zeigt daher, dass die Freiheit des Wirtschaftens doch eingeschränkt werden muss, um wirtschaftliche und soziale Probleme zu vermeiden. Zu große Firmen können die kleineren verdrängen und eine Herrschaft über die Bürger gewinnen, die ihre Produkte benötigen. Dies führte zu Unfreiheit und zu Abhängigkeit der Bürger gegenüber diesen Firmen. Auch wäre zu fragen, ob der Staat nicht eine Versorgung der Bürger mit lebensnotwendigen Gütern garantieren müsse, auch wenn deren Erzeugung und Verteilung nicht rentabel ist. Dies beträfe z. B. die Versorgung mit Trinkwasser, Energie und das Verkehrswesen. Kann dies alles privatisiert und in das Ermessen von privaten Dienstleistern gestellt werden, die eine solche Versorgung auch einstellen können, wenn sie sich nicht mehr lohnt? Welche Rolle sollte der Staat bei der Herstellung von Rüstungsgütern spielen? Kann er sie Privatfirmen überlassen, deren Interesse einzig auf Gewinn ausgerichtet ist und die daher möglichst viel herstellen und verkaufen wollen? Ihr Bestreben würde darauf gerichtet sein, möglichst viele Kriege in der Welt zu erzeugen, um für ihre Güter den entsprechenden Absatzmarkt zu schaffen. Das stünde in herbem Widerspruch zum friedlichen und rechtlichen Zusammenleben der Menschen. Bei der Behandlung der Heeresreform des Marius haben wir erkannt, dass die Kriegsführung niemals zu einer Privatangelegenheit werden darf, sondern in der Hand des Staates bleiben muss, wenn gravierende Missstände vermieden werden sollen.[58] Gilt dies dann nicht auch für die Herstellung von Kriegswaffen, die nur notgedrungen, nicht aber zur Erzielung von wirtschaftlichen Gewinnen erfolgen sollte?

Freiheit und Wirtschaft

Der Staat soll auch den freien Warenaustausch und den Zugang zu Märkten und Rohstoffen garantieren. Hier wird das Prinzip der Freiheit in das wirtschaftliche Handeln gebracht. Der Warenaustausch und der Zugang zu Märkten haben frei zu sein. Versteht man Freiheit so, wird sie aber schnell zur Unfreiheit des Anderen. Denn der Staat muss dann mit Machtmitteln etwas erzwingen, was der Andere gar nicht will. Er würde damit Rechte für die einen schaffen, die er den anderen abnötigen müsste. Die Rechtssetzung erfolgte damit nicht auf der Basis von Freiheit und Gleichheit, auf der sie allein ausgehandelt werden kann, wie wir bei der Behandlung der Französischen Revolution gesehen haben, sondern auf der Grundlage von Macht. Aus dem Rechtsstaat wäre ein Machtstaat geworden, der sich von den wirtschaftlichen Interessen Einzelner vereinnahmen ließe, die ihn zu ihrem Nutzen gebrauchen und missbrauchen würden. Hier wird erneut deutlich, wie notwendig eine sorgfältige Abgrenzung der einzelnen Funktionen im Sozialwesen ist und dass Wirtschaft, Freiheit und Recht nicht vermengt werden dürfen.

Es wäre auch zu fragen, wie ein freier Handel bei wirtschaftlicher Ungleichheit möglich ist. Hier besteht die Gefahr, dass ein Wirtschaftsgigant einen Wirtschaftszwerg ohne weiteres verdrängen und ruinieren kann. Das Problem der Monopolbildung macht deutlich, dass der Handel doch Regeln braucht und nicht völlig sich selbst überlassen werden kann. Auch die Freiheit der Investition und der Produktion sind nicht so selbstverständlich, wie sie auf den ersten Blick erscheinen. Wenn wir von dieser Freiheit reden, haben wir die Erfahrungen der Planwirtschaft vor Augen, wo Investition und Produktion von staatlicher Seite gelenkt wurden. Eine solche Lenkung hat sich als untauglich und der freien Gestaltung als unterlegen erwiesen. Dennoch darf man nicht verkennen, dass auch die sog. freie Produktion und Investition tatsächlich nicht der Freiheit des Unternehmers folgt, sondern sich am Bedarf und der Nachfrage orientiert. Denn wenn er Produkte herstellt, die niemand nachfragt, führt sich die Produktion ad absurdum. Bedarf und Nachfrage bestimmen daher die Produktion. Freiheit besitzt der Unternehmer dagegen, ob er diese oder jene Produkte herstellen will, ob er in den weiteren Ausbau der Firma investieren will usw. Produziert er dagegen ohne vorherige Nachfrage, muss er nachträglich den Bedarf über Werbung künstlich erzeugen.

Eigeninteresse und Gemeinwohl

Dem Wirtschaftsliberalismus liegt die Annahme zugrunde, dass sich das soziale Zusammenleben am besten gestaltet und regelt, wenn die Wirtschaft keinen sachfremden Zwängen unterworfen wird, sondern sich frei entfalten kann. So glaubte Smith, dass die Verfolgung der persönlichen Interessen das Gemeinwohl am besten fördert. Diese Annahme ist allerdings hypothetischer Natur; sie ergibt sich nicht aus den wirtschaftlichen Zusammenhängen und Gegebenheiten. Sofern Eigeninteressen sich staatlicher oder wirtschaftlicher Macht bedienen können, können sie dem Gesamtwohl durchaus abträglich und schädlich sein. Gerade im angelsächsischen Raum hat sich eine Vermischung von Politik und Wirtschaft herausgebildet, die gerade eine freie Entfaltung der Wirtschaft dort behinderte, wo sie den eigenen Interessen schädlich werden konnte. So unterdrückten die Engländer eine eigenständige Wirtschaftsentfaltung in ihren Kolonien, um keine Konkurrenz entstehen zu lassen; und die USA betrachten wirtschaftliche Fragen als Fragen der inneren Sicherheit, zu deren Regelung man sich auch das Mittel des Krieges bedienen dürfte. Sie propagierten das Prinzip der Freiheit der Meere ab dem Zeitpunkt, ab dem die amerikanische Wirtschaft und Politik in der Lage war, die Meere und den Welthandel zu beherrschen. Zuvor galt die Monroe-Doktrin mit ihrer Abgrenzung der Interessensphären. Das Gemeinwohl wurde hier weltpolitisch schlicht mit dem eigenen Interesse gleichgesetzt. Wirtschaftliche Prosperität war – bedingt durch puritanisches Denken – von jeher ein integrierter Bestandteil des amerikanischen Freiheitsbegriffs. Hier unterschied sich das angloamerikanische Denken charakteristisch von dem europäischen, das den Freiheitsbegriff zunächst rein politisch bzw. persönlich verstand.

Eine Benachteiligung anderer kann nur dadurch verhindert werden, wenn sich die Interessen aller auf freier und gleicher Basis begegnen können. Auf der Grundlage einer machtmäßigen oder wirtschaftlichen Überlegenheit, einer Über- und Unterordnung von großen und kleinen Staaten, Arbeitgeber und Arbeitnehmer ist dies nicht möglich. Daher erweist sich der Wirtschaftsliberalismus mehr als eine politische als eine wirtschaftliche Theorie. Er stellt eine politische Wirtschaftslehre dar, der vor allem eine Weltanschauung, weniger eine ökonomische Theorie zugrunde liegt. Ihm geht es primär um wirtschaftliche und politische Macht, weniger um die Befriedigung von wirtschaftlichen

Bedürfnissen. Daher wäre auch hier eine strikte Trennung von Politik und Wirtschaft, von „Freiheit" und „Brüderlichkeit" notwendig.

Damit sind wir bei weiteren grundlegenden Fragen angelangt, die implizit den Wirtschaftsliberalismus prägen. Wir müssen sie uns bewusst machen und versuchen, aufgrund unserer Kompetenzkategorien zu einer Beurteilung des Wirtschaftsliberalismus zu gelangen. Wir haben schon besprochen, dass ein wesentliches Merkmal des Wirtschaftsliberalismus darin besteht, dass wirtschaftliche Verhältnisse zu gesellschaftlichen Verhältnissen geworden sind. Die wirtschaftliche Stellung eines Unternehmers hat dazu geführt, dass er auch die Rechtsverhältnisse des Arbeiters bestimmen konnte.

Rechtsverhältnisse und Wirtschaftsverhältnisse

Betrachten wir zunächst die Situation der Arbeiter unter dem Gesichtspunkt des Rechts und des Selbstverständnisses. Entsprechend des Selbstverständnisses müssten Arbeitgeber und Arbeitnehmer freie und gleichberechtigte Bürger sein, denen ein gleiches Recht – nämlich die Menschenrechte – eigen ist. Das war aber nicht der Fall, da die wirtschaftlichen Verhältnisse sich auf die Rechtsverhältnisse auswirkten: Der Arbeitgeber bestimmte, ob der Arbeiter Arbeit erhält oder nicht; er legte auch die Arbeitsbedingungen und den Lohn fest. Damit verlor der Arbeiter seine Freiheit und seine Gleichheit, da er vom Arbeitgeber abhängig wurde. Beutete dieser ihn aus, wie zur Zeit der Sozialen Frage geschehen, büßte er auch seine Menschenwürde ein. Er wurde zum Arbeitsmittel für den Unternehmer, das je nach Umständen gebraucht oder nicht gebraucht wurde. Dadurch wurden die Kategorien unserer Domänen „Recht" und „Selbstverständnis" verletzt. Jeder Arbeitsvertrag muss diese Kategorien wie eine unverrückbare Tatsache berücksichtigen; sie können nicht zugunsten anderer Zwecke eingeschränkt oder gar aufgehoben werden. Arbeitsverträge können also nur auf der Basis der Gleichheit von Arbeitgeber und Arbeitnehmer abgeschlossen werden, d. h. außerhalb der wirtschaftlichen Gegebenheiten in einem reinen Rechtsrahmen, wo weder die eine Person Arbeitgeber noch die andere Arbeitnehmer ist, sondern wo beide sich als freie und gleiche Persönlichkeiten begegnen und gegenüberstehen. Solche grundlegenden Fragen und Probleme thematisierte Adam Smith gar nicht, sondern setzte sie als gegeben voraus. Gegeben waren sie im Sinne der wirtschaftlichen Verhältnisse, die ohne weiteres zu Rechtsverhältnissen gemacht wurden.

Ist Arbeit eine Ware?

Fraglos nahmen Adam Smith und der mit seinem Namen verbundene Kapitalismus an, dass die menschliche Arbeit eine Ware sei, die man nach Bedarf kaufen oder auch nicht kaufen könne und deren Wert durch die Nachfrage bestimmt würde. Hier wurden höchst problematische Wertsetzungen vor- und angenommen. Als oberster Wert erschienen nicht der Mensch und seine Bedürfnisse, wie es den Menschenrechten angemessen wäre, sondern der Bedarf und der Gewinn des Arbeitgebers, dem alles andere nach- und untergeordnet wurde. Ähnlich wie bei Artikel 2 der Menschenrechte, bei dem die Menschenrechte zum „Zweck jeder staatlichen Vereinigung" erklärt wurden, müsste auch im Bereich der Wirtschaft klar sein, dass die Wirtschaft einem menschenwürdigen Leben zu dienen hat, nicht aber sich des Menschen bedienen darf, um seine wirtschaftlichen Ziele zu erreichen. Diese stellen keine obersten

Werte dar, sondern sind nur Mittel zu einem menschenwürdigen Leben. Die Wirtschaft hat dem Menschen zu diesen, nicht die Menschen der Wirtschaft. Dies ergibt sich aus der geschichtlichen Stellung des Menschen in der Neuzeit, aus dessen Freiheit und Würde alles andere hergeleitet werden muss.

Erinnern wir uns an die Sozialgesetzgebung im Alten Israel, die solche grundlegenden Fragen behandelt und im Sinne der Menschenwürde geklärt und geregelt hatte:

Grundsätze des israelitischen Sozial- und Wirtschaftslebens

Grundsätze des israelitischen Sozial- und Wirtschaftslebens[59]
• Es gibt keinen dauerhaften Privatbesitz an Grund und Boden – das Land gehört Gott
• Um soziales Elend zu vermeiden, bedarf es einer regelmäßigen Entschuldung:
a. Nach 7 Jahren endet eine Leibeigenschaft
b. Nach 7 Jahren endet eine Verschuldung
c. Nach 49 Jahren wird der ursprüngliche Landbesitz wiederhergestellt
• Zins und Zuschlag darf nicht genommen werden
• Nur wer das Land bearbeitet, darf es besitzen
• Dienstleister müssen ausreichend versorgt werden, dürfen aber kein Land besitzen
• Städte haben ein ländliches Umfeld, das nicht in Besitz genommen werden darf
• Frauen haben ein Besitz- und Erbrecht

Hier wurde der Sicherung des Menschenlebens ein absoluter Vorrang vor wirtschaftlichen Gegebenheiten eingeräumt. Wirtschaftliche und rechtliche Verhältnisse mussten regelmäßig überprüft und ggf. revidiert werden, wenn sie zu sozialem Elend führten. Dies galt als Gebot Gottes. In der Neuzeit gebieten dies die Menschenrechte, die die legitimen Nachfolger eines göttlichen Gebotes darstellen.[60] Der Wirtschaftsliberalismus teilte diese Wertsetzung nicht, wie wir bei der Besprechung der Sozialen Frage gesehen haben. Ihm galt der Gewinn als oberste Richtschnur; der Mensch war nur das Mittel, um ihn zu erzielen. Diese Wertsetzung entspricht nicht den menschenrechtlichen Errungenschaften der Neuzeit, sondern ist Folge von wirtschaftlichen Interessen einer Personengruppe, die den Gesichtspunkt der Rentabilität zu ihrem alleinigen Maßstab macht.

Was kann gekauft werden?

Nach Adam Smith kann alles gekauft werden: Menschliche Arbeit, Grund und Boden, Immobilien, Waren jeder Art, Rechte und sogar Geld. Die Käuflichkeit menschlicher Arbeit führte zu den Problemen der Sozialen Frage. Die Kaufbarkeit von Grund und Boden schuf im vorsolonischen Griechenland und in Rom soziale Missstände und Konflikte. Der Erwerb von Geld durch Geld bringt in der aktuellen Gegenwart den Kapitalismus immer wieder in Krisen. Daher ist bei diesen Punkten ein grundlegendes Nachdenken angebracht, zu dem wir unsere Kompetenzkategorien benötigen. Die israelitischen Sozialgesetze machten deutlich, dass das nicht gekauft und verkauft werden kann, was der unmittelbaren Existenzsicherung dient: Der lebensnotwendige Grund und Boden. Dem entspräche in der Neuzeit ein Grundeinkommen, wie es Götz Werner vorschlägt, oder ein Recht auf Arbeit, um sich dieses Grundeinkommen erarbeiten zu können. Damit wird nochmals klar, dass Arbeit keine Ware, sondern ein Recht darstellt.

Ebenfalls unterliegt alles das nicht der Käuflichkeit, das die Natur dem Menschen bietet: Das wären neben Grund und Boden auch die Bodenschätze. Damit stellt sich die heikle Frage, wem die Anbauflächen für Lebensmittel, die Rohstoffe der Erde, die jeder braucht, gehören. Wer darf über das lebensnotwendige Wasser, über Öl und Gas und in der Zukunft auch über saubere Luft verfügen? Der Wirtschaftsliberalismus hat diese Lebensgrundlagen privatisiert und in die Hände von Industrien und Privatpersonen gegeben, die sie in ihrem Sinne nutzen – eine rücksichtslose Ausbeutung eingeschlossen. Das entspricht weder dem Geist der alten israelitischen Gesetze, die wir wegen ihrer strukturellen wirtschaftlichen und sozialen Bedeutung immer wieder als Vergleichsgröße heranziehen, noch den neuzeitlichen Menschenrechten, die dem Menschen ein Lebensrecht einräumen und daher auch die Mittel garantieren müssten, dieses Leben erhalten und führen zu können. Gekauft und verkauft werden kann daher nur das, was der Mensch durch eigene Arbeit herstellt: Produkte und Waren im eigentlichen Sinne. Alles andere gehört nach israelitischer Vorstellung „Gott"; in die Sprache und die Lebenswirklichkeit der Neuzeit übersetzt, bedeutet dies, dass Grund und Boden sowie Bodenschätze der Allgemeinheit gehören, den Sozial- und Staatswesen also, die diese Allgemeinheit vertreten.

Geld und Zins

Ähnlich grundlegend ist die Geld- und Zinsproblematik. Dass man mit Geld Geld erzeugen, nämlich Zinserträge gewinnen kann, gehört ebenfalls zu den unbefragten Voraussetzungen der Smithschen Wirtschaftstheorie. Auch hier waren das Judentum und das mittelalterliche Christentum anderer Ansicht: Für sie galt ein Zinsverbot. Der heutige Islam kennt dieses Verbot nach wie vor. Es handelt sich dabei keineswegs, wie man zunächst vermuten könnte, um ein rein religiös oder rein sozial motiviertes Gebot, sondern es spiegelt eine wirtschaftliche Gesetzmäßigkeit wider, deren Nichtbeachtung gravierende wirtschaftliche und soziale Konsequenzen mit sich bringt. Wir fragen daher, welche Bedeutung dem Zins rein ökonomisch hinsichtlich des Geldwertes zukommt. Zins vermehrt das Geld dadurch, dass es bei einer Bank gelagert bzw. jemandem zur Verfügung gestellt wird. Dies geschieht, ohne dass ein Produktionsvorgang stattfindet, der einen dem Zins entsprechenden Wert schafft. Dadurch wird die Geldmenge erhöht; der Warenwert bleibt aber gleich. Dadurch verliert das Geld an Wert.[61] Eine Zinsnahme oder Zinsgewährung verringert also per se den Wert des Geldes, wenn die Zunahme der Geldmenge nicht durch ein entsprechendes Wirtschaftswachstum ausgeglichen wird. Wer genug Geld besitzt und entsprechenden Zins einnimmt, kann diesen Wertverlust verschmerzen, da er durch die Zunahme seiner Geldmenge abgemildert, ausgeglichen oder gar aufgehoben wird. Wer aber nur über eine geringere Geldmenge verfügen kann, verliert durch eine solche zinsbedingte Geldentwertung an Kaufkraft. Er wird objektiv ärmer. Daher schädigt der Zins diejenigen, die ohnehin schon über weniger Kaufkraft verfügen. Er verringert daher nicht nur ökonomisch den Wert des Geldes, sondern benachteiligt sozial auch die ärmeren Schichten der Bevölkerung; er ist daher ökonomisch und sozial schädlich.

Adam Smith rechtfertigte den Zins dadurch, dass diejenigen, die Geld benötigen, es nicht erhalten könnten, wenn der Geldgeber nicht an dem Geldverleih verdienen würde. Ein Zinsverbot hielt er für wirkungslos.

> „Auch wenn das Gesetz den Zins völlig verbietet, verhindert es ihn nicht. Viele Leute müssen borgen, und niemand wird ihnen etwas leihen, ohne sich die Benutzung seines Geldes nicht nur entsprechend dem möglichen Ertrag von dessen Benutzung, sondern auch entsprechend der Schwierigkeit und Gefahr einer Umgehung des Gesetzes vergüten zu lassen. [...] Da aber durch die Nutzung von Geld überall etwas zu verdienen ist, sollte für seine Nutzung auch überall etwas bezahlt werden."[62]

Weitere Überlegungen zum Zins und zur Geldentwertung stellte Smith in seinem grundlegenden Werk nicht an, da der Geldverkehr zu seiner Zeit noch nicht so abstrakt war, dass Überlegungen dieser Art notwendig gewesen wären. Der Geldwert war noch eine Größe, die in Edelmetall, nicht in mathematischen Relationen gemessen wurde. Eine Entwertung der Münze durch Verringerung ihres Edelmetallgehalts hielt Smith für eine unredliche Maßnahme zur Schuldentilgung und verurteilte sie.

Inhaltliche und kompetenzorientierte Ergebnissicherung

Problematik des Wirtschaftsliberalismus	
Wirtschaftlich	
• Fördert die Verfolgung der Einzelinteressen das Gesamtwohl? • Sind dem Wirtschaftsleben Gesetze eigen, die es zur höchsten Blüte und Harmonie entfalten, wenn sie keinen sachfremden Zwängen unterworfen sind? • Investition und Produktion sind nicht von der freien Entscheidung des Unternehmers, sondern von der Nachfrage abhängig • Gibt es einen freien Handel bei wirtschaftlicher Ungleichheit? • Preisbildung durch Angebot und Nachfrage bei lebensnotwendigen Gütern problematisch	
Politisch	Sozial
• Kann man den Zugang zu Märkten und Rohstoffen erzwingen? • Wem gehören die Rohstoffe der Erde?	• Die wirtschaftlichen Verhältnisse bestimmen die Rechtverhältnisse zwischen Arbeitgeber und Arbeitnehmer • Beruht ein Arbeitsverhältnis wirklich auf freien Entscheidungen? • Ist menschliche Arbeit eine Ware?

Würdigung des Wirtschaftsliberalismus

Angesichts der reflektierten Problematik des Wirtschaftsliberalismus dürfen aber auch seine positiven Aspekte nicht unterschlagen werden. Er hat wie kein anderes Wirtschaftssystem vor ihm zur Hebung des allgemeinen Wohlstands in Europa beigetragen. Die Missstände, die zunächst mit ihm verbunden waren, konnten, wie wir gleich sehen werden, durch sozialpolitische Maßnahmen weitgehend überwunden werden. Dies gilt zumindest für Europa. In außereuropäischen Ländern stellt es sich anders dar. Auch darf nicht übersehen werden, dass der Wohlstand, den Europa durch den Wirtschaftsliberalismus erreicht hat, nur auf Kosten und zu Lasten außereuropäischer Länder möglich war, die als billige Produzenten, Rohstofflieferanten und auch Abnehmer der europäischen Waren den europäischen Wohlstand mit ermöglichten.

Durch die Prinzipien von Angebot und Nachfrage konnten die Bedürfnisse der Bevölkerung weitestgehend befriedigt werden. Auch die Maxime der Gewinnerzielung ist, wenn sie sich auf ihre Funktion als Indikator der Produktion und als Antrieb zur wirtschaftlichen Tätigkeit beschränkt, ein wirtschaftlich sinnvolles Prinzip. Sie wird aber dann problematisch, wenn sie zum absoluten und obersten Wert wird, dem alle anderen untergeordnet werden.

Inhaltliche und kompetenzorientierte Ergebnissicherung

Bewertung des Wirtschaftsliberalismus	
Positiv	Negativ
• Gewinn als wirtschaftliche Triebfeder und Indikator der Produktion • Befriedigung der Bedürfnisse • Hebung des allgemeinen Wohlstands	• Eigeninteresse fördert nur begrenzt das Gesamtwohl • Durchsetzung des sozial Stärkeren zu Lasten des Schwächeren: Soziale Frage/Arbeitslosigkeit • Arbeit wird zur Ware • Der Arbeiter gerät in Abhängigkeit und wird in Extremfall zu einem Lohnsklaven • Sinnentleerung der Arbeit: Sie wird zum bloßen Mittel, Geld zu verdienen (Entfremdung)

2.6 Lösungsmöglichkeiten der Sozialen Frage

2.6.1 Private und kirchliche Hilfen für die Arbeiter

Private Hilfen durch Unternehmer

Manche Unternehmer richteten für ihre Arbeiter eine Pensionskasse ein, die sie gegen Altersarmut schützen sollte; so die Augsburger Maschinenspinnerei, die ihre Einrichtung 1851 auf einem Schmuckblatt so begründete:

> „Das Alter beschützen/die Kranken verpflegen/Ist männlichen Sinnes/hochherzige That./Den Werken des Fleißes/gibt Gott seinen Segen/Und goldene Frucht sprießt/aus goldener Saat. [...] Gott sorgt für dich, wie sollst du zagen, /Wenn dir die Zukunft trübe scheint, [...]/Gott ist dein Vater und dein Freund,/Er trägt die Seinen väterlich,/Verlass ihn nie, er sorgt für dich.“[63]

Andere eröffneten Konsumläden, in denen die Arbeiterschaft günstig einkaufen konnte. Alfred Krupp baute Wohnungen für seine Arbeiter, woran er 1877 erinnerte:

> „Ich habe den Mut gehabt, für die Verbesserung der Lage der Arbeiter Wohnungen zu bauen, worin bereits 20 000 Seelen untergebracht sind, ihnen Schulen zu gründen und Einrichtungen zu treffen zur billigeren Beschaffung von allem Bedarf. Ich habe mich dadurch in eine Schuldenlast gesetzt, die abgetragen werden muss. Damit es geschehen kann, muss jeder seine Schuldigkeit tun in Friede und Eintracht und in Übereinstimmung mit unseren Vorschriften.[...] Genießet, was Euch be-

schieden ist. Nach getaner Arbeit verbleibt im Kreise der Eurigen, bei den Eltern, bei der Frau und den Kindern und sinnt über Haushalt und Erziehung. Das sei Eure Politik, dabei werdet Ihr frohe Stunden erleben. Aber für die große Landespolitik erspart Euch die Aufregung. Höhere Politik treiben erfordert mehr freie Zeit und Einblick in die Verhältnisse, als dem Arbeiter verliehen ist. Ihr tut Eure Schuldigkeit, wenn Ihr durch Vertrauenspersonen empfohlene Leute erwählt. Ihr erreicht aber sicher nichts als Schaden, wenn Ihr eingreifen wollt in das Ruder der gesetzlichen Ordnung. Das Politisieren in der Kneipe ist nebenbei sehr teuer, dafür kann man im Hause Besseres haben."[64]

Krupp mahnte seine Arbeiter zu Bescheidenheit und Zufriedenheit und warnte sie eindringlich, sich von politischer Tätigkeit – und sei sie auch nur am Stammtisch – fern zu halten. Das war ein patriarchalisches Unternehmerverständnis, das den Unternehmer in der Rolle des sorgenden Vaters sah, die Arbeiterschaft dagegen im Zustand politischer Unmündigkeit halten wollte.

Kompetenzorientierte Urteilsbildung

Die Zeitung „Der Social-Demokrat" würdigte das Anerkennenswerte, war sich aber vor allem der problematischen Seite einer solchen Hilfe bewusst. Zum Tode eines wohltätigen Industriellen schrieb sie 1865:

„Humanität einzelner Fabrikanten gegen ihre Arbeiter ist ohne Zweifel eine höchste nennenswerte Sache, aber mit der Sozialen Frage haben diese Dinge nichts zu tun. Hierfür ist es ganz gleichgültig, ob es edle Fabrikanten gibt oder nicht, denn es handelt sich nicht darum, im kleinen, sondern im großen andere Zustände herzustellen und nicht darum, die Gnade oder den guten Willen einzelner Fabrikanten in Anspruch zu nehmen, sondern die Rechte – man verstehe wohl! – die Rechte der Arbeiter zu erkämpfen."[65]

Die Zeitung erkannte, dass die Lösung der Sozialen Frage eine Rechtsfrage darstellte. Es ging darum, dem Arbeiter zu seinem Recht als Mensch zu verhelfen, nicht nur seiner unmittelbaren Not abzuhelfen. Eine Lösung der Sozialen Frage konnte nicht vom Wohlwollen eines Fabrikanten abhängen, der durch seinen persönlichen guten Willen die Not der Arbeiter zu lindern suchte. Damit konnten nur Missstände gemildert, nicht aber die Ursachen der Sozialen Frage behoben werden.

Engagement der Kirchen

Auch die Kirchen schufen Einrichtungen, um der Not der Arbeiter entgegenzuwirken. Die katholische Kirche gründete 1846 einen „Katholischen Gesellenverein", dessen Zweiter Vorsitzender 1848 Adolf Kolping wurde, aus dessen Wirken das bis heute bestehende Kolpingwerk hervorging. 1891 rief Papst Leo XIII. den Staat auf, den gesellschaftlichen Frieden zu sichern und Ausbeutung zu verhindern. Johann Heinrich Wichern richtete eine Stätte in Hamburg ein, die sich um verwahrloste Kinder kümmerte: Das sog. „Raue Haus". 1848 gründete er die „Innere Mission" der evangelischen Kirche. Das soziale Elend wurde dabei auf die Entchristlichung der Gesellschaft zurückgeführt, die moralische Maßstäbe außer Kraft setzte. Die innere Mission erstrebte daher neben der Linderung der äußeren Not zugleich eine Wiederbelebung des christlichen Glaubens, von dem man sich Heilung versprach. Ähnlich dachte Bischof Wilhelm Emanuel von Ketteler. Er schrieb:

„Damit die Macht des Reichtums nicht die Armen erdrücke, dazu ist notwendig, dass die Reichen sich selbst beschränken und nicht alles, was einer rein egoistischen Ausbeutung aller den Reichen zustehenden Mittel möglich wäre, sich auch erlauben. Ebenso kann aber auch nur dieser Geist der Selbstverleugnung und der Bescheidenheit, den allein das Christentum erzeugt, den aber der moderne Unglaube in sein gerades Gegenteil, in einen Geist der Begierlichkeit und Unzufriedenheit verkehrt, der arbeitenden Klasse jene Sittlichkeit und Mäßigung, jene Arbeitsamkeit, Sparsamkeit und Genügsamkeit verleihen, wovon ihr und ihrer Arbeitgeber wahres Beste abhängt. Auch darüber dürfen wir uns nicht täuschen, dass nur unter solchen Arbeitern, in denen der Geist des Christentums lebt, wahrhaft gedeihliche Genossenschaften, namentlich die Produktionsgenossenschaften [...] auf die Dauer möglich sein werden; wie auch nur echt christliche Kapitalisten und Fabrikherren geeignet und geneigt sein werden, mit ihren Arbeitern in eine gewisse Gemeinschaft des Gewinnes zu treten."[66]

Ketteler sah das Problem der Sozialen Frage in der fehlenden christlichen Gesinnung von Unternehmern, aber auch Arbeitern. Nur wenn bei beiden christlicher Geist herrsche, ließe sich seiner Ansicht nach die Soziale Frage lösen. Er machte darüber hinaus aber auch praktische Vorschläge wie

- die Gründung von Anstalten für arbeitsunfähige Arbeiter
- die Pflege der christliche Familie auf der Grundlage der christlichen Ehe
- Bildung für den Arbeiterstand
- genossenschaftliche Handwerkervereinigungen
- Gesellenvereine nach dem Vorbild Kolpings
- Förderung der Produktiv-Assoziationen durch die besonderen Mittel, die nur dem Christentum zu Gebote stehen.

Ketteler vertraute auf die sozialen Kräfte, die er in der Arbeiterschaft zu erkennen glaubte.

Päpstliche Enzykliken

Auch die päpstlichen Enzykliken stellten die Denkweise und die Gesinnung in den Mittelpunkt, wenn sie nach Ursachen und Lösungsmöglichkeiten der Sozialen Frage suchten.

„[S]o wie im menschlichen Leibe bei aller Verschiedenheit der Glieder im wechselseitigen Verhältnis Einklang und Gleichmaß vorhanden ist, so hat auch die Natur gewollt, dass im Körper der Gesellschaft jene beiden Klassen in einträchtiger Beziehung zueinander stehen und ein gewisses Gleichgewicht darstellen. Die eine hat die andere durchaus notwendig. Der Besitz ist auf die Arbeit angewiesen und die Arbeit auf den Besitz. [...] Von diesen Pflichten berühren folgende die arbeitenden Stände: Vollständig und treu die Arbeitsleistung zu verrichten, zu welcher sie sich frei und mit gerechtem Vertrage verbunden haben; den Arbeitgebern weder an der Habe noch an der Person Schaden zuzufügen, in der Wahrung ihrer Interessen sich der Gewalttätigkeit zu enthalten und in keinem Falle Auflehnung zu stiften; nicht Verbindung zu unterhalten mit Übelgesinnten, die ihnen trügerische Hoffnungen vorspiegeln und nur bittere Enttäuschung und Ruin zurücklassen. Die Pflichten, die hinwieder die Besitzenden und Arbeitgeber angehen, sind die nachstehenden: Die Arbeiter dürfen nicht wie Sklaven angesehen und behandelt werden; ihre persönliche Würde, welche geadelt ist durch ihre Würde als Christen, werde stets heilig gehalten; [...] unehrenvoll dagegen und unwürdig ist es, Menschen bloß zu eigenem Gewinn auszubeuten und sie nur so hoch anzuschlagen, als ihre Arbeitskräfte reichen."[67]

Kompetenzorientierte Urteilsbildung

Die Bemühungen der Kirchen waren ehrenwert, insofern sie die Folgen der Sozialen Frage zu lindern suchten. Sie konnten der Not mancher Arbeiter abhelfen, erreichten aber bei weitem nicht alle. Vor allem aber reichten auch sie nicht an die Wurzeln der Sozialen Frage heran und konnten daher ihre Ursachen nicht beseitigen. Die Kirchen sahen sie in einer unchristlichen Gesinnung, die sie überwinden wollten, nicht in dem der Arbeiterschaft vorenthaltenen Recht auf Freiheit, Gleichheit und Menschenwürde, wie es die Menschenrechte geboten hätten. Darüber hinaus unterschätzten sie die antisoziale Kraft, die dem neuzeitlichen Geld- und Profitdenken innewohnt. Dieses Denken ist geeignet, alle rechtlichen und ethischen Werte beiseite zu fegen, und schafft einem elementaren Egoismus Raum. Wir haben dies bereits bei der Behandlung der europäischen Kolonisation im 15. und 16. Jahrhundert gesehen, auf die hier verwiesen sei.[68] Diese Unterschätzung wurde besonders bei den päpstlichen Enzykliken deutlich, die vor allem auf moralische Appelle setzten. Darüber hinaus entwickelte Papst Leo XIII. eine Denkweise, die wir aus der Antike kennen: Er ging von einer natürlichen Grundordnung aus, die die Ungleichheit als selbstverständliche und naturgegebene Voraussetzung ansah. Das entspricht der Wertsetzung der Antike, wo die staatliche Gemeinschaft den obersten Wert bildete, nicht der einzelne Mensch, wie dies für die europäische Neuzeit charakteristisch ist. Daher konnte dieser Ansatz nicht zur Lösung der Sozialen Frage führen. Eine Lösung muss die neuzeitliche Wertsetzung berücksichtigen, in der der Mensch den unantastbaren Mittelpunkt bildet, dem kein anderer Wert übergeordnet werden darf.

Weltkirchenrat 1948

Der Weltkirchenrat hat 1948 diese Wertsetzung eindeutig und unmissverständlich formuliert:

> „Der Mensch ist geschaffen und berufen, ein freies Wesen zu sein, verantwortlich vor Gott und seinem Nächsten. Alle Tendenzen innerhalb des Staates und der Gesellschaft, die den Menschen der Möglichkeit des verantwortlichen Handelns berauben, sind eine Verleugnung des Willens Gottes über den Menschen und Seines Erlösungswerkes. Eine verantwortliche Gesellschaft ist eine solche, in der Freiheit die Freiheit von Menschen ist, die sich für Gerechtigkeit und öffentliche Ordnung verantwortlich wissen und in der jene, die politische Autorität oder wirtschaftliche Macht besitzen, Gott und den Menschen, deren Wohlfahrt davon abhängt, für ihre Ausübung verantwortlich sind. Der Mensch darf niemals zum bloßen Mittel für politische oder wirtschaftliche Zwecke gemacht werden. Der Mensch ist nicht für den Staat geschaffen, sondern der Staat für den Menschen. Der Mensch ist nicht für die Produktion geschaffen, sondern die Produktion für den Menschen. Für eine Gesellschaft, die unter modernen Lebensbedingungen verantwortlich bleiben soll, ist es erforderlich, dass die Menschen die Freiheit haben, ihre Regierungen zu kontrollieren, zu kritisieren und zu wechseln, dass die Macht durch Gesetz und Tradition verantwortlich gemacht und soweit wie möglich auf die ganze Gemeinschaft verteilt wird. Es ist erforderlich, dass wirtschaftliche Gerechtigkeit und die Bereitstellung gleicher Entfaltungsmöglichkeiten für alle Mitglieder der Gesellschaft gesichert werden."[69]

Kompetenzorientierte Urteilsbildung

Das sind berechtigte Grundanschauungen, die in zwei Punkten hinter dem für die Neuzeit Notwendigen zurückbleiben. Zum einen argumentieren sie noch mit einem Willen Gottes, der – wie wir in Band 3 gezeigt haben – sich inzwischen zu den Werten der Menschenrechte weiterentwickelt hat und sich in den absoluten Werten der Wahrheit, Gerechtigkeit usw. realisiert. Diese Werte konstituieren die Natur des Menschen, aus der diese Grundüberzeugungen begründet werden müssen. Dazu bedarf es keines „Willens Gottes" mehr; an seine Stelle tritt der menschliche Wille, der sich an den Menschenrechten orientiert. Zum anderen genügt es nicht, die Regierung und die Mächtigen nur zu kontrollieren, sondern es ist notwendig, dass der Mensch in die Lage versetzt wird, seine Lebenswirklichkeit selbst bestimmen zu können. Der Schlusssatz der Erklärung des Weltkirchenrats formuliert diese Notwendigkeit, lässt aber offen, wie sie erreicht werden kann. Mit seiner Forderung nach einer „wirtschaftlichen Gerechtigkeit" vermischt er wieder die Bereiche der Wirtschaft und des Rechts, was gerade zur Entstehung der Sozialen Frage geführt hatte. Hier wäre zu erkennen, dass die Rechtsetzung und damit eine Festlegung der Arbeits- und Lohnbedingungen unabhängig von den jeweiligen wirtschaftlichen Verhältnissen in einem eigenen Rechtsraum erfolgen muss, der die Gleichheit der Menschen als Grundvoraussetzung hat.

2.6.2 Gesellschaftliche und politische Ansätze zur Lösung der Sozialen Frage

Genossenschaften

Hermann Schulze-Delitzsch wollte die Soziale Frage durch die Bildung von Genossenschaften lösen, zu denen sich die Arbeiter zusammenschließen sollten, um so in ihrer Gesamtheit eine Kraft und Stärke gegenüber dem Unternehmer zu erreichen, die dem einzelnen Arbeiter abgehen mussten. Er verstand diese Genossenschaften als vom Staat und der Politik unabhängig.

> „Das Wesen der Assoziation ist also die Selbsthilfe, das Verweisen auf die eigene Kraft, ihr Element die Freiheit. Unterstützung von fremder Seite her, Subventionen aus öffentlichen Mitteln, Zwang und Einmischung der Staatsbehörden, wird unbedingt abgewiesen. Nur in der Selbstbetätigung der eignen Kraft, in dem, was jeder leisten kann, wenn er es geschickt anfängt, in der freien Gruppierung je nach gemeinschaftlichem Interesse zu gemeinschaftlichen Zwecken, sieht man das Heil. [...] Der unbemittelte Arbeiter in seiner Vereinzelung [...] hat im Verkehr nur vermöge seiner Arbeitskraft ökonomischen Wert. Da aber die Arbeitskraft des einzelnen einer großen Masse von Zufällen preisgegeben ist, die nicht in seiner Gewalt stehen, so bietet sie keine Sicherheit für die Kapitalanlage. Diesen Mangel kann der einzelne nur ergänzen, wenn er sich assoziiert, wenn er sich einer größeren Gruppe von Arbeitern zugesellt, welche ihn eintretendenfalls übertragen. Erst durch die Assoziation wird also der unbemittelte Arbeiter eigentlich kreditfähig. [...] Sobald also die Solidarität der Genossen dem einzelnen zur Seite steht, ist der Gläubiger gegen solche Unfälle gesichert."[70]

Auch Schulze-Delitzsch sah im Arbeiter nur ein Glied in einem ökonomischen System, in dem er lediglich durch seine Arbeitskraft einen Wert darstellte. Eine zu berücksichtigende Größe wurde er nur in seiner Gesamtheit als Arbeiterschaft, nicht als einzelner Arbeiter. Auch diese Assoziationen konnten, da sie weder rechtlich noch politisch gedacht waren, die Ursachen der Sozialen Frage nicht beseitigen. Schulze-Delitzsch dachte selbst in den Kategorien der Unternehmer, indem auch er den Wert des Arbeiters in seiner Arbeitskraft sah. Die Soziale Frage unter dem Gesichtspunkt des Rechts und der Menschenrechte zu sehen, lag auch bei ihm noch außerhalb seiner Gedankenwelt.

Ferdinand Lassalle

Am ehesten erschien ein politisches Engagement der Arbeiter Erfolg zu versprechen. Ein glühender Vertreter der Sache der Arbeiter war der hochbegabte, durch ein Duell schon mit 39 Jahren ums Leben gekommene Ferdinand Lassalle. Ähnlich wie Abbé Sieyès, der den Dritten Stand mit der gesamten Nation identifiziert hatte, sah Lassalle in der Arbeiterschaft Menschheitsangelegenheiten repräsentiert.

> „Arbeiter sind wir alle, insofern wir nur eben den Willen haben, uns in irgend einer Weise der menschlichen Gesellschaft nützlich zu machen. Dieser vierte Stand, in

dessen Herzfalten [...] kein Keim einer neuen Bevorrechtung mehr enthalten ist, ist eben deshalb gleichbedeutend mit dem ganzen Menschengeschlecht. Seine Sache ist daher in Wahrheit die Sache der gesamten Menschheit, seine Freiheit ist die Freiheit der Menschheit selbst, seine Herrschaft ist die Herrschaft aller."[71]

Wiederum in Parallele zur Französischen Revolution sah er den Vierten Stand rechtlich benachteiligt, obwohl ihm wie damals dem Dritten Stand der Löwenanteil der gesellschaftlichen Arbeit zufiel. Gleichberechtigung für die Arbeiterschaft suchte Lassalle über das allgemeine und direkte Wahlrecht für die Arbeiter zu erreichen.

„Das formelle Mittel der Durchführung dieses Prinzips ist das bereits betrachtete allgemeine und direkte Wahlrecht. Ich sage, das allgemeine und *direkte* Wahlrecht, [...], nicht das bloß allgemeine Wahlrecht, wie wir es im Jahre 1848 gehabt haben. Die Einführung von zwei Abstufungen bei dem Wahlakt, von Urwählern und Wahlmännern, ist nichts als ein künstliches Mittel, absichtlich zu dem Zweck eingeführt, den Volkswillen beim Wahlakt möglichst zu verfälschen."[72]

Rolle des Staates

Im Unterschied zu Schulze-Delitzsch und auch Karl Marx sah Ferdinand Lassalle den Staat in der Pflicht, wenn es um die Lösung der Sozialen Frage ging.

„Der vierte Stand hat nicht nur ein anderes formelles, politisches Prinzip als die Bourgeoisie, nämlich das allgemeine direkte Wahlrecht an Stelle des Zensus der Bourgeoisie, [...] sondern er hat auch [...] eine ganz andere, ganz verschiedene Auffassung von dem sittlichen Zweck des Staates als die Bourgeoisie. [...] Der Staat ist es, welcher die Funktion hat, diese Entwicklung der Freiheit, diese Entwicklung des Menschengeschlechts zur Freiheit zu vollbringen. Der Staat ist diese Einheit der Individuen in einem sittlichen Ganzen [...]. Der Zweck des Staats ist also nicht der, dem einzelnen nur die persönliche Freiheit und das Eigentum zu schützen, mit welchen er nach der Idee der Bourgeoisie angeblich schon in den Staat eintritt; der Zweck des Staats ist vielmehr gerade der, durch diese Vereinigung die einzelnen in den Stand zu setzen, solche Zwecke, eine solche Stufe des Daseins zu erreichen, die sie als einzelne niemals erreichen könnten, sie zu befähigen, eine Summe von Bildung, Macht und Freiheit zu erlangen, die ihnen sämtlich als einzelne schlechthin unersteiglich wäre."[73]

Lassalle kritisierte die Entwicklung, die wir oben bei der Darstellung der Lehre des Wirtschaftsliberalismus dargestellt haben, dass nämlich die wirtschaftlichen Verhältnisse die gesellschaftlichen, rechtlichen und politischen Verhältnisse bestimmten und dadurch zu Vorrechten des Besitzbürgertums geworden sind.

„Wenn aber der Großbürger, nicht zufrieden mit der tatsächlichen Annehmlichkeit eines großen Besitzes, den bürgerlichen Besitz, das Kapital, auch noch als die Bedingung hinstellen will, an der Herrschaft über den Staat, an der Bestimmung des Staatswillens und Staatszweckes teilzunehmen, dann erst wird der Großbürger zum Bourgeois, dann macht er die Tatsache des Besitzes zur rechtlichen Bedingung der politischen Herrschaft, dann charakterisiert er sich als einen neuen privilegierten Stand im Volke, der nun das herrschende Gepräge seines Privilegiums allen gesellschaftlichen Einrichtungen ebenso gut aufdrücken will, wie dies der Adel im Mittelalter [...] mit dem Privilegium des Grundbesitzes getan."[74]

Um seine Ziele zu erreichen, gründete Lassalle 1863 den „Allgemeinen Deutschen Arbeiterverein" (ADAV), der zuallererst ein allgemeines, gleiches und direktes Wahlrecht anstrebte. Auf diese Weise suchte Lassalle die Klassengegensätze auf friedlichem und legalem Wege zu überwinden. Das unterschied ihn grundlegend von den Sozialisten marxistischer Prägung. Er wollte Produktionsassoziationen schaffen, in denen die Arbeiter zu ihren eigenen Unternehmern gemacht werden sollten. Damit sollte der Unterschied von Arbeitslohn und Unternehmergewinn aufgehoben werden und den Arbeitern der volle Ertrag ihrer Arbeit zukommen. Damit wollte er die Soziale Frage an der Wurzel anpacken, wie dies auch Karl Marx auf seine Weise intendierte.

Sozialdemokratische Arbeiterpartei (SDAP)

Da Lassalles „Allgemeiner Deutscher Arbeiterverein" nicht die ungeteilte Zustimmung der sozialistisch ausgerichteten Arbeiterbewegung fand, kam es 1869 zur Gründung einer eigenen „Sozialdemokratischen Arbeiterpartei" in Eisenach. Ihre Gründer waren Wilhelm Liebknecht (1826–1900) und August Bebel (1840–1913). Ihr Ziel blieb der Klassenkampf; daher lehnten sie ein Zusammenwirken mit dem Staat und bestehenden Mächten und Institutionen ab. Sie forderten wie Lassalle ein allgemeines, gleiches und direktes Wahlrecht und wollten die Monarchie durch eine Republik ersetzen. Das Volk sollte durch Volksbegehren und Volksentscheide direkt an der Gesetzgebung mitwirken. Die Kirche sollte vom Staat getrennt werden. Im Unterschied zum ADAV war die SDAP international ausgerichtet.

Sozialistische Arbeiterpartei Deutschlands (SAP)

1875 vereinigten sich ADAV und SDAP, nicht zuletzt unter dem Eindruck der Repressionen, denen die Sozialdemokratie im Bismarckschen Kaiserreich ausgesetzt war, im thüringischen Gotha zur „Sozialistischen Arbeiterpartei Deutschlands" (SAD). In ihrem Programm erklärte sie Folgendes:

> „I. In der heutigen Gesellschaft sind die Arbeitsmittel Monopol der Kapitalistenklasse; die hierdurch bedingte Abhängigkeit der Arbeiterklasse ist Ursache des Elends und der Knechtschaft. Die Befreiung der Arbeit erfordert die Verwandlung der Arbeitsmittel in Gemeingut der Gesellschaft und genossenschaftliche Regelung der Gesamtarbeit mit gemeinnütziger Verwendung und gerechter Verteilung des Arbeitsertrages. Die Befreiung der Arbeit muss das Werk der Arbeiterklasse sein, der gegenüber alle anderen Klassen nur eine reaktionäre Masse sind.
>
> II. Von diesen Grundsätzen ausgehend, erstrebt die Sozialistische Arbeiterpartei Deutschlands mit allen gesetzlichen Mitteln den freien Staat und die sozialistische Gesellschaft, die Zerbrechung des ehernen Lohngesetzes durch Abschaffung der Lohnarbeit, die Aufhebung der Ausbeutung, die Beseitigung aller sozialen und politischen Ungleichheit. [...] Die Sozialistische Arbeiterpartei Deutschlands fordert, um die Lösung der sozialen Frage anzubahnen, die Errichtung von sozialistischen Produktivgenossenschaften mit Staatshilfe unter der demokratischen Kontrolle des arbeitenden Volkes. Die Produktivgenossenschaften sind für Industrie und Ackerbau in solchem Umfange ins Leben zu rufen, dass aus ihnen die sozialistische Organisation der Gesamtarbeit entsteht."[75]

Die Arbeiterpartei sah die Wurzel des Übels der Sozialen Frage in der Abhängigkeit der Arbeiter von den Unternehmern. Daher verlangte sie, wie schon die alte SDAP, eine Vergesellschaftung der Arbeitsmittel, eine genossenschaftliche Regelung der Gesamtarbeit und eine gerechte Verteilung des Arbeitsertrags. Im Unterschied zu Lassalle sah sie sich weiterhin als eine Klasse, die den anderen, die sie allesamt als reaktionär bezeichnete, kämpferisch gegenüberstand. Sie hatte erkannt, dass die Arbeiterschaft keineswegs machtlos gegenüber dem Unternehmertum war, sondern etwas verändern konnte, wenn sie politisch einig war. Als Ziel setzte sie sich die Befreiung der Arbeit durch die Arbeiterklasse. Sie wollte diese Befreiung auf legalem Wege erreichen, indem sie sich als Partei in die Politik einbrachte und ihre Forderungen parlamentarisch geltend machte. Sie versuchte, die Arbeiterschaft vom Unternehmertum unabhängig zu machen, indem sie sich in den zu errichtenden Produktionsgenossenschaften selbst zum Unternehmer machte, um so in den Genuss des vollen Ertrags ihrer Arbeit zu kommen. Das Eherne Lohngesetz, das besagte, dass der Arbeitslohn sich nie über das Existenzminimum erheben werde, sollte auf diese Weise überwunden werden.

Kompetenzorientierte Urteilsbildung

Wir wissen heute durch die Erfahrungen mit dem sowjetischen Sozialismus und den anderen, nach dem Zweiten Weltkrieg sich gebildeten sozialistischen Staaten, dass sich dieser Ansatz als Irrtum erwiesen hat. Allerdings kann man einwenden, dass der leninistisch geprägte Sozialismus mit den Vorstellungen der damaligen SAD nicht oder nur bedingt vergleichbar ist. Bemerkenswert ist allerdings, dass ihre Idee der Vergesellschaftung des Eigentums im Kaiserreich zu einem nicht geringen Teil Wirklichkeit war. Denn die Eigentumsverhältnisse in Deutschland vor dem Ersten Weltkrieg waren andere als heute: Das öffentliche Eigentum war fast so groß wie das private, sodass man im Deutschen Kaiserreich ein gemischtwirtschaftliches System hatte.

Betrachten wir das Vorhaben der Vergesellschaftung des Eigentums mithilfe unserer Kompetenzkategorien, die wir anlässlich der Schlagworte „Freiheit, Gleichheit, Brüderlichkeit" bei der Behandlung der Französischen Revolution entwickelt haben.[76]

Gesellschaft mit differenzierten Lebensbereichen		
Freiheit	Gleichheit	Brüderlichkeit
• Individuelle Entwicklung • Erziehung • Kultur	• Recht • Politik	• Wirtschaft • Grundsicherung der Existenz • Soziale Versorgung

Gesellschaftliche Fehlentwicklungen	
Freiheit in der Wirtschaft	Gleichheit in der Wirtschaft
• Kapitalismus • mit sozialen Fehlentwicklungen	• Sozialismus • mit wirtschaftlichen und • sozialen Fehlentwicklungen

Wir können feststellen, dass auch der sozialistische Ansatz zur Lösung der Sozialen Frage den Grundfehler enthielt, den er am Wirtschaftsliberalismus kritisiert hatte, nämlich, dass die wirtschaftlichen Verhältnisse zur Grundlage der Rechtsverhältnisse gemacht werden. Statt zu erkennen, dass die Rechtssituation als eigene Größe behandelt und aus der Gleichheit und den Menschenrechten begründet werden müsste, wollten die Sozialisten sie ebenfalls aus den wirtschaftlichen Gegebenheiten herleiten und versuchten, eine wirtschaftliche Gleichheit herzustellen, um daraus eine Rechtsgleichheit zu erhalten. Damit verstießen sie gegen die Prinzipien der Freiheit und der Unantastbarkeit der Persönlichkeit, zu der die wirtschaftliche Initiative und auch die Bildung von

Eigentum durch Arbeit gehören. Statt alle Bereiche zu ihrem Recht zu verhelfen, wurden auch im sozialistischen Ansatz Wertvorstellungen des einen Bereichs einem anderen untergeordnet: Die Gleichheit des Rechts wurde auf die persönliche Freiheit und die wirtschaftliche Initiative ausgedehnt und damit beide ausgelöscht.

Gewerkschaftsbewegung

Die Gewerkschaftsbewegungen waren hier von vornherein auf einem besseren Weg. Sie suchten rechtliche Verbesserungen zu erzielen, ohne in den Prozess des Wirtschaftens selbst einzugreifen. Die Gewerkschaftsbewegung war aus den Arbeitervereinen kleinerer Betriebe entstanden, die die Tradition der Gesellenvereine der Zünfte fortsetzten, die hie und da die Arbeit verweigerten, um bessere Arbeitsbedingungen zu erhalten. Solche Arbeitsniederlegungen durch Handwerkergesellen sind im Laufe der geschichtlichen Entwicklung in Deutschland mehrfach belegt: 1329 legten die Gürtlergesellen (Messingschlosser) in Breslau die Arbeit nieder, 1389 die Schneidergesellen in Konstanz. 1469 streikten die Bergleute in Altenberg. Erst 1844 kam es durch die schlesischen Weber wieder zu einem Streik und zu Aufständen.

In der Zeit des Vormärz wurden Arbeitervereine gegründet, die aber nach dem Scheitern der Revolution von 1848 zur Bedeutungslosigkeit verurteilt waren. Nach der Aufhebung des Koalitionsverbots in Preußen 1869 kam es zu Streikbewegungen von teils dramatischen Ausmaßen. Der preußische Staat griff zugunsten der Unternehmerschaft ein. Während der Zeit der Sozialistengesetze 1878–1890 wurden Arbeitervereinigungen generell verboten. Nach deren Aufhebung wurde 1890 eine übergeordnete gewerkschaftliche Organisation gegründet, die Generalkommission der Gewerkschaften Deutschlands, deren Vorsitzender Carl Legien wurde. Nach Ende des Ersten Weltkriegs wurde der Arbeiterschaft ein uneingeschränktes Koalitionsrecht und das Recht zum Abschluss kollektiver Tarifverträge zugestanden. 1919 schlossen sich die freien Gewerkschaften zum „Allgemeinen Deutschen Gewerkschaftsbund" (ADGB) zusammen. Die Institution der Gewerkschaft wurde in der Weimarer Verfassung verankert. Die Nationalsozialisten lösten die Gewerkschaften 1933 auf und setzten an ihre Stelle eine Einheitsgewerkschaft unter staatlicher Kontrolle. Nach dem Zweiten Weltkrieg wurde die Tradition der Gewerkschaften mit der Gründung des „Deutschen Gewerkschaftsbundes" (DGB) fortgesetzt.

Die Gewerkschaften konnten bedeutende Verbesserungen für die Arbeiterschaft erreichen, sodass die Soziale Frage an Schärfe und Dramatik verlor, ohne allerdings in ihrer Grundsubstanz gelöst zu sein. Das Übel der Arbeitslosigkeit besteht nach wie vor; und die weltweite Globalisierung zeigt Tendenzen, die Befürchtungen aufkommen lassen, dass sich Zustände wie in der frühen Phase des Kapitalismus wiederholen könnten.

Bismarcks Sozialgesetzgebung

Einen wesentlichen und weltweit bemerkenswerten Beitrag zur Behebung der Sozialen Frage leistete Bismarcks Sozialgesetzgebung. Er erkannte, dass die Arbeiterschaft dem Staat verloren ginge, wenn er sich nicht für ihre Interessen einsetzte. Damit kam der Staat in die Situation, Bedingungen zur Regelung der Arbeitsverhältnisse vorzugeben. Damit schlug der „Nachtwächterstaat", wie ihn Lassalle nannte, der nach wirtschaftsliberaler Auffassung nur

Freiheit und Eigentum zu schützen hatte, den Weg zum Sozialstaat ein. Er verstand damit zumindest im Ansatz, dass Arbeitsverhältnisse Rechtsverhältnisse darstellen, die von der Allgemeinheit ohne Einflussnahme wirtschaftlicher Interessen geregelt werden müssen.

Kompetenzorientierte Ergebnissicherung

Bismarcks Sozialgesetzgebung		
Versicherung	Beitragsleistungen	Berechtigte
1883 Krankenversicherung	• 1/3 Arbeitgeber • 2/3 Arbeitnehmer	• Gewerbliche Arbeiter • Später auch Landarbeiter
1884 Unfallversicherung	• Arbeitgeber	• Arbeiter • Später alle Arbeitnehmer
1889 Alters- und Invalidenversicherung	• 1/3 Arbeitgeber • 1/3 Arbeitnehmer • 1/3 staatlicher Zuschuss	• Arbeiter ab 70 Jahre • Angestellte ab 65 Jahre • Invalidität bei 2/3 Erwerbsunfähigkeit
• Der Arbeiter erhielt eine staatlich garantierte Krankheits-, Unfall- und Altersfürsorge • Weltweit die erste und vorbildliche Sozialgesetzgebung • Der Staat griff in die Wirtschaft ein • Aus der freien Marktwirtschaft wurden die ersten Anfänge einer sozialen Marktwirtschaft • Der Staat beschritt den Weg in einen Sozialstaat • Fazit: Die Lage der Arbeiterschaft verbesserte sich dadurch erheblich		

Franz Josef Ritter von Buß

Es gab schon vorher Bestrebungen gegen die sozialen Missstände vorzugehen. 1837 brachte Franz Josef Ritter von Buß im badischen Landtag in Karlsruhe ein umfassendes sozialpolitisches Reformprogramm ein. Er forderte damals schon

- die Einführung einer Kranken- und Unfallversicherung,
- die Beschränkung der Arbeitszeit besonders für Kinder,
- die amtsärztliche Überwachung der Fabriken,
- das Verbot der Sonntags- und Feiertagsarbeit u.a.m.

Er wollte eine Eigentumsbildung der Arbeiter mit Hilfe von Sparkassen und Genossenschaften erreichen. Dazu sollte es eine staatliche Sozial- und Wirtschaftspolitik geben. Auch ein umfassendes Bildungsprogramm schwebte ihm vor: Die Unternehmer sollten für regelmäßigen Unterricht für die Kinder ihrer Arbeiter sorgen und den Erwachsenen Weiterbildungsmöglichkeiten anbieten. Es kam damals nicht dazu, weil der nötige politische Druck fehlte. Er konnte erst durch das Erstarken der Sozialdemokratie im Kaiserreich erzeugt werden.

Entwicklung des Sozialstaats

In der Folge entwickelte sich der Sozialstaat weiter; in der Bundesrepublik wurde er sogar in der Verfassung verankert, wie wir in Band 5 sehen werden.

- 1911: Reichsversicherungsordnung fasste Bismarcks Gesetze zusammen
- 1920: Einführung des 8-Stundentags
- 1927: Gesetz über Arbeitsvermittlung und Arbeitslosenversicherung
- 1957: Gesetz zur Einführung der dynamischen Rente

2.6.3 Marx radikaler Ansatz zur Änderung der Gesellschaft

Marx und Engels waren mit der Gründung und dem Programm der Sozialistischen Arbeiterpartei unzufrieden. Engels schrieb einen langen und heftigen Brief an August Bebel, in dem er drohte, mit der deutschen sozialistischen Bewegung zu brechen.

> „Ich höre auf, obwohl fast jedes Wort in diesem dabei saft- und kraftlos redigierten Programm zu kritisieren wäre. Es ist der Art, dass, wenn es angenommen wird, Marx und ich uns nie zu der auf dieser Grundlage errichteten neuen Partei bekennen können und uns sehr ernstlich werden überlegen müssen, welche Stellung wir – auch öffentlich – ihr gegenüber zu nehmen haben. [...] Sie werden aber selbst einsehen, dass dies Programm einen Wendepunkt bildet, der uns sehr leicht zwingen könnte, alle und jede Verantwortlichkeit mit der Partei, die es anerkennt, abzulehnen."[77]

Marx und Engels fanden das Programm nicht radikal genug; es erfasste ihrer Ansicht nach nicht die Triebfedern der historischen Entwicklung; die vorgeschlagenen Mittel zur Lösung der Sozialen Frage setzten die Akzeptanz der bestehenden Verhältnisse voraus statt sie radikal zu verändern.

Lehre von Basis und Überbau

Marx Lehre von Basis und Überbau		
Überbau	• Recht • Religion • Moral • Kunst	• Ideologie • Funktion: Rechtfertigung der Machtverhältnisse
Unterbau (Basis)	• Ökonomische Verhältnisse • Verteilung der Produktionsmittel und der Produktionskräfte	• Realität • Tatsächliche Machtverhältnisse

Nach Marx und Engels verlief die Geschichtsentwicklung nach ganz bestimmten Gesetzmäßigkeiten, die es zu verstehen galt. Die Antriebskraft der historischen Entwicklung sei eine Spannung („Widerspruch") innerhalb der wirtschaftlichen Verhältnisse – des sog. „Unterbaus" –, die sich aus der Verteilung der Produktionsmittel (z.B. Maschinen) und der Produktivkräfte (z.B. menschliche Arbeitskraft) ergebe. Die Trennung von Produktionskräften und Produktionsmittel resultierte aus der Arbeitsteilung. Die ungleichen wirtschaftlichen Verhältnisse erzeugten ungleiche Rechtsverhältnisse und damit die gesellschaftlichen Zustände, in denen der Mensch sich befand. Ebenso resultierten Überzeugungen und Glaubensansichten aus diesen ökonomischen Verhältnissen. Sie bildeten den sog. „Überbau", zu dem das Recht, die Moral, die Religion und die Kunst gehören. Die Aufgabe des Überbaus sei es, die ökonomischen Verhältnisse, den „Unterbau", zu rechtfertigen.

Kompetenzorientierte Urteilsbildung

Marx entwickelte eine Theorie, die dem neuzeitlichen Weltverständnis entsprach: Real waren die materiellen Verhältnisse, das Handgreifliche der Sinnenwelt; alles Ideale verflüchtigte sich zu einer Ideologie, die keine Realität, sondern nur eine Funktion hatte. Nach dieser Grundanschauung lebte das Besitzbürgertum, auch wenn es möglicherweise im eigenen Selbstverständnis anders dachte. Nach dieser Anschauung handelte der Geschäftsmann, der den Profit allen anderen Werten überordnete, wie wir dies seit der europäischen Kolonisation gesehen haben.

Historischer Materialismus

Geschichtsentwicklung nach dem Historischen Materialismus	
Antrieb der Geschichtsentwicklung: Kampf der Klassen um die Macht	
Entwicklungsstufen der Geschichte	Klassen
• Kommunismus	• Klassenlose Gesellschaft
• Sozialismus	• Sozialistischer Staat und Arbeiter
• Kapitalismus	• Unternehmer und Arbeiter
• Feudalismus	• Feudalherren und Leibeigene
• Sklavenhaltergesellschaft	• Sklavenhalter und Sklaven
• Urgesellschaft	• Klassenlose Gesellschaft

Die Entwicklung der Weltgeschichte verlief nach Marx und Engels gesetzmäßig und zielgerichtet: Am Anfang der Geschichtsentwicklung stand eine Urgesellschaft, bei der die Menschen noch nicht in gesellschaftliche Klassen aufgeteilt waren. Durch die Arbeitsteilung differenzierte sich die Gesellschaft in Klassen, von denen die eine über die andere herrschen konnte, wenn sie über die besseren wirtschaftlichen Mittel verfügte. Der klassenlosen „Urgesellschaft" folgte eine „Sklavenhaltergesellschaft", die etwa die Zeit der Frühen Hochkulturen und der Antike umfassen sollte; in ihr gebot die Klasse der Grundbesitzer über rechtlose Sklaven. Diese Gesellschaftsform wurde durch den Kampf der unterdrückten und „ausgebeuteten" Klasse gegen die „ausbeutende" Klasse überwunden. Das Mittel des Fortschritts war also der Kampf der Klassen gegeneinander, wobei die jeweils unterlegene im Laufe der Zeit zur siegreichen und überlegenen wurde, bis der dialektische Mechanismus von Neuem wirksam wurde. Der „Sklavenhaltergesellschaft" folgte der „Feudalismus" des Mittelalters, in dem Feudalherren über Leibeigene herrschten. Er musste dem „Kapitalismus" der Neuzeit weichen. Im Kapitalismus standen sich die „Bourgeoisie" und die Arbeiterschaft (das „Proletariat") gegenüber. Die „Bourgeoisie" verfügte über Kapital und Produktionsmittel, das „Proletariat" nur über seine Arbeitskraft, die es „verkaufen" musste, um seinen Lebensunterhalt zu sichern. Die letzte Klassengesellschaft existiere im „Sozialismus", in dem das Proletariat, die bislang unterdrückte und ausgebeutete Arbeiterschaft, die Macht übernimmt, um die Geschichte zu ihrem Endzustand, dem wiederum klassenlosen „Kommunismus" zu führen. Im Sozialismus gehen alle Produktionsmittel, d. h. Grund und Boden sowie Fabriken und Maschinen, in den Besitz des Staates über; sie dürfen nicht in Privatbesitz bleiben, da der Privatbesitz die Ungleichheit und die Herrschaft der einen Klasse über die andere begründete. Im Kommunismus sollen dann alle Unterschiede und damit auch der Staat, der nur ein Unterdrückungsinstrument in der Hand der jeweils Herrschenden darstellt, überwunden sein.

Kompetenzorientierte Urteilsbildung

Marx machte den Kampf, den Kampf der Klassen, zum Antrieb der geschichtlichen Entwicklung. Wir wissen aus der Behandlung der Domäne

„Krieg“, dass der Kampf zu dem Zeitpunkt der historischen Entwicklung als selbstverständliches und unbefragtes Instrumentarium galt, als philosophisch-anthropologische Werte durch Philosophie und Religion noch nicht entwickelt waren. Bezeichnenderweise hielt Marx solche Werte für Ideologie, für unreal; damit kehrte er gedanklich auf eine Naturstufe der Entwicklung zurück, in der in der Tat nur der natürliche Trieb und der natürliche Kampf als Antriebskraft übrig blieben. Dem entsprach die alleinige Anerkennung der Wirtschaft als realer Macht, deren primäre Aufgabe es ist, diese natürlichen Triebe zu befriedigen.

Kommunistisches Manifest

Die Vehemenz der Gedanken von Marx und Engels macht die Sprache des „Kommunistischen Manifestes“, ihrer programmatischen Grundsatzschrift von 1848, deutlich:

> „Ihr entsetzt euch darüber, dass wir das Privateigentum aufheben wollen. Aber in eurer bestehenden Gesellschaft ist das Privateigentum für neun Zehntel ihrer Mitglieder aufgehoben; es existiert gerade dadurch, dass es für neun Zehntel nicht existiert. Ihr werft uns also vor, dass wir ein Eigentum aufheben wollen, welches die Eigentumslosigkeit der ungeheuren Mehrzahl der Gesellschaft als notwendige Bedingung voraussetzt. Ihr werft uns mit einem Wort vor, dass wir euer Eigentum aufheben wollen. Allerdings, das wollen wir [...]. Der Kommunismus nimmt keinem die Macht, sich gesellschaftliche Produkte anzueignen, er nimmt nur die Macht, sich durch diese Aneignung fremde Arbeit zu unterjochen [...]. Die Kommunisten verschmähen es, ihre Ansichten und Absichten zu verheimlichen. Sie erklären es offen, dass ihre Zwecke nur erreicht werden können durch den gewaltsamen Umsturz aller bisherigen Gesellschaftsordnung. Mögen die herrschenden Klassen vor einer kommunistischen Revolution zittern. Die Proletarier haben nichts in ihr zu verlieren als ihre Ketten. Sie haben eine Welt zu gewinnen.“[78]

Kompetenzorientierte Urteilsbildung

Marx und Engels Lehren riefen zur Befreiung und zur sozialen Gerechtigkeit auf. Diese Ideale sind die Flamme, die allen Protest-, Reform- und Revolutionsbewegungen ewige Nahrung geben, solange diese Ideale verletzt werden. Hierin dürfte die Attraktivität des Marxismus bei Intellektuellen und Jugendlichen lange Jahre bestanden haben. Sieht man im Lichte unserer Kompetenzkategorien auf seine Inhalte, wird deutlich, dass auch Marx Lehre am Wesen der Sozialen Frage vorbeigegangen ist. Die Kritikpunkte, die wir bei der Besprechung der Sozialdemokratischen und Sozialistischen Arbeiterpartei vorgebracht haben, gelten auch für die Lehren von Karl Marx. Darüber hinaus hat er eine Domäne, die Wirtschaft, zur entscheidenden erhoben und ihr zentrale Werte der anderen untergeordnet. Damit konnte er seinem Anspruch, Freiheit und Gerechtigkeit zu bringen, nicht gerecht werden. Denn Freiheit und Gerechtigkeit sind eigenständige Werte, die als solche verstanden werden müssen. Sie von wirtschaftlichen Verhältnissen herleiten zu wollen, zerstört nicht nur ihre Eigenständigkeit, sondern letztlich auch sie selbst. Der Sozialismus ist daher nicht nur praktisch gescheitert, sondern hat auch theoretisch gerade die Werte verleugnet, für deren Verwirklichung er ins Feld ziehen wollte.

Inhaltliche Ergebnissicherung

Lösungsmöglichkeiten der Sozialen Frage				
Privat	Kirchlich	Politisch	Staatlich	Radikal
• Firmeneigene Pensionskassen • Betriebsgenossenschaften • Konsumläden • Schulen für Arbeiterkinder	• Erziehungsheime • Arbeitsheime • Ethische Appelle	• Gründung von Arbeitervereinen • Gründung von Parteien • Gründung von Gewerkschaften	Staatliche Sozialfürsorge: • Kranken-, • Unfall-, • Invaliditäts- • Altersversicherung	• Änderung der Gesellschaft • Enteignung der Unternehmer • Staatseigentum („Volkseigentum")
• Keine Behebung der Ursachen • Keine durchgreifende Linderung der Not • Vom Wohlwollen der Arbeitgeber abhängig		• Ansätze zur Behebung der Ursachen • Deutliche Verbesserung der Lebens- und Arbeitssituation • Praktisches Verschwinden der Sozialen Frage in ihrer dramatischen Form		• Keine Behebung der Ursachen • Durchführung gescheitert

2.7 Bedeutung der Industriellen Revolution

Die Industrielle Revolution kann in ihrer Bedeutung kaum hoch genug eingeschätzt werden. Weit mehr als jede politische und gesellschaftliche Veränderung griff sie in das Leben der Menschen ein. Sie befreite den Menschen in hohem Maße von den Naturgrundlagen seiner Existenz und ermöglichte ihm einen völlig neuen Lebensrhythmus. Diese Befreiung von den natürlichen Grundlagen stellte aber auch eine Herausforderung, sogar eine Gefährdung für den Menschen dar. Er lebte nun mit den Maschinen und dem Maschinenrhythmus, an die er sich anpassen musste.

Die Industrialisierung überzog die Erde mit einer eigenen Wirklichkeit, der Technik, die die Oberfläche und die Lebenswirklichkeit der Erde grundlegend veränderte; soweit, dass eine existenzielle Gefährdung bis hin zur Zerstörung dieser Lebenswirklichkeit möglich wurde. Diese neue Wirklichkeit drängte die alte Naturwirklichkeit zunehmend in den Hintergrund und eröffnete neue, kaum abzuschätzende Entwicklungen für die Zukunft, die sowohl förderlich als auch verderblich für den Menschen und das menschliche Zusammenleben werden können. Mirandolas doppelte Zukunftsperspektive für den neuzeitlichen Menschen, die wir bei der Behandlung der Renaissance besprochen haben, erscheint in potenzierter Form hier erneut.

Die neuzeitliche Wirtschaft und Geldwirtschaft erfuhr mit der Industrialisierung eine weitere Steigerung, die ihre unsoziale Seite deutlich hervorkehrte.

Auch hier zeigten sich antisoziale Kräfte, die die bisherige kulturelle Entwicklung von Grund auf gefährden und auslöschen können. Hier bedarf es sozialer Wachsamkeit und einer besonderen Pflege der Kräfte, die das Humane im Menschen entwickeln. Die humanen und kulturellen Bedürfnisse des Menschen bedürfen einer eigenen und besonderen Berücksichtigung; sie müssen bewusst in den Gang der wirtschaftlichen und industriellen Entwicklung eingebaut werden, wenn sie sich nicht zum Schaden des Menschen, seiner Zivilisation und Kultur entwickeln soll.

Inhaltliche und kompetenzorientierte Ergebnissicherung

Bedeutung der Industriellen Revolution	
• Gründlichste Umwälzung der menschlichen Existenz seit der neolithischen Revolution • Veränderung der Erde und ihrer Lebensgrundlagen bis hin zur Möglichkeit der Zerstörung dieser Grundlagen • Veränderung der Lebensweise des Menschen • Umwandlung der Handarbeit in Maschinenarbeit • Maschinen werden zu selbstständigen Arbeitsfaktoren, nicht nur Hilfsmittel • Die Erde wird mit der Wirklichkeit der Technik überzogen	
Positiv	Negativ
• Erleichterung der Arbeit • Überwindung von Massenelend durch Massenproduktion • Bessere Behandlung von Krankheiten durch wissenschaftlichen Fortschritt • Gewinnung von Lebensqualität als äußere Zivilisation • Entstehung der neuen Wirklichkeit der Technik	• Tiefgreifende Gefährdung der natürlichen Lebensgrundlagen • Soziale Abhängigkeit des Arbeiters • Entfremdung von der Arbeit • Erniedrigung des Arbeiters zum Produktionsmittel (Ausbeutung) • Wirtschaftliche und technische Entwicklungen überrollen den Menschen

3 Restaurative und liberale Politik in der ersten Hälfte des 19. Jahrhunderts

3.1 Planung der Unterrichtseinheit

Mit der Französischen und der Industriellen Revolution ist das Grundrepertoire der Kategorien, die wir zum Aufbau der Orientierungs- und Handlungskompetenz benötigen, abgeschlossen. Wir haben es von der Steinzeit bis in die Neuzeit systematisch aufgebaut. Für die Zeit nach diesen Revolutionen geht es darum, diese Kategorien zur Urteilsbildung anzuwenden und zu vertiefen. Analog gilt es, die weitere historische Entwicklung daraufhin zu betrachten, wie diese neuzeitlichen Kategorien politisch und gesellschaftlich aufgenommen und verwirklicht werden. Wir gehen daher bei der Planung dieser Unterrichtseinheit nicht mehr von neuen Kategorien aus, sondern können uns direkt der Strukturierung der Unterrichtseinheit zuwenden.

Strukturskizze der Unterrichtseinheit

Strukturskizze: Vormärz und Revolution 1848	
Leitidee: Wie werden die politischen und gesellschaftlichen Ideale der Französischen Revolution in Deutschland aufgenommen und umgesetzt?	
Restauration und Vormärz	Revolution 1848

• Neuordnung Deutschlands und Europas:
  • Napoleon
  • Wiener Kongress
  • Deutscher Bund
• Kampf zwischen Restauration und Liberalismus
	• Soziale und politische Voraussetzungen: Hungerrevolten und Märzereignisse
	• Revolutionen in Wien und Berlin
	• Zusammensetzung und Arbeitsweise der Nationalversammlung
	• Aufgaben der Paulskirche: Zentralgewalt, Reichsgrenzen und Verfassung
	• Scheitern der Revolution: Gründe und Folgen

3.2 Neuordnung Deutschlands und Europas durch Napoleon und den Wiener Kongress

Als General der Revolutionskriege und späterer Kaiser brachte Napoleon die Ideen der Französischen Revolution in die von ihm bekämpften Länder; allerdings nicht in der Form einer freien Republik, sondern in der einer Militärdiktatur, sodass ein deutlicher Widerspruch zwischen seinem Auftreten und Handeln und diesen Idealen bestand. Bemerkenswert ist eine Äußerung der damaligen preußischen Königin Luise, die sie in einem Brief 1808 tat, in dem sie die Situation Preußens nach der Niederlage gegen Napoleon reflektierte:

> „Mit uns ist es aus, wenn auch nicht für immer, doch für jetzt. Für mein Leben hoffe ich nichts mehr. [...] Es wird mir immer klarer, dass alles so kommen musste, wie es gekommen ist. Die göttliche Vorsehung leitet unverkennbar neue Weltzustände ein, und es soll eine andere Ordnung der Dinge werden, da die alte sich überlebt hat und in sich selbst als abgestorben zusammenstürzt. Wir sind eingeschlafen auf den Lorbeeren Friedrichs des Großen, welcher, der Herr seines Jahrhunderts, eine neue Zeit schuf. Wir sind mit derselben nicht fortgeschritten, deshalb überflügelt sie uns."[79]

Code Civil

Die neue Zeit ließ Napoleon in einem 1804 verfassten Gesetzeswerk formulieren, das als „Code Civil", später auch als „Code Napoleon" bekannt wurde. Es schrieb folgende zentrale Rechtsgrundsätze als charakteristisches Erbe der Französischen Revolution fest, die zum großen Teil auch in den von Napoleon eroberten Ländern galten:

- Gleichheit aller vor dem Gesetz
- Freiheit der Person
- Keine Rückgabe der während der Revolution enteigneten Kirchen- und Adelsgüter
- Freier Erwerb und Verkauf von Grundbesitz auch für Bürgerliche
- Abschaffung des Zunftzwanges
- Einführung der Gewerbefreiheit
- Recht der freien Berufswahl
- Einführung des Leistungsprinzips anstatt des Geburtenprinzips als Voraussetzung des Zugangs zu öffentlichen Ämtern
- Herauslösung des bürgerlichen Lebens aus den kirchlichen Bindungen durch die Anlage eines Zivilstandsregisters (Standesamt) und die Zivilehe, sodass rechtsgültige Ehen nicht mehr vor dem Priester, sondern vor einem staatlichen Beamten geschlossen werden mussten.

Die Angelpunkte der neuen Ordnung garantierten das persönliche Eigentum und die Selbstständigkeit des Individuums. Dieses Gesetzeswerk setzte zentrale zivilrechtliche Vorstellungen der Französischen Revolution um und war ein entscheidendes Instrument zur Modernisierung Europas im 19. Jahrhundert.

Politische Flurbereinigung

Eine weitere grundlegende Leistung Napoleons für eine Neuordnung Deutschlands wird sichtbar, wenn wir einen Blick auf die Landkarte Deutschlands oder des heutigen Baden-Württembergs werfen: Aus dem Flickenteppich kleiner und kleinster Länder sind großflächige Länder geworden, die manchmal schon – wie in Baden-Württemberg – die Kontur der heutigen Landesgrenzen zeigen. Diese politische Flurbereinigung war von enormer wirtschaftlicher Bedeutung, da die Einheit eine wesentliche Voraussetzung für die wirtschaftliche Entwicklung dieser Länder war.

Diktator Napoleon

Auf der anderen Seite stand der Diktator Napoleon, der die Pressefreiheit unterdrückte, kritische Geister verfolgen und auch hinrichten ließ. Er verbrauchte in seinen Kämpfen rücksichtslos seine Soldaten. Gegenüber Metternich erklärte er 1813:

„Ich bin im Felde aufgewachsen, und ein Mann wie ich schert sich wenig um das Leben einer Million Menschen. [...] Die Franzosen können sich nicht über mich beklagen; um sie zu schonen, habe ich die Deutschen und die Polen geopfert. Ich habe in dem Feldzug von Moskau dreimalhunderttausend Mann verloren, und es waren nicht mehr als dreißigtausend Franzosen darunter."[80]

Urteile über Napoleon

So war es nicht verwunderlich, dass die Beurteilung Napoleons gerade in Deutschland sehr widersprüchlich ausfallen konnte. Der Dichter Heinrich von Kleist schrieb 1809 einen „Katechismus der Deutschen"; dort fragte der Vater den Sohn und dieser antwortete:

„Frage: Was hältst du von Napoleon, dem Korsen, dem berühmten Kaiser der Franzosen? [...] Antwort: Für einen verabscheuungswürdigen Menschen; für den Anfang alles Bösen und Ende alles Guten; für einen Sünder, den anzuklagen die Sprache der Menschheit nicht hinreicht, und den Engeln einst, am jüngsten Tage, der Odem [Atem] vergehen wird."[81]

Der 1822 geborene Arzt Adolf Kußmaul berichtete in seinen Jugenderinnerungen von 1889 hingegen, was ihm sein Vater einstmals vorgehalten hat:

„Wie gut ist es doch, dass du nicht vor 50 oder 60 Jahren zur Welt gekommen bist! Hättest du mit eigenen Augen das unglaubliche politische und wirtschaftliche Elend gesehen, worin wir damals steckten, so würdest du über Napoleon anders urteilen. Das heilige römische Reich war aus tausend Lappen und Läppchen zusammengesetzt. Hier saßen, hohl aufgeblasen im stolzen Gefühl ihrer Reichsunmittelbarkeit, aber in jämmerlich zerlumpten Gewändern, die Glieder und Stände des Reiches durcheinander: Herzöge und Fürsten, Grafen und Freiherren [...], Bischöfe und Äbte [...], freie Städte und Städtchen [...]. Aus dem politischen Elend floss das wirtschaftliche. Jedes Gebiet hielt fest an seinen Schlagbäumen [...] und legte Verkehr, Handel und Industrie des Nachbarn lahm [...]. Ich bin kein schlechterer Patriot als du, aber wir Alten bewahren Napoleon ein dankbares Andenken."[82]

Als Napoleon 1815 zum zweiten Mal die Herrschaft entwunden worden war, soll er im Rückblick auf seine Niederlage gesagt haben:

„Es gibt nur zwei Mächte in der Welt, den Säbel und den Geist. Auf die Dauer wird der Säbel immer vom Geist besiegt."[83]

Nahezu gleichzeitig hatte ein großer Bewunderer Napoleons, Georg Friedrich Wilhelm Hegel, einen ähnlichen Gedanken formuliert:

„Keine größeren Siege sind je gesiegt, keine genievolleren Züge je ausgeführt worden; aber auch nie ist die Ohnmacht des Sieges in einem helleren Lichte erschienen als damals. Die Gesinnung der Völker, d. h. ihre religiöse und die ihrer Nationalität, hat endlich diesen Koloss gestürzt [...]. Die Abstraktion des Liberalismus hat von Frankreich aus die romanische Welt durchlaufen, aber diese blieb durch religiöse Knechtschaft an politische Unfreiheit angeschmiedet. Denn es ist ein falsches Prinzip, dass die Fesseln des Rechts und der Freiheit ohne Befreiung des Gewissens abgestreift werden, dass eine Revolution ohne eine Reformation sein könne [...]. Äußere Übermacht vermag nichts auf die Dauer: Napoleon hat Spanien sowenig zur Freiheit als Philipp II. Holland zur Knechtschaft zwingen können."[84]

Wiener Kongress

Die Niederlage des Usurpators 1813 machte eine Neuordnung Europas notwendig. Sie sollte auf dem Wiener Kongress vollzogen werden, der von September 1814 bis zum Juni 1815 tagte, also schon abgeschlossen war, bevor Napoleon seine zweite und endgültige Niederlage 1815 bei Waterloo erlitt. Die Frage war, ob und wieweit die Ideen der Französischen Revolution in diese Erneuerung eingehen sollten und konnten. Die Erwartungen waren hoch, insbesondere bei den Teilnehmern der Befreiungskriege, die für Freiheit und Vaterland gegen Napoleon gezogen waren. Aber der europäische Kontinent außerhalb Frankreichs steckte noch tief in absolutistischen Vorstellungen, die in scharfem Kontrast zu den revolutionären Veränderungen standen, die in Frankreich vor sich gegangen waren und die Napoleon in Form rechtlicher und wirtschaftlicher, nicht aber politischer Veränderungen mitgebracht hatte.

Neue Ideen und alte Herrschaft

Französische Revolution	Situation in Deutschland
• Menschenrechte • Nationalstaat • Verfassungsstaat • Bürgerliche Gesellschaft • Politische Mitwirkung des Bürgertums	• Rechtsungleichheit • Fürsten- und Adelsherrschaften • Ständegesellschaft • Absolute Herrschaft • Politisch unmündiges Bürgertum
Große Leitideen eines Zeitalter	Überkommene Herrschafts- und Gesellschaftsstrukturen

Josef Görres formulierte 1814 im Vorfeld des Wiener Kongresses im „Rheinischen Merkur" seine Erwartungen an die politischen Akteure:

> „Deutschland steht harrend jetzt, was ihm für alle seine großen Opfer werden soll, dafür, dass es Gut und Blut [in den Befreiungskriegen gegen Napoleon] hingeopfert, will es eine gute Sache haben. Darum soll der Frieden ein Nationalwerk werden, wie man den Krieg auch zu einem Werk der Nation gemacht [...]. Damit aber der öffentliche Geist, wie er sich jetzt glücklicherweise in Deutschland entzündet hat, nachwirken könne, muss innerer ständischer Verfassung eine verfassungsmäßige Stimme und eine Einwirkung in das Getriebe der Staatsverwaltung gestattet werden."[85]

Wiener Kongress und Europa

Görres erwartete eine politische Gegenleistung für die in den Kriegen gebrachten Opfer in Form einer Verfassung und einer politischen Mitwirkung im Staate. Am Kongress nahmen Vertreter aller europäischen Staaten, Herrschaften, Körperschaften und Städte teil. Von Gewicht und führend waren vor allem England, Frankreich, Österreich-Ungarn, Preußen, Russland und der italienische Kirchenstaat. Das waren in der Mehrheit also Mitglieder, die eher eine Restauration der alten Verhältnisse anstrebten als politische und gesellschaftliche Formen zu finden, in denen die Ideen der Französischen Revolution hätten Wirklichkeit werden können. Vor allem aber waren sie bemüht, eine künftige Gestaltung Europas zu erzielen, die ihren politischen Interessen Rechnung trug. Auf der einen Seite standen England und Frankreich mit ihren schon konstitutionellen Monarchien, auf der anderen Österreich-Ungarn, Preußen und Russland, die noch absolutistisch regiert wurden. Im Streit um Polen und Sachsen stand Österreich-Ungarn auf der Seite Englands und Frankreichs. Innerhalb Mitteleuropas suchte es seine Vorrangstellung vor Preußen zu wahren. Insgesamt erstrebte man eine Staatenordnung, die vom Gleichgewicht der Mächte bestimmt sein sollte, um künftige Kriege zu verhindern. Von den zahlreichen territorialen Veränderungen seien diejenigen erwähnt, die für Deutschland und Österreich ins Gewicht fielen. Österreich verzichtete auf die spanischen Niederlande und zog sich damit aus Westeuropa zurück; Preußen erhielt große Gebietszuwächse im Westen Deutschlands. Es dehnte sich damit über ganz Deutschland aus, in dem es nun über zwei territoriale Schwerpunkte im Westen und im Osten verfügte. Die damit vorgezeichnete Tendenz, diese Gebiete zu verbinden und zu einem geschlossenen Territorium zu machen, gab der zukünftigen preußischen Politik damit eine Richtung.

Deutscher Bund

Die Herrschaft Napoleons bereitete dem Heiligen Römischen Reich 1803 mit dem Reichsdeputationshauptschluss und 1806 mit der Niederlegung der Kaiserkrone durch den österreichischen Kaiser ein Ende. Damit war der Status dieser dem Reich vormals angehörenden Länder neu zu bestimmen; ebenso musste geklärt werden, wer Rechtsnachfolger des Reiches sei. Diese Aufgabe wurde dem Kongress bereits durch den Pariser Frieden von 30. Mai 1814 zugewiesen. Der Kongress akzeptierte die Mediatisierungen des Hauptschlusses von 1803, ebenso die Säkularisierungen und die Souveränität der alten Rheinbundstaaten. Eine Erneuerung des Heiligen Römischen Reiches wurde nicht erwogen. Nur Freiherr vom Stein, der als russischer Gesandter am Kongress teilnahm, setzte sich dafür ein. So schlossen sich die neu entstandenen Länder mit den alten zu einem Deutschen Bund zusammen. Ursprünglich sollte der bundesstaatlich organisierte Bund eine starke Zentralgewalt erhalten, die Österreich und Preußen eine Vorherrschaft über die übrigen Bundesstaaten eingeräumt und sie damit praktisch mediatisiert hätte. Nicht nur der Widerstand der kleineren Staaten, vor allem aber der Konflikt zwischen Preußen und Österreich um Polen und Sachsen ließ diesen Plan scheitern, sodass am Ende nur ein loser Staatenbund ohne Zentralgewalt und ohne bundesstaatliche Organe übrigblieb. Als Nachklang der Freiheitskriege und der Französischen Revolution blieb allein die Bestimmung übrig, dass die Bundesmitglieder sich eine Verfassung geben sollten. Aber ausgerechnet die großen Mitglieder Preußen und Österreich kamen dieser Bestimmung nicht nach. Der Bund sollte nur defensiven Charakter haben und für die innere und äußere Sicherheit seiner Mitglieder zuständig sein. Damit wurde er zu einem Teil des europäischen Systems des Mächtegleichgewichts, obwohl er selbst keine eigenständige Außenpolitik treiben konnte. Dem Bund gehörten Österreich und Preußen nur mit seinen ehemals reichsdeutschen Gebieten an; Ost- und Westpreußen waren daher kein Teil des Deutschen Bundes. Dagegen waren der König von Großbritannien als König von Hannover, der König der Niederlande als Großherzog von Luxemburg und der König von Dänemark als Herzog von Holstein und Lauenburg Bundesfürsten und hatten Sitz und Stimme in der Bundesversammlung, dem Organ des Deutschen Bundes, der seinen Sitz in Frankfurt hatte. Es wurde eigens erklärt, dass der Deutsche Bund kein Rechtsnachfolger des Heiligen Römischen Reiches sei.

Plenum und Engerer Rat

Die Bundesversammlung, auch Bundestag genannt, bestand aus zwei Gremien: Dem Plenum und dem Engeren Rat. Im Plenum waren alle Staaten stimmberechtigt; die Anzahl ihrer Stimmen richtete sich nach der Bevölkerungszahl der Länder. Das Plenum umfasste 69 Mitglieder und tagte nicht ständig, sondern nach Bedarf. Es entschied über Grundsatzfragen wie die Einrichtung von Bundesorganen oder die Aufnahme neuer Mitglieder. Hierfür war ein einstimmiges Votum nötig. Der Engere Rat tagte regelmäßig und war für die laufenden Geschäfte zuständig. Er bestand aus 17 Mitgliedern. Da dies noch nicht einmal der Hälfte der Gesamtmitgliederzahl entsprach, mussten sich die kleineren Staaten eine Stimme teilen. Das waren die sog. Kuriatstimmen. In regelmäßigem Wechsel stellten sie einen Vertreter, der in ihrem Namen sprach und abstimmte. Über Virilstimmen verfügten dagegen die Länder, die groß genug waren, um ihre Stimmen nicht teilen zu müssen. Ein Mann (lat. vir) stimmte für ein Land.

Freiherr vom Stein war vom Deutschen Bund nicht begeistert; am 24. Juni 1815 schrieb er: Beurteilung

„Unsere neuen Gesetzgeber haben an die Stelle des alten Deutschen Reiches mit einem Haupte, gesetzgebender Versammlung, Gerichtshöfen, einer innern Einrichtung, die ein Ganzes bildete – einen Deutschen Bund gesetzt, ohne Haupt, ohne Gerichtshöfe, schwach verbunden für die gemeine Verteidigung. Die Rechte der Einzelnen sind durch nichts gesichert als die unbestimmte Erklärung, „dass es Landstände geben solle"; ohne dass etwas über deren Befugnisse festgestellt ist (Art. 13); und durch eine Reihe Grundsätze (Art. 18) über die Rechte jedes Deutschen, worunter man die Habeas corpus, die Abschaffung der Leibeigenschaft ausgelassen hat, und welche durch keine schützende Einrichtung verbürgt werden. Die Bildung des Bundestages [...] gestattet nur schwer eine für alle verbindliche Handlung, da die Fälle, welche Einstimmigkeit erheischen, so zahlreich und so unbestimmt ausgedrückt sind [...]. Von einer so fehlerhaften Verfassung lässt sich nur ein sehr schwacher Einfluss auf das öffentliche Glück Deutschlands erwarten."[86]

Inhaltliche und kompetenzorientierte Ergebnissicherung

Der Deutsche Bund	
• Loser Staatenbund ohne Zentralgewalt • Statt Volksvertretung Regierungsvertretung am Bundestag • Festhalten und Verklärung des Herrschaftsverständnisses von Gottes Gnaden • Keine individuellen Freiheits- und Mitwirkungsrechte	• Restauration im Ganzen und besonders in den großen Ländern Österreich und Preußen • Hervorrufung neuer Konflikte • Konservative Einrichtung • Im Widerspruch zu den Ideen der Französischen Revolution

Kompetenzorientierte Urteilsbildung

Betrachten wir den Deutschen Bund mit Hilfe unserer Kompetenzkategorien, müssen wir Karl vom Stein zustimmen. Keine der zentralen Ideen und Wertsetzungen der Neuzeit und der Französischen Revolution wurden in die Bundesakte aufgenommen: Die Herrschafts- und die Gesellschaftsform blieben die alten, von bürgerlicher Mitbestimmung oder den Menschenrechten war keine Rede. Statt eine Volkssouveränität zu begründen, hielt man an dem längst überholten Prinzip des Gottesgnadentums fest. Die Zielrichtung des Wiener Kongresses und des Deutschen Bundes war restaurativer Art. Sie kehrten im Wesentlichen zu den Verhältnissen vor der Französischen Revolution zurück und waren daher ungeeignet, eine Perspektive für eine ersprießliche Zukunftsgestaltung zu eröffnen. Lediglich die defensive Ausrichtung des Bundes, der einer aktiven Kriegsführung entgegen wirkte, kann aus europäischer Betrachtung begrüßt werden. Allerdings überließ der Bund damit die Europa- und Weltpolitik den anderen Staaten.

Heilige Allianz

Gut ein Vierteljahr nach Unterzeichnung der Schlussakte des Wiener Kongresses schlossen drei seiner bedeutendsten Teilnehmer ein neues Bündnis untereinander: Die sog. „Heilige Allianz".

> „Im Namen der Allerheiligsten und Unteilbaren Dreieinigkeit. Ihre Majestäten der Kaiser von Österreich, der König von Preußen und der Kaiser von Russland haben [...] die innige Überzeugung gewonnen, in ihren gegenseitigen Beziehungen den Verkehr auf die erhabenen Wahrheiten zu gründen, welche uns die unvergängliche Religion des göttlichen Heilandes lehrt [...].
>
> Artikel 1: Entsprechend den Worten der Heiligen Schrift, welche alle Menschen heißt, sich als Brüder zu betrachten, werden die drei Monarchen vereinigt bleiben durch die Bande einer wahren und unauflöslichen Brüderlichkeit, indem sie sich als Landsleute ansehen und sich bei jeder Gelegenheit und an jedem Ort Hilfe und Beistand leisten; indem sie sich ihren Untertanen und Heeren gegenüber als Familienväter betrachten, werden sie sie im Geiste der Brüderlichkeit lenken [...].
>
> Artikel 2: Infolgedessen wird als einziger Grundsatz, sei es zwischen den genannten Regierungen, sei es zwischen ihren Untertanen, gelten, dass sie [...] sich insgesamt nur als Glieder ein und derselben christlichen Nation betrachten, während die drei verbündeten Fürsten sich selbst nur als Beauftragte der Vorsehung ansehen, um drei Zweige ein und derselben Familie zu regieren."[87]

Kompetenzorientierte Urteilsbildung

Die Herrschaft wurde wieder auf Gott, genauer auf die „Allerheiligste und Unteilbare Dreieinigkeit" zurückgeführt, bei der der ideologische Anklang an die drei Kaiser den religiösen Bezug bei weitem übersteigt. Die „Brüderlichkeit" bezog sich auf die Herrscher selbst; der Begriff beinhaltete nichts weiter als eine sentimentale Phrase und hatte mit dem gleichlautenden Begriff der Französischen Revolution nichts gemein. Die Bürger waren wieder zu „Untertanen" geworden, auf eine gleiche Ebene mit den Heeren gestellt, die sich beide vertrauensvoll einem „väterlichen Willen" unterordnen sollten. Das Christentum erschien wieder als einigendes Band der Menschen und Völker; die Fürsten als Beauftragte Gottes, der zur abstrakten „Vorsehung" verblasst ist, was das einzig Neue dieses Dokuments darstellt. Ansonsten bleiben die Gedanken der Vergangenheit verbunden, als ob es eine Reformation, eine Aufklärung und eine Französische Revolution nie gegeben hätte. In der „Heiligen Allianz" fassten der Konservatismus und die politische Reaktion staatlich und international Fuß. Seine Stützen und Hauptvertreter waren Preußen, Österreich und Russland. England, dem das Parlament einen Beitritt verweigerte, und der Kirchenstaat, dessen päpstliches Oberhaupt das überkonfessionelle Konzept eines undifferenzierten Christentums ablehnte, blieben der Allianz fern; alle übrigen europäischen Staaten dagegen schlossen sich ihr an. Damit knüpfte der europäische Kontinent nicht nur an die vorrevolutionäre Vergangenheit an, sondern tat einen kräftigen Rückschritt in diese Vergangenheit, was zu den politischen und sozialen Problemen der nachfolgenden Zeit des Vormärz führen wird.

Europa und Deutschland nach dem Wiener Kongress		
Europa		Deutschland
Pentarchie	Heilige Allianz	Deutscher Bund
• England • Frankreich • Preußen • Österreich-Ungarn • Russland	• Preußen • Österreich-Ungarn • Russland	• 34 souveräne deutsche Staaten • 4 Reichsstädte
• Gleichgewicht der Mächte	• Gottesgnadentum • Patriarchalisches Herrschaftsverständnis • Konservativ-reaktionär	• Restaurativ • Praktischer Ausschluss Deutschlands aus der Europa- und Weltpolitik

Inhaltliche und kompetenzorientierte Ergebnissicherung

3.3 Die Zeit des Vormärz: Der Kampf zwischen Befreiung und Restauration

Die „Reichskutsche" im Vormärz

Eine Karikatur aus dem „Leuchtturm" von 1848, die das Zweikammersystem karikieren wollte, kann uns als metaphorische Visualisierung der gesamten Vormärzzeit dienen. Der Deutsche Bund, symbolisiert durch die Kutsche, wurde in zwei Richtungen getrieben: In eine reaktionär-konservative Vergangenheit, wobei sich die rückwärts gewandten Kräfte der Gesetzgebung des Bundes und des Machtapparats seiner konservativen Staaten bedienen konnten, und in eine liberale Zukunft, die durch diese konservative Gesetzgebung zunehmend in die Illegalität getrieben wurde.

Die liberale Strömung wurde zunächst von Studenten befördert. Sie gründeten ab 1815 eine neue Form von Studentenvereinigungen, die sog. Burschenschaften, die nicht mehr landsmännisch, sondern überregional organisiert waren, um so ihre nationale Zusammengehörigkeit zum Ausdruck zu bringen. Eine davon benutzte die Farben Schwarz-Rot-Gold, die zu den Farben des Liberalismus und des politischen Fortschritts wurden.

Wartburgfest

1817 kam es zu dem ersten Wartburgfest: Etwa 500 Studenten aus ganz Deutschland - das war etwa ein Achtel der gesamten deutschen Studentenschaft - versammelten sich auf der Wartburg bei Eisenach zum Gedenken an Luthers Thesenanschlag vor 300 Jahren und den Sieg über Napoleon 1813. Ihr Wahlspruch war „Ehre, Freiheit, Vaterland". Sie forderten in einer nach Abschluss des Festes verfassten Erklärung ein gemeinsames Vaterland für alle Deutschen, einen Verfassungsstaat, Gleichheit, verbriefte Rechte für den Einzelnen, einen einheitlichen Wirtschaftsraum usw. Damit hatten sie die Leitlinien der liberalen Bewegung für das nächste halbe Jahrhundert formuliert. Diese Erklärung, nicht das Fest selbst, das sich auf bescheidenem politischem Niveau bewegt hatte, war das Entscheidende des Burschenschaftstreffens. Preußen protestierte bei Herzog Karl August gegen den „Haufen verluderter Studenten und Professoren" und verlangte, die Universität Jena, dies „Asyl für

Staatsverbrecher", zu schließen. Der preußische König Friedrich Wilhelm III. verlangte ein Verbot aller Burschenschaften.

Karlsbader Beschlüsse

Am 23. März 1819 erstach der Jenaer Burschenschaftler Carl Ludwig Sand den konservativen Publizisten August von Kotzebue, der vor Napoleon nach Russland geflohen war und es dort zum russischen Staatsrat gebracht hatte. Dieser Mord gab Metternich und dem Deutschen Bund den Vorwand, scharf gegen Liberale und liberale Ideen vorzugehen. In Karlsbad wurden am 20. September 1819 folgende Beschlüsse vom Bundestag des Deutschen Bundes gefasst:

> „Die Bundesregierungen verpflichten sich gegeneinander, Universitäts- und andere öffentliche Lehrer, die durch erweisliche Abweichung von ihrer Pflicht oder Überschreitung der Grenzen ihres Berufes, durch Missbrauch ihres rechtmäßigen Einflusses auf die Gemüter der Jugend, durch Verbreitung verderblicher, der öffentlichen Ordnung und Ruhe feindseliger oder die Grundlagen der bestehenden Staatseinrichtungen untergrabender Lehren, ihre Unfähigkeit zur Verwaltung des ihnen anvertrauten [...] Amtes unverkennbar an den Tag gelegt haben, von den Universitäten und sonstigen Lehranstalten zu entfernen [...]. Ein [solcher] Lehrer darf in keinem anderen Bundesstaat bei irgendeinem öffentlichen Lehrinstitute wieder angestellt werden [...]. Solange der gegenwärtige Beschluss in Kraft bleiben wird, dürfen Schriften, die in der Form täglicher Blätter oder heftweise erscheinen, desgleichen solche, die nicht über 20 Bogen im Druck stark sind, in keinem deutschen Bundesstaate ohne Vorwissen und vorgängige Genehmhaltung der Landesbehörden zum Druck befördert werden."[88]

Damit war ein Berufsverbot für liberal gesinnte Lehrer an allen Schularten rechtlich verankert und eine staatliche Zensur von Druckerzeugnissen eingeführt. Die Auswirkungen dieser Beschlüsse beschrieb der spätere Vorsitzende der Paulskirche, Heinrich von Gagern, der 1823 aus den Niederlanden in die Heimat zurückkehrte:

Der Denkerclub
Karikatur von 1825

> „Die Ströme, die Berge, die alten Türme erkenne ich noch, aber die Menschen nicht mehr [...]. Als ich hier anfangs, noch unbekannt mit den neuen Verhältnissen, nach alter Gewohnheit von der Politik des Tages reden wollte, erhielt ich kaum eine Antwort; der Eine wich aus, der Andere brach ab, viele stahlen sich weg. – Wo niemand über öffentliche Angelegenheiten öffentlich spricht, da ist gewiss keine Freiheit; wenn aber gebildete Männer selbst in der Mitte ihrer Bekannten solche Gegenstände zu berühren vermeiden [...], dann hat entweder die feige Selbstsucht oder der Despotismus den Gipfel erreicht [...]. Überall ist die Polizei mit ihren Spionen tätig – selbst die Briefe werden geöffnet. Eine eigene Inquisition ist eingerichtet, um Verschwörungen nachzuspüren, die nirgends existieren [...]. Daher liefern die Berichte der Mainzer Kommission nichts als Thermometer des Hasses, und den Maßstab wie sehr der gegenwärtige Zustand im Widerspruch ist mit den Meinungen und Wünschen aller."[89]

Wahnideen zur Staatssicherheit, wie wir heute sagen würden, unterdrückten die freie Meinungsäußerung und standen im Widerspruch zu den Forderungen der Zeit, „den Meinungen und Wünschen aller", wie von Gagern glaubte. In Karikaturen wie dem „Denkerclub" wurde vorgezeichnet, wie künftig auch das Denken verboten werden sollte.

Julirevolution in Frankreich

Elf Jahre nach Verabschiedung der Karlsbader Beschlüsse brach in Frankreich eine zweite Revolution aus. Die reaktionäre Politik des französischen Königs Karls X., der versuchte, die alte Adelsherrschaft wieder herzustellen, brachte im Juli 1830 erneut das Bürgertum auf die Straße: Handwerker, Arbeiter und Studenten, die sich einer Zwangsauflösung des Parlaments widersetzten. Karl wurde zur Abdankung gezwungen und floh nach England. Eine „Jakobinisierung" Frankreichs war aber wegen einer möglichen Intervention der Heiligen Allianz nicht möglich, daher konnte das Großbürgertum seine Vorstellungen durchsetzen. Es brachte einen Vetter des Königs auf den Thron: Louis Philippe von Orléans, den sog. „Bürgerkönig".

Hambacher Fest

Die französische Julirevolution gab auch der deutschen liberalen Bewegung neuen Schwung. 1832 hatten die Schriftsteller Philipp Jacob Siebenpfeiffer und Johann Georg Wirth einen „Deutschen Press- und Vaterlandsverein" gegründet. Sie reagierten damit auf die 1830 in der Pfalz, die seit dem Wiener Kongress zu Bayern gehörte, eingeführte Pressezensur und auf eine weitere Einschränkung der noch aus französischer Zeit stammenden Freiheitsrechte. Da eine politische Kundgebung verboten war, luden sie zu einem „Volksfest" ein, das am 27. Mai 1832 auf dem Hambacher Schloss gefeiert werden sollte. Etwa 30 000 Menschen folgten der Einladung: Studenten, Abgeordnete, Franzosen, Polen; auch Frauen waren zugegen, da sie eigens dazu eingeladen wurden, um ihrer zurücksetzenden Behandlung öffentlich entgegenzuwirken.

> „Es wird kommen der Tag, der Tag des edelsten Siegstolzes, wo der Deutsche vom Alpengebirge und der Nordsee, vom Rhein, der Donau und der Elbe den Bruder im Bruder umarmt, wo die Zollstöcke und die Schlagbäume, wo alle Hoheitszeichen der Trennung und Hemmung und Bedrückung verschwinden samt den Konstitutiönchen, die man etlichen mürrischen Kindern der großen Familie als Spielzeug verlieh; wo freie Straßen und freie Ströme den freien Umschwung aller Nationalkräfte und -säfte bezeugen; wo die Fürsten die bunten Hermeline feudalistischer Gottstatthalterschaft mit der männlichen Toga deutscher Nationalwürde vertauschen und der Beamte, der Krieger, statt mit der Bedientenjacke des Herrn und Meisters, mit der Volksbinde sich schmückt; wo nicht 34 Städte und Städtlein, von 34 Höfen das Almosen empfangend, um den Preis hündischer Unterwerfung, sondern wo alle Städte, frei emporblühend aus eigenem Saft, um den Preis, patriotischer Tat ringen; wo jeder Stamm, im Innern frei und selbständig, zu bürgerlicher Freiheit sich entwickelt und ein starkes, selbstgewobenes Bruderband alle umschließt zu politischer Einheit und Kraft; wo die deutsche Flagge, statt Tribut an Barbaren zu bringen, die Erzeugnisse unseres Gewerbefleißes in fremde Weltteile geleitet und nicht mehr unschuldige Patrioten für das Henkerbeil auffängt, sondern allen freien Völkern den Bruderkuss bringt. [...] Es lebe das freie, einige Deutschland! Hoch leben die Polen, der Deutschen Verbündete! Hoch leben die Franken, der Deutschen Brüder, die unsere Nationalität und Selbständigkeit achten! Hoch lebe jedes Volk, das seine Ketten bricht und mit uns den Bund der Freiheit schwört! Vaterland–Volkshoheit–Völkerbund hoch!"[90]

Ein glühender Idealismus schlug den Zuhörern aus Siebenpfeiffers Rede entgegen. Mit Selbstbewusstsein sollte die Freiheit errungen, eine Vaterlandsliebe gepflegt werden, die frei von nationalem Hass und nationalem Egoismus war. Bürgerrechte und eine Neuordnung Europas auf der Grundlage gleichberechtigter Völker wurden verlangt; ferner Volkssouveränität, religiöse Toleranz und eine Gleichberechtigung der Frauen. Die Beschlüsse des Wiener Kongresses erschienen in all ihrer Grauheit und Herzensträgheit gegenüber diesen in Hambach entwickelten Gefühlen für eine nationale und europäische Zukunft. Es wurde deutlich, wo in Wahrheit das Herz der politischen Zukunft und einer menschenwürdigen Gesellschaft schlug. Zum ersten Mal wurden in größerer Zahl die schwarz-rot-goldenen Fahnen mitgeführt, die nun zum Symbol für das Streben nach Freiheit, Bürgerrechten und nationaler Einheit geworden waren; einem Nationalbewusstsein, das sich nicht abgrenzte von den anderen Nationen, sondern sich ihnen öffnete und zuwandte. Hierin lag ein zentraler Unterschied zu dem Nationalismus der zweiten Hälfte des 19. oder dem des 20. Jahrhunderts.

Frankfurter Wachensturm

Im Gefolge des Hambacher Festes verschärften sich die staatlichen Repressionen noch weiter. Siebenpfeiffer und Wirth mussten in die Schweiz fliehen; viele Teilnehmer wurden verfolgt, angeklagt, inhaftiert und zum Tode verurteilt. In Reaktion auf dieses massive Vorgehen konstituierte sich am 22. Juli 1832 in Frankfurt am Main ein neues Zentralkomitee des Press- und Vaterlandsvereins. Im August einigte man sich, Vorbereitungen für einen bewaffneten Aufstand zu treffen. Er sollte in Frankfurt, dem Sitz des Bundestages, beginnen. Der Beginn des Aufstandes wurde auf Anfang April 1833 festgelegt. Im Dezember beschloss ein Burschentag, die Burschenschaften nach dem Vorbild der Französischen Revolution in politische Clubs umzuwandeln. Am 3. April 1833 war es dann soweit. Burschenschaftler und andere Aufständische stürmten die Frankfurter Wachen und wollten sich die dort verwahrten Waffen und die Bundeskasse aneignen. Sie führten ihr Vorhaben aus, obwohl sie wussten, dass ihr Plan bereits im Vorfeld verraten worden war. Sie hofften, dass die Erstürmung der Wachen zum Signal für eine Erhebung der Bauern und Bürger werden würde. Diese Unterstützung blieb aber aus. Das Militär, das die Aufständischen schon erwartete, hatte daher keine Probleme, den Aufstand niederzuschlagen. Der Bund ordnete eine Bundesexekution gegen Frankfurt an, in der künftig eine Garnison mit 2 500 österreichischen und preußischen Soldaten stationiert wurde.

Inhaltliche Ergebnissicherung

Restauration	Liberalismus
1819 Karlsbader Beschlüsse	1817 Wartburgfest 1832 Hambacher Fest 1833 Sturm auf die Frankfurter Wachen
• Staatliche Überwachung und Bespitzelung der Bevölkerung • Pressezensur • Berufsverbot für freiheitlich gesonnene Lehrer in allen Bundesstaaten • Festhalten an den Prinzipen ständischer und absoluter Herrschaft	• Freiheit • Gleichheit • Demokratische Mitbestimmung • Verfassungsstaat • Volkssouveränität • Nationalstaat ohne Nationalismus • Gemeinsames Vaterland
• Fürsten und Adel im Besitz der staatlichen Macht	• Bürger und Volk ohne staatliche Macht

3.4 1848/49: Die erste demokratische Revolution in Deutschland

3.4.1 Der Weg in die Paulskirche

Februarrevolution in Frankreich

1848 erlebte Frankreich die dritte Revolution. Der Grund war, dass der „Bürgerkönig" Louis-Philippe sich immer mehr von seinen liberalen Wurzeln entfernte und sich der Heiligen Allianz anschloss. Daraufhin setzten ihn die Bürger ab und riefen die Zweite Französische Republik kam. Zum Präsidenten der Republik wählten sie einen Neffen Napoleons, Louis Napoleon Bonaparte, der drei Jahre später als Napoleon III. das Zweite Kaiserreich begründen sollte. Die Februarrevolution in Frankreich gab den Anstoß zu den Märzrevolutionen in Deutschland.

Hungerrevolten

In Deutschland prägten Hungersnöte das Jahr 1847. Sie waren das Ergebnis einer Missernte des vorausgegangen Jahres, aber auch des zunehmenden Massenelends in Folge der Bevölkerungszunahme und der Industrialisierung. Bereits 1844 hatte die Not der schlesischen Weber zu Revolten geführt, denen Heinrich Heine ein dichterisches Denkmal setzte.

Heinrich Heine

Heinrich Heine: Die schlesischen Weber

Im düstern Auge keine Träne,
Sie sitzen am Webstuhl und fletschen die Zähne:
Deutschland, wir weben dein Leichentuch,
Wir weben hinein den dreifachen Fluch –
Wir weben, wir weben!
Ein Fluch dem Gotte, zu dem wir gebeten
In Winterskälte und Hungersnöten,
Wir haben vergebens gehofft und geharrt,
Er hat uns geäfft und gefoppt und genarrt –
Wir weben, wir weben!
Ein Fluch dem König, dem König der Reichen,
Den unser Elend nicht konnte erweichen,
Der den letzten Groschen von uns erpresst
Und uns wie Hunde erschießen lässt –
Wir weben, wir weben!
Ein Fluch dem falschen Vaterlande,
Wo nur gedeihen Schmach und Schande,
Wo jede Blume früh geknickt,
Wo Fäulnis und Moder den Wurm erquickt –
Wir weben, wir weben!
Das Schiffchen fliegt, der Webstuhl kracht,
Wir weben emsig Tag und Nacht –
Altdeutschland, wir weben dein Leichentuch,
Wir weben hinein den dreifachen Fluch –
Wir weben, wir weben!

Heinrich Heine machte die politische Dimension der sozialen Unruhen erschütternd deutlich: Sein dreifacher Fluch galt Gott, dem König und dem falschen Vaterlande. Der Hunger hatte auch einen sozial-politischen Grund: Die Grundlagen der Gesellschaft stimmten nicht mehr und bedurften einer radikalen Erneuerung. Statt Reformen und Brot schickte der preußische König aber Soldaten, die die Hungerrevolten niederschlugen. Das waren ungeeignete Mittel, die im Gegenteil die Unzufriedenheit weiter anfachten und zeigten, dass der König wenig Verständnis für seine Untertanen hatte.

Offenburger Programm

Im deutschen Südwesten erhob die Revolution bereits 1847 ihr Haupt. Radikale Demokraten formulierten am 12. September im badischen Offenburg ihr politisches Programm:

„Art. 2. Wir verlangen Pressfreiheit: Das unveräußerliche Recht des menschlichen Geistes, seine Gedanken unverstümmelt mitzuteilen, darf uns nicht länger vorenthalten werden.

Art. 3. Wir verlangen Gewissens- und Lehrfreiheit. Die Beziehungen des Menschen zu seinem Gott gehören seinem innersten Wesen an, und keine äußere Gewalt darf sich anmaßen, sie nach ihrem Gutdünken zu bestimmen. Jedes Glaubensbekenntnis hat daher Anspruch auf gleiche Berechtigung im Staat. Keine Gewalt dränge sich mehr zwischen Lehrer und Lernende. Den Unterricht scheide keine Konfession. [...]

Art. 5. Wir verlangen persönliche Freiheit. Die Polizei höre auf, den Bürger zu bevormunden und zu quälen. Das Vereinsrecht, ein frisches Gemeindeleben, das Recht des Volks, sich zu versammeln und zu reden, das Recht des Einzelnen, sich zu ernähren, sich zu bewegen und auf dem Boden des deutschen Vaterlandes frei zu verkehren, seien hinfür ungestört.

Art. 6. Wir verlangen Vertretung des Volks beim Deutschen Bund. Dem Deutschen werde ein Vaterland und eine Stimme in dessen Angelegenheiten. Gerechtigkeit und Freiheit im Innern, eine feste Stellung dem Ausland gegenüber gebühren uns als Nation. [...]

Art. 8. Wir verlangen eine gerechte Besteuerung. Jeder trage zu den Lasten des Staats nach Kräften bei. An die Stelle der bisherigen Besteuerung trete eine progressive Einkommenssteuer.

Art. 9. Wir verlangen, dass die Bildung durch Unterricht allen gleich zugänglich werde. Die Mittel dazu hat die Gesamtheit in gerechter Verteilung aufzubringen. [...]

Art. 13. Wir verlangen Abschaffung aller Vorrechte. Jedem sei die Achtung freier Mitbürger einziger Vorzug und Lohn.“[91]

Damit waren die politischen und gesellschaftlichen Forderungen formuliert, die ab März 1848 an vielen Stellen in Deutschland in gleicher oder ähnlicher Form erhoben wurden: Die sog. Märzforderungen. Es sind die Punkte, die wir heute als selbstverständliche Grundrechte kennen. Besonders erwähnt sei das in Art. 5 formulierte Recht, „sich zu ernähren“, das Recht einer Grundsicherung, das bis heute nicht in den Kanon der selbstverständlichen Grundrechte aufgenommen wurde.

Inhaltliche und kompetenzorientierte Ergebnissicherung

Offenburger Programm vom 12.9.1847	
Grundrechtsforderungen	Politische Forderungen
• Pressefreiheit • Religionsfreiheit • Freiheit von Lehre und Forschung • Persönliche Freiheit • Redefreiheit • Versammlungsfreiheit • Freizügigkeit • Grundsicherung des Daseins	• Volksvertretung beim Deutschen Bund • Ein Vaterland, d. h. ein Nationalstaat • Ein nach außen starker Staat • Gerechtigkeit und Freiheit im Innern • Gerechte Besteuerung in Form einer Progressionssteuer • Steuerfinanzierte Bildung für alle • Abschaffung aller Vorrechte

Südwesten

Das waren zukunftsweisende Forderungen – die Leitideen eines Zeitalters, wie wir sie aus der Französischen Revolution kennen. Nach den revolutionären Ereignissen in Frankreich wurden im März 1848 in ganz Deutschland Petitionen verfasst und Flugblätter verteilt, die diese Forderungen zum Inhalt hatten. Und es stellten sich, für alle überraschend, in atemberaubendem Tempo Erfolge ein. Die Kleinstaaten im Südwesten, die die Speerspitze politischer Ideen und Veränderungen in Deutschland waren, erkämpften sich liberale Minister, die die Märzforderungen umsetzten.

Wien

In Wien gab es Demonstrationen; Barrikaden wurden errichtet und blutige Straßenkämpfe ausgefochten. Metternich, das Symbol der Restauration und Reaktion, wurde am 13.3.48 entlassen und musste fliehen. In einer neu geschaffenen Nationalgarde kämpften bewaffnete Bürger; die Presse wurde von der Zensur befreit und der Kaiser versprach eine Verfassung.

In Wien zeigten sich aber auch die ersten Probleme. Neben den liberalen Forderungen wurden zugleich auch nationalstaatliche gestellt: Ungarn verlangte nach Selbstständigkeit und einem eigenen Parlament; Venedig rief die Republik aus; Mailand vertrieb die Österreicher; in Prag brach ein nationaler Aufstand los. Damit zeichnete sich eine existenzielle Gefahr für den Bestand Österreich-Ungarns und ein symptomatisches Problem für die Revolution ab. Die liberalen Ideen verbanden sich mit den nationalstaatlichen; aber niemand stellte die Frage, ob sich die beiden Forderungen vertragen oder nicht vielmehr in einem inneren Widerspruch stehen, sodass die die einen die anderen gefährden, vielleicht sogar ausschließen.

Berlin

Auch in Berlin hielt die Revolution Einzug. Barrikaden wurden gebaut und Straßenkämpfe ausgefochten. Auf dem Schlossplatz feierten 2000 wohlgekleidete Bürger, jauchzten und jubelten. Doch dann erschienen Soldaten; zwei Schüsse fielen. Es kam zu Tumulten und Kämpfen – gehacktes Blei und heißes Wasser auf der einen, ein brutaler Bajonetteinsatz auf der anderen Seite. Der König befahl erschreckt den Rückzug der Soldaten und eine Bürgermiliz besetzte den Platz. Die Aufständischen zwangen den König, die Gefallenen, die man in das Schloss geschleppt hatte, mit entblößtem Haupte zu ehren: „Landesvater, das sind deine Kinder."

Am 21. März hielt König Friedrich Wilhelms IV. nachfolgende Rede; er erinnerte dabei an seinen Vater Friedrich Wilhelm III. und die Befreiungskriege gegen Napoleon:

> „An mein Volk und die deutsche Nation! Mit Vertrauen sprach der König vor 35 Jahren in den Tagen hoher Gefahr zu seinem Volke, und sein Vertrauen ward nicht zuschanden; der König, mit seinem Volke vereint, rettete Preußen und Deutschland vor Schmach und Erniedrigung. Mit Vertrauen spreche ich heute, im Augenblicke, wo das Vaterland in höchster Gefahr schwebt, zu der deutschen Nation, unter deren edelste Stämme mein Volk sich mit Stolz rechnen darf. Deutschland ist von innerer Gärung ergriffen und kann durch äußere Gefahr von mehr als einer Seite bedroht werden. Rettung aus dieser doppelten dringenden Gefahr kann nur aus der innigsten Vereinigung der deutschen Fürsten und Völker unter einer Leitung hervorgehen. Ich übernehme heute diese Leitung für die Tage der Gefahr. Mein Volk, das die Gefahr nicht scheut, wird mich nicht verlassen, und Deutschland wird sich mir mit Vertrauen anschließen. Ich habe heute die alten deutschen Farben ange-

nommen und mich und mein Volk unter das ehrwürdige Banner des deutschen Reiches gestellt. Preußen geht fortan in Deutschland auf."[92]

Der König versprach die Leitung eines deutschen Nationalstaats zu übernehmen und die Märzforderungen zu erfüllen. Am Tag darauf zeigte er sich auf der Straße mit einer schwarz-rot-goldenen Binde am Arm. Auch in Preußen schien die Revolution gesiegt zu haben.

Bedenken

Aber war dem schnellen Erfolg zu trauen? Noch vor einem Jahr hatte derselbe Friedrich Wilhelm erklärt:

„Es drängt Mich zu der feierlichen Erklärung, dass es keiner Macht der Erde je gelingen soll, Mich zu bewegen, das natürliche, gerade bei uns durch eine innere Wahrheit so mächtig machende Verhältnis zwischen Fürst und Volk in ein [...] konstitutionelles zu wandeln, und dass Ich es nun und nimmermehr zugeben werde, dass sich zwischen unserem Herrgott im Himmel und diesem Lande ein beschriebenes Blatt, gleichsam als eine zweite Vorsehung eindränge, um uns mit seinen Paragraphen zu regieren und durch sie die alte heilige Treue zu ersetzen."[93]

Bemerkenswert ist eine Beobachtung, die die Schriftstellerin Fanny Lewald machte und in ihren Erinnerungen zum 11. April 1848 niederschrieb:

„Was mir aber [...] schmerzlich auffiel, das ist der Mangel an Freudigkeit über den Sieg, der fehlende Schwung des Enthusiasmus, die mich in Paris so sehr überraschten. Keine begeisternden Lieder, keine jener siegestrunkenen Zurufe, welche dort von Mund zu Mund gingen und so elektrisch wirkten. [...] Das aber ist noch nicht das Schlimmste. Was mich beängstigt, ist das Gefühl der Unsicherheit, das ich hier an so vielen Menschen wahrnehme und von dem in Paris keine Spur vorhanden war. [...] der Untertänigkeitsgeist eines absolutistisch regierten Volkes, die Angst vieler Besitzenden vor möglichen Verlusten und der weit verzweigte bürokratische Kastengeist sind [...] noch [...] nicht überwunden."[94]

Inhaltliche Ergebnissicherung

Schnelle Erfolge der Revolution		
Kleinstaaten im Südwesten	Wien	Berlin
• Liberale Ministerien • Umsetzung der Märzforderungen	• Entlassung Metternichs • Bewilligung einer Nationalgarde • Aufhebung der Zensur • Versprechen einer Verfassung	• Versprechen eines Nationalstaats • Versprechen, die Märzforderungen erfüllen • „Preußen geht fortan in Deutschland auf"
Umsetzung	Versprechungen	Versprechungen
Aber: • Sind die Veränderungen von Bestand, wenn evtl. die großen Staaten nicht mitgehen?	Aber: • Mit den liberalen werden auch nationalstaatliche Forderungen gestellt • Sie gefährden den Bestand Österreich-Ungarns	Aber: • Friedrich Wilhelm versteht sich als absoluter Herrscher von Gottes Gnaden • Unsicherheit und Zögerlichkeit beim Volk

Dennoch kam es zur Errichtung eines Vorparlaments (31. März bis 3. April 1848), zu allgemeinen und freien Wahlen und am 19. Mai 1848 zur Einberufung einer Nationalversammlung in der Frankfurter Paulskirche.

3.4.2 Zusammensetzung und Arbeitsweise der Nationalversammlung

In die Nationalversammlung wurden 831 Abgeordnete gewählt, von denen aber selten mehr als 500 gleichzeitig anwesend waren. Es gab noch keine Parteien, sondern nur Personengruppierungen, die sich in bestimmten Lokalitäten und Lokalen trafen, nach denen sie sich benannten oder benannt wurden:

Politische Gruppierungen

Politische Gruppierungen in der 1848-Revolution		
Republikaner/Demokraten (Die „Ganzen")	**Liberale (Die „Halben")**	**Konservative**
• Deutscher Hof • Donnersberg • Nürnberger Hof • Westendhall	• Casino • Württemberger Hof • Augsburger Hof • Landsberg • Pariser Hof	• Steinernes Haus • Café Milani

Politische Zusammensetzung der Nationalversammlung

Politische Zusammensetzung der Nationalversammlung 1848		
Republikaner/Demokraten	**Liberale**	**Konservative**
• Republik • Keine Zusammenarbeit mit den Fürsten • Zentralstaat • Zentralregierung • Parlament in Frankfurt	• Konstitutionelle Monarchie • Sicherung der Rechte des Volkes • Bundesstaat	• Reform des Deutschen Bundes • Verfassung für den Deutschen Bund • Erhalt der absoluten Fürstenmacht
140 Abgeordnete	220 Abgeordnete	40 Abgeordnete

Undemokratische Arbeitsweise

Die politischen Vorstellungen und die Ziele der drei großen Abgeordnetengruppierungen waren sehr unterschiedlich und nicht zu vereinbaren. Eine Kompromisslösung boten die Liberalen an, die nach unseren heutigen Vorstellungen auch über eine klare absolute Mehrheit verfügten. Mit 220 gegen 180 Stimmen hätten sie ihre liberalen Positionen problemlos durchsetzen können. Aber, so merkwürdig es klingen mag, die Akzeptanz des Mehrheitsprinzips war in der Frankfurter Nationalversammlung noch nicht angekommen. Die Abgeordneten wollten nicht das Mehrheitsfähige, sondern das nach ihrer Ansicht politisch Richtige durchsetzen. So drohten die Linken, die Tätigkeit des Parlaments zu lähmen, seine Pläne und Absichten zu vereiteln oder ins Endlose hinauszuziehen. Sie störten Abläufe und Redner, stellten endlose Zwischenanträge usw. Die Diskussionen arteten gelegentlich in Tumulte aus. Eine Grundvoraussetzung der Demokratie, auch eine andere Meinung zu respektieren, war noch nicht entwickelt; stattdessen wurde die Neigung sichtbar, die eigene Denkweise moralisch zu verabsolutieren, eine andere dagegen zu diskreditieren. Der Gedanke wurde mit der Person identifiziert; die Qualität seines Inhalts auf die Qualität der Person übertragen. Die Freiheit des Denkens vertrug sich noch nicht mit der Unantastbarkeit der Person; die Menschenrechte wurden noch nicht wirklich verstanden. Viele Stimmen beklagten diese Unzulänglichkeit:

- „Wenn wir anfangen, so zu beraten, so geht der gesetzgebende Körper seiner Auflösung entgegen"
- „Es ist in Deutschland schon viel Gutes daran gescheitert, dass man für eine gute Sache nicht die richtige Form gefunden hat. Lassen Sie uns nicht in denselben Fehler verfallen"
- „Die schönen Reden müssen einmal aufhören, denn die heutigen Verhandlungen haben bewiesen, dass man viele schöne Reden halten kann, ohne eine einzige Tat zu vollbringen"
- „Redner, Vielredner und viele Redner, selbst Possenreißer fehlten dieser ersten Zusammenkunft nicht, wohl aber alle Würde."[95]

Das war ein unglücklicher Auftakt der deutschen Demokratie, der nicht geeignet war, Vertrauen zu erzeugen. An diesem parlamentarischen Unbehagen litt die deutsche Demokratie bis mindestens in die Weimarer Republik, wie wir noch sehen werden. Bismarck formulierte später dieses Defizit scharf und markant:

> „Liberale und Konservative waren darüber einig, je nach dem Fraktionsinteresse mich zu verbrauchen, fallen zu lassen und anzugreifen. Die Frage, ob es dem Lande, dem allgemeinen Interesse nützlich sei, wird theoretisch natürlich von jeder Fraktion als die dominierende bezeichnet, und jede behauptet, dass sie eben auf dem Fraktionswege das Wohl der Gesamtheit suche und finde. In der Tat aber ist mir der Eindruck verblieben, dass jede unsrer Fraktionen ihre Politik betreibt, als ob sie allein da sei, ohne Rücksicht auf das Ganze und auf das Ausland sich auf ihrer Fraktionsinsel isoliert. [...] In unsern Fraktionen ist der eigentliche Kristallisationspunkt nicht ein Programm, sondern eine Person, ein parlamentarischer Condottiere. Auch die Beschlüsse entspringen nicht aus den Ansichten der Mitglieder, sondern aus dem Willen des Führers beziehungsweise eines hervorragenden Redners, was in der Regel zusammenfällt. Der Versuch einzelner Mitglieder, gegen die Fraktionsleitung, gegen den schlagfertigeren Redner aufzukommen, ist mit so viel Unannehmlichkeiten, mit Niederlage in der Abstimmung, mit Störungen in dem täglichen, gewohnten Privatverkehr verbunden, dass schon ein recht selbstständiger Charakter dazu gehört, eine von der Fraktionsleitung abweichende Meinung zu vertreten; und Charakter genügt nicht, wenn nicht ein ausreichendes Maß von Wissen und Arbeitskraft hinzukommt."[96]

3.4.3 Aufgaben der Nationalversammlung

Die Nationalversammlung hatte drei grundlegende Aufgaben zu lösen:

- Eine vorläufige Regierung für ganz Deutschland zu bilden
- Die Grenzen des künftigen Staatsgebiets zu bestimmen
- Die Natur des zu schaffenden Staates festzuschreiben; dazu musste eine Verfassung erarbeitet werden.

Bildung einer Zentralgewalt

Eine Zentralgewalt zu bilden, war das Kernstück der Revolution. Mit ihr wäre die Macht an die Nationalversammlung und damit an die Bürger übergegangen. „Wer soll die Zentralgewalt schaffen?", fragte Wilhelm Heinrich von Gagern, der Präsident der Nationalversammlung, am 24. Juni 1848 und gab zugleich die Antwort: „Ich tue einen kühnen Griff, und ich sage Ihnen: Wir müssen die provisorische Zentralgewalt selbst schaffen."[97] Auf dem Hintergrund einer Revolution wäre dies, was Heinrich von Gagern einen „kühnen Griff" nannte, eigentlich eine bare Selbstverständlichkeit gewesen. Diese Aussage beleuchtete die Situation der Revolution schlaglichtartig. Sie zeigte, dass den Revolutionären doch der Schwung und der Mut fehlten, die für eine Revolution erforderlich waren, und dass sie die Situation in Deutschland sehr real einschätzten. Denn die Schaffung einer Zentralregierung bedeutete nichts anderes als die Entmachtung der Fürsten des Reiches - einschließlich des preußischen Königs und ggf. des österreichischen Kaisers. Daher war der Griff in der Tat sehr kühn. Denn, dass die Fürsten dabei tatenlos zusehen sollten, war nicht zu erwarten. Ihre Entmachtung wäre aber das Merkmal einer Revolution und vor allem die erste Voraussetzung zu ihrem Gelingen gewesen.

Reichsverweser Erzherzog Johann

Was taten die Revolutionäre stattdessen? Sie ließen die Fürstenmacht zunächst unangetastet und wählten am 30. Juni 1848 den jüngeren Bruder des letzten Kaisers des alten Reichs, Erzherzog Johann von Habsburg, zum Reichsverweser. Die Liberalen konnten damit ihre Vorstellungen von einer konstitutionellen Monarchie weiterpflegen. Und das Prinzip der Wahl wäre der neuen Souveränitätsvorstellung gerecht geworden. Damit schien die Wahl ein kluger Schritt, der die Revolution der Gewaltsamkeit entkleidete und einer Reform annäherte. Doch war damit auch das Scheitern der Revolution vorprogrammiert. Denn, dass die Fürsten diesen friedlichen Weg mitgehen würden, war nicht zu erwarten.

Schwäche der Regierung

Zunächst empörten sich die radikalen Demokraten, da sie die Wahl eines Fürsten als Verrat am Volk und an der Revolution betrachten. Auf der anderen Seite erntete Johann den Spott der Adligen, die ihn als „Abtrünnigen" und „Reichsvermoderer" verunglimpften. Immerhin erkannten die deutschen Staaten die Wahl an und übertrugen Johann die Befugnisse des alten Bundestages. Aber welche reale Macht hatten der Reichsverweser und die Regierung der Nationalversammlung? Sie verfügten über kein Heer und keinen Verwaltungsapparat und konnten gegen den Willen der Länder und der Fürsten nichts unternehmen. Die Revolution war damit auf die Zustimmung derer angewiesen, gegen die sie gerichtet war. Das konnte nicht gut gehen. So erinnerte der preußische König den Präsidenten der Nationalversammlung unumwunden und fast schon drohend: „Vergessen Sie nicht, dass es noch Fürsten in Deutschland gibt und dass ich einer davon bin."[98] Die Nationalversammlung wollte aber die Revolution per Antrag fortsetzen: „Die Nationalversammlung fordert die Fürsten auf, offen zu erklären, dass sie sich der Entscheidung der Nationalversammlung mit Vertrauen unterwerfen."[99] Aber von Gagern ließ den Antrag erst gar nicht zu, da er eine erste und ernste Niederlage der Nationalversammlung fürchtete, wenn sich die Fürsten weigern sollten, der Forderung nachzukommen. Als Johann dann die Bundesstaaten aufforderte, ihre Truppen dem Reichsoberhaupt huldigen zu lassen, befolgten dies nur die Kleinstaaten, nicht aber Österreich und Preußen. Und nach deren Weigerung zogen auch die Kleinstaaten ihre Zustimmung wieder zurück.

Inhaltliche Ergebnissicherung

Bildung einer Regierung für ganz Deutschland		
30.6.1848 Wahl eines Reichsverwesers:		
Erzherzog Johann von Habsburg, der jüngere Bruder des letzten Kaisers des alten Reichs		
Akzeptanz	Ablehnung	
• Liberale • Kleinstaaten	• Demokraten • Wahl eines Fürsten sei Verrat an der Revolution	• Konservative • Spott über Johann: „Abtrünniger“, „Reichsvermoderer“
Problem der neuen Regierung: • Kein Heer und kein Verwaltungsapparat • Reichsverweser, Regierung und Nationalversammlung können gegen den Willen der Länder und der Fürsten nichts unternehmen		

Schaffung eines Reichsgebietes

Die zweite große Aufgabe der Nationalversammlung war die Schaffung eines Reichsgebietes. Wo sollten die Grenzen des neuen Reiches liegen? Diese Frage betraf vor allem die großen Staaten Preußen und Österreich, deren Grenzen über die des Deutschen Bundes hinausgingen. Drei prinzipielle Möglichkeiten waren hier zu erwägen:

- Ein Reich mit sämtlichen Staaten ohne Einschränkungen, also mit den nichtdeutschsprachigen Teilen Preußens und dem gesamten Österreich-Ungarn
- Ein Reich, das alle deutschsprachigen Länder und Landesteile umfasst: Eine großdeutsche Lösung
- Ein Reich mit allen deutschen Ländern und dem gesamten Preußen, aber ohne Österreich-Ungarn: Eine kleindeutsche Lösung.

Der Abgeordnete Alfred Ritter von Arneth, ein Beamter und Historiker aus Wien, trat für die erste Möglichkeit ein:

Reich mit Österreich-Ungarn

„Der Österreicher, meine Herren, ist deutsch, er will es bleiben; er ist diese seine deutsche Gesinnung vielleicht schon mehr als mancher andere deutsche Volksstamm zu zeigen imstande gewesen; er will aber auch Österreich nicht zerrissen, er will Österreich nicht vernichtet sehen, er will das Fortbestehen Österreichs in und mit Deutschland [...] ganz Österreich samt seinen nichtdeutschen Provinzen [...]. Wir glauben, dass mit einer Zerreißung Österreichs Deutschland nur ein schlechter Dienst geschähe; wir glauben, dass es in Deutschlands Interesse liege, die aus einer Losreißung der nichtdeutschen Provinzen in Österreich unzweifelhaft hervorgehende Entstehung neuer selbständiger [...] Reiche an der Ostgrenze Deutschland zu hindern; [...] Die Erhaltung Österreichs ist [...] durch jene Politik geboten, welche die Macht und Größe Deutschland, welche das Wohl des Volkes als den Endpunkt ihrer Bestrebungen anerkennt.“[100]

Arneth argumentierte mit der deutschen Gesinnung Österreichs; ihm lag an einem mächtigen und großen Deutschland und er fürchtete das Entstehen neuer Staaten an der Ostgrenze des Deutschen Reichs.

Großdeutsche Lösung

Der Kieler Geschichtsprofessor Georg Waitz setzte sich für ein Reich mit den deutschsprachigen Teilen Österreichs ein:

„Es ist die Zeit herangekommen, wo die Nationalitäten sich fester und inniger aneinander schließen, wo sie sich staatlich zu konzentrieren suchen [...]. Und da ist mir nicht erst von gestern die Überzeugung gekommen, dass jene österreichische Monarchie, nicht mehr, auf die Länge wenigstens, nicht mehr Bestand haben wird.

[...] Gerade weil ich dieser Überzeugung bin, so stelle ich eine Forderung, die unter allen Forderungen am weitesten geht: ich will, dass das ganz deutsch bleibe, dass es ganz und völlig dem Gesamtbau mit angehöre, den wir nicht für einen Teil Deutschlands, sondern für das Ganze zu gründen unternommen haben: die deutschen Österreicher ganz mit und bei Deutschland [...] Einen einigen und fest geschlossenen Bau wollen wir und müssen wir wollen. Und auch Österreich muss ihn mit uns wollen; denn auch Österreich ist Deutschland, und soll Deutschlands Interesse teilen. Darum meine Herren, keine Alternative: Nur das eine Wort, nur die eine Voraussetzung: Das deutsche Österreich bleibt bei uns!“[101]

Waitz sah die Nationalstaaten heraufkommen und gab dem Bestand Österreich-Ungarns keine Zukunft. Daher hielt er es für besser, wenn sich die deutschen Gebiete Österreichs mit den deutschen Ländern des Deutschen Bundes zu einem großen Nationalstaat zusammenschlössen.

Kleindeutsche Lösung

Der Präsident der Nationalversammlung, Heinrich von Gagern, strebte eine kleindeutsche Vereinigung an, die Österreich ausschloss:

Ich glaube [...], meine Herren, dass wir ein Verhältnis suchen müssen, wobei Österreich nicht genötigt wird, seine deutschen von seinen nichtdeutschen Provinzen abzulösen. [...] Oder ist es nicht im Gesamtinteresse der Nation, dass wenigsten das übrige Deutschland sich fester aneinander anschließe? [...] Ich glaube, dass wir die Frage sofort zur Entscheidung bringen und anerkennen müssen, dass Österreich in den engeren Bundesstaat, den das übrige Deutschland will, vorerst nicht eintreten könne, einesteils weil die Mehrheit der Österreicher die Bedingung dieses Eintritts in den engeren Bundesstaat, die staatliche Trennung der deutschen von den nichtdeutschen nicht will; andernteils, weil diese Trennung und die Auflösung der österreichischen Monarchie [...] ebenso wenig im deutschen Nationalinteresse liegt.“[102]

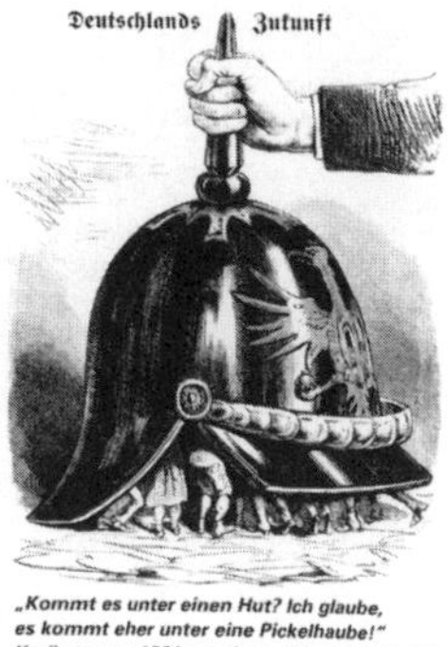

„Kommt es unter einen Hut? Ich glaube, es kommt eher unter eine Pickelhaube!“
Karikatur von 1864 aus dem „Kladderadatsch“

Von Gagern sah keine Chance, dass sich das gesamte Österreich-Ungarn einem neuen deutschen Staat eingliedern könnte, wollte aber auch keine Spaltung der kaiserlich-königlichen Monarchie. So suchte er wenigsten eine Minimallösung zu erreichen. Auf der anderen Seite stand ein Österreich, das weder seine deutschen Gebiete an einen neuen Nationalstaat abtreten noch sich aus Deutschland zurückziehen wollte. Am 27. Oktober 1848 fasste dann die Nationalversammlung den Beschluss, dass kein deutsches Land mit nichtdeutschen Ländern vereint sein darf. Das hätte den Ausschluss Österreichs bedeutet, das 800 Jahre zum Deutschen Reich gehörte. Auf der anderen Seite wären die verbliebenen deutschen Staaten von Preußen dominiert worden, das nun als alleinige Großmacht übrig geblieben wäre, wie dies eine spätere Karikatur zeigte. Damit machte sich auch die Nationalversammlung die Idee des Nationalstaates und des Nationalismus zu eigen, über deren Problematik wir bei der Französischen Revolution gesprochen haben. Sie wurde schon in Ernst-Moritz Arndts Gedicht „Des Deutschen Vaterland“ von 1813 sichtbar:

Ernst Moritz Arndt: „Des Deutschen Vaterland“ (1813)	
„Was ist das deutsche Vaterland? So nenne endlich mir das Land! So weit die deutsche Zunge klingt Und Gott im Himmel Lieder singt. Das soll es sein! Das, wackrer Deutscher, nenne dein!	Das ist das deutsche Vaterland, Wo Zorn vertilgt den franzschen Tand, Wo jeder Franzmann heißet Feind, Wo jeder Deutsche heißet Freund, Das soll es sein! Das, wackrer Deutscher, nenne dein.“

Inhaltliche Ergebnissicherung

	Gesamtlösung	Großdeutsche Lösung	Kleindeutsche Lösung
Staatsgebiet	Deutsches Reich mit Österreich-Ungarn	Deutsches Reich mit dem deutschen Teil Österreichs	Deutsches Reich ohne Österreich
Probleme	1. Viele Nichtdeutsche im deutschen Staat 2. Riesiger Staat in Herzen Europas	Zerfall der Habsburgermonarchie	Ausschluss Österreichs aus Deutschland
Art des Staates	Reich mit mehreren Nationen	Nationalstaat	Nationalstaat

Übernationale Reichsidee Kaiser Karls

Im Rückblick auf den Zusammenbruch der Nationalstaaten und der Nationalstaatsidee nach dem Ersten Weltkrieg formulierte der damalige österreichische Kaiser Karl die Idee eines übernationalen Staates, von der er sich eine bessere Entwicklung des 19. und des 20. Jahrhunderts erwartet hätte.

„Österreich ist nun einmal weder ein deutscher noch ein slawischer Staat. Die Deutschen sind zwar die Begründer der Donaumonarchie, aber sie sind heute eine Minorität, umgeben und durchsetzt von lauter aufstrebenden Völkern – da können sie nur Führer der jüngeren Kulturen bleiben, wenn sie ein Beispiel höchster Kultur geben und den neu emporsteigenden Völkern mit Liebe, Achtung und Großmut entgegenkommen. Gesündigt wurde auf allen Seiten; was da verfehlt wurde, das muss nun wieder gutgemacht werden [...]. Wenn wir den einzelnen Gruppen weitherzig den denkbar größten Spielraum für ihre Eigenart, für die Übung ihrer kulturellen Gestaltungskraft, für die Freude an ihrer Sprache, kurz, für ihr ganzes nationales Geltungsstreben gewähren, so werden sie sich in neuen Formen noch weit inniger mit dem Ganzen vereinigen als früher und werden lebensunfähige Übertreibungen von selbst abtun. Weniger als irgendwo kann in Österreich die staatliche Einheitsform den Bevölkerungen von außen aufgepresst werden – sie muss aus der sittlichen Einigung der Völker hervorgehen."[103]

Verfassung

Die dritte große Aufgabe der Nationalversammlung war, dem neuen Reich eine Verfassung zu geben. Auch um sie musste gerungen werden; aber die Lager blieben bis zum Ende gespalten. Als am 27. März 1849 ein Verfassungskompromiss verabschiedet wurde, erreichte er mit 267 gegen 263 Stimme nur eine knappe Mehrheit.

Verfassung der Paulskirche von 1849	
• Deutsches Reich als Bundesstaat • Volkssouveränität und Gottesgnadentum • Allgemeines, gleiches und geheimes Wahlrecht • Männer über 25 wahlberechtigt • Gewaltenteilung • Grundrechte • Bürgerliche Gleichheit	• Anklänge an die französische Verfassung von 1791 und an die amerikanische Verfassung • Mit den Fehlern der französischen Verfassung: • Mischung von Gottesgnadentum und Volkssouveränität • Suspensives Veto des Kaisers gegen Gesetze des Reichstags

An der Spitze des Reiches sollte ein „Kaiser der Deutschen" stehen, dessen Kaisertum erblich sei. Damit blieben das dynastische Prinzip und das Prinzip des Gottesgnadentums für den Kaiser erhalten. Der Kaiser sollte die Reichsregierung ernennen und entlassen können; seine Erlasse sollten aber einer Gegenzeichnungspflicht der Minister unterliegen. Der Kaiser vertrat das Reich völkerrechtlich nach außen. Ein Reichstag wäre für die Gesetzgebung zuständig. Er sollte aus einem Staatenhaus und einem Volkshaus bestehen, also einem Zweikammerprinzip folgen. Im Staatenhaus sollten 168 Vertreter der 38 Staaten für jeweils 6 Jahre amtieren. Sie wurden von den 38 Länderregierungen und den Landtagen entsandt. Die Mitglieder des Volkshauses sollten in allgemeiner, gleicher, geheimer und direkter Wahl vom Volk auf drei Jahre gewählt werden. Wahlberechtigt waren Männer über 25 Jahre. Das Wahlrecht war an keine Steuerleistung gebunden. Als dritte Gewalt sollte ein Reichsgericht geschaffen werden. Die Verfassung garantierte die Grundrechte der persönlichen Freiheit, der Unverletzlichkeit der Wohnung, der Meinungs- und Glaubensfreiheit und der Versammlungsfreiheit. Gerichtsverfahren sollten öffentlich sein. Vor dem Gesetz galt die Gleichheit von jedermann. Der Adel als Stand sowie alle Standesvorrechte sollten abgeschafft werden.

Stellung und Rolle Preußens und des Kaisers

Einen besonderen Streitpunkt bildeten die Stellung des Kaisers und die Rolle, die Preußen gegenüber dem übrigen Deutschland spielen sollte.

> „Soll die preußische Dynastie über Deutschland herrschen können, so wäre es nur unter zwei alternativen Voraussetzungen möglich, die eine, dass die anderen Dynastien aufhörten, sodass die preußische über alle Deutschen gleich herrschte [...] Die andere Alternative ist die: wenn Preußen die Kaiserkrone übertragen würde, so müsste der preußische Staat sich auflösen in die einzelnen Provinzen, und diese müssten sich zu selbstständigen Staaten [...] gestalten, welche bloß unter der Regierung und Gesetzgebung des ganzen Reiches ständen [...] Das Eine wäre ein Aufgehen Deutschlands in Preußen, das Andere ein Aufgehen Preußens in Deutschland."[104]

So äußerte sich der Abgeordnete Christian Schüler, ein Gerichtsrat aus Frankfurt, der der demokratischen Linken angehörte. Der Abgeordnete Wilhelm Zimmermann, Pfarrer, Professor und Historiker aus Stuttgart, vertrat die radikale Linke und hegte ein grundlegendes Misstrauen gegen einen preußischen Kaiser:

> „Ich selbst, meine Herren, hoffte und wünschte in den ersten Märztagen noch, dass der König von Preußen an die Spitze von Deutschland trete, dass er der politische Führer der Nation werde, aber nicht der Führer der bald beginnenden Reaktion [...]. Die Freiheit ist dem Volke der Zweck, die Einheit gilt ihm nur als Mittel, die Freiheit ihm zu sichern gegen alle Welt. Das Volk fürchtet in allem Ernste, der neue Kaiser könnte vielleicht ein Feind der Freiheit werden."[105]

Der Bonner Professor der Geschichte und der Staatswissenschaften Friedrich Christoph Dahlmann nahm sogar die preußisch-deutsche Geschichte des Bismarckreiches vorweg, indem er mahnte:

> „Die Bahn der Macht ist die einzige, die den gärenden Freiheitstrieb befriedigen und sättigen wird [...]. Denn es ist nicht bloß die Freiheit, die er meint, es ist zur größeren Hälfte die Macht, [...] nach der es ihm gelüstet. Deutschland muss als solches endlich in die Reihe der politischen Großmächte des Weltteils eintreten. Das

kann nur durch Preußen geschehen, und weder Preußen kann ohne Deutschland, noch Deutschland ohne Preußen genesen."[106]

28 Staaten nahmen die Verfassung an; in Württemberg zwang das Volk den König zur Annahme. Am 28. März 1849 wurde Friedrich Wilhelm IV. von Preußen von der Nationalversammlung zum deutschen Kaiser gewählt. Und am 3. April 1849 bot ihm die Nationalversammlung die Kaiserkrone an. Damit wäre die Revolution am Ziel gewesen. Doch Friedrich Wilhelm lehnte ab.

Ablehnung der Kaiserkrone

Offiziell begründete er die Ablehnung so:

„Ich würde Ihr Vertrauen nicht rechtfertigen; ich würde dem Sinne des deutschen Volkes nicht entsprechen, ich würde Deutschlands Einheit nicht aufrichten, wollte ich [...] ohne das freie Eingeständnis der gekrönten Häupter, der Fürsten und der freien Städte Deutschlands eine Entschließung fassen, welche für sie und die von ihnen regierten deutschen Stämme die entschiedensten Folgen haben muss."[107]

Inoffiziell sprach er eine deutlichere Sprache. In einem Brief an den Gesandten Bunsen schrieb er schon am 13. Dezember 1848:

„Ich will weder der Fürsten Zustimmung zu *der* Wahl, noch *die* Krone. Verstehen Sie die markierten Worte? Ich will Ihnen das Licht darüber so kurz und hell als möglich schalten. Die Krone ist erstlich keine Krone. Die Krone, die ein Hohenzoller nehmen dürfte, [...] ist eine, die den Stempel Gottes trägt, die den, dem sie aufgesetzt wird, nach der heiligen Ölung «von Gottes Gnaden» macht, weil und wie sie mehr denn 34 Fürsten zu Königen der Deutschen von Gottes Gnaden gemacht und den Letzten immer der alten Reihe gestellt. Die Krone, die die Ottonen, die Hohenstaufen, die Habsburger getragen, kann natürlich ein Hohenzoller tragen; sie ehrt ihn überschwänglich mit tausendjährigem Glänze. Die aber, die Sie [...] meinen, verunehrt überschwänglich mit ihrem Ludergeruch der Revolution von 1848, der albernsten, dümmsten, schlechtesten –, wenn auch, gottlob, nicht bösesten dieses Jahrhunderts. Einen solchen imaginären Reif, aus Dreck und Letten gebacken, soll ein legitimer König von Gottes Gnaden und nun gar der König von Preußen sich geben lassen, der den Segen hat, wenn auch nicht die älteste, doch die edelste Krone, die niemand gestohlen worden ist, zu tragen? [...] Ich sage es Ihnen rund heraus: Soll die tausendjährige Krone deutscher Nation, die 42 Jahre geruht hat, wieder einmal vergeben werden, so bin ich es und meinesgleichen, die sie vergeben werden. Und wehe dem, der sich anmaßt, was ihm nicht zukommt!"[108]

Fürst und Volk

„Hundehalsband",„Wurstbrezel", die nicht von Gottes Gnaden, sondern „von Meister Bäcker und Metzger sei", „Schweinskrone" nannte Friedrich Wilhelm die ihm vom Volk angebotene Krone. Hier wurde nicht nur eine Krone abgelehnt, hier wurde auch eine zutiefst befremdliche Haltung eines Fürsten zu seinem Volk deutlich. Hass und Verachtung schlugen aus diesen Worten des Königs denen gegenüber, die ihre Hoffnung auf ihn setzten. Es offenbarte sich eine erschütternde Kluft zwischen Fürst und Volk, die die herben Worte eines Gustav Struve verständlich machten:

„Die Monarchie mit ihren Anhängseln von Geburtsadel, Beamtenadel und Geldadel ist durch und durch faul. [...] Um zu republikanischer Freiheit zu gelangen, müsst Ihr als Männer für Euer gutes Recht erst kämpfen, weil Ihr unter dem Joche verruchter Tyrannen schmachtet. Wir Republikaner wollen [...] Ordnung und Friede; allein wir wissen, dass diese nicht möglich sind, so lange fünfunddreißig große und viele tausend kleinere Blutegel mit Weibern, Mätressen, ehelichen und unehelichen Kindern von Eurem Blute leben. Wir fordern Euch daher auf zum Kampfe gegen Eure Tyrannen."[109]

In der Folge der Ablehnung der Kaiserkrone zogen die österreichischen und preußischen Abgeordneten aus der Nationalversammlung aus; es folgten ihnen die Abgeordneten der Rechten und der Mitte. Die Linke bildete ein Rumpfparlament und übersiedelte am 30. Mai 1849 nach Stuttgart, wo sie aber am 18. Juni 1849 mit Waffengewalt auseinander getrieben wurde.

Niederschlagung der Revolution

Die Niederschlagung der Revolution begann in Wien schon ab Herbst 1848, als die Paulskirchenabgeordneten noch über die Menschenrechte und die Verfassung verhandelten. Das Militär startete einen Gegenangriff gegen die Aufständischen. Windischgrätz schlug die Erhebungen in Wien, Prag und Ungarn nieder; Radetzky in Piemont und Mailand. Die Paulskirche konnte sich nur zu einer blamablen Sympathieerklärung aufraffen, die Robert Blum und andere überbrachten. Blum bezahlte dafür mit seinem Leben; er wurde am 9. November 1848 erschossen. Der konservative Schwarzenberg wurde neuer Ministerpräsident, der 18-jährige Franz-Joseph, der nicht an das Verfassungsversprechen gebunden war, neuer Kaiser.

Auch in Berlin gewannen die reaktionären Kräfte wieder an Selbstvertrauen und gegen Ende des Jahres auch die Oberhand. Der König setzte ein konservatives Ministerium ein und ließ die Bürgermiliz entwaffnen. Am 10. November 1848 besetzte Oberst Wrangel Berlin. Er zog mit einem Musikchor statt einer Kampfbatterie an der Spitze in Berlin ein. Ein Bürgerwehrgeneral gebot ihm zu halten, aber Wrangel schüttelte nur den Kopf und ließ die Musik weiterspielen. Vor der preußischen Nationalversammlung angekommen, erklärte ein Sprecher, dass die Bürger entschlossen seien, die Versammlung zu schützen; sie wichen nur der Gewalt. Darauf soll ihnen Wrangel freundlich geantwortet haben: „Sagen Sie Ihrer Bürgerwehr, die Gewalt sei nun da."[110] Innerhalb von 15 Minuten waren Parlament und Bürgerwehr verschwunden. Der König verlegte die Nationalversammlung in die Provinz nach Brandenburg und löste sie auf. Er oktroyierte am 5. Dezember 1848 eine Verfassung, die sogar relativ liberal war und dem preußischen Adel wichtige Rechte nahm.

Nachklapp in Baden

In Baden kam es zu einem blutigen Nachklapp der Revolution. Am 12. Mai 1849 riefen die badischen Demokraten erneut zum bewaffneten Kampf auf. Soldaten meuterten und das gesamte Heer trat zu den Revolutionären über. Großherzog Leopold flüchtete ins Elsass und rief den Deutschen Bund um Hilfe an. Am 14. Mai übernahm der Landesausschuss der demokratischen Parteien in Karlsruhe die Regierungsgeschäfte und ließ ein Parlament wählen, das eine republikanische Verfassung ausarbeiten sollte. Dazu kam es aber nicht mehr, da die zu Hilfe gerufenen preußischen Truppen das republikanische Heer besiegten. 6000 unverzagte Revolutionäre retteten sich in die Festung Rastatt, die aber am 23. Juli kapitulieren musste. 51 Aufständische wurden standrechtlich erschossen, viele weitere zu hohen Gefängnisstrafen verurteilt. Nach der Rückkehr des Großherzogs wurde die badische Armee aufgelöst und unter preußischer Führung neu aufgebaut. Preußische Soldaten blieben bis 1851 in Baden. Baden musste dafür 1,5 Millionen Taler an Preußen zahlen.[111] Ein melancholisches Wiegenlied besang die traurigen Zustände:

„Schlaf, mein Kind, schlaf leis, dort draußen geht der Preuß! Deinen Vater hat er umgebracht, deine Mutter hat er arm gemacht. Und wer nicht schläft in guter Ruh', dem drückt der Preuß die Augen zu. Schlaf, mein Kind, schlaf leis, dort draußen geht der Preuß! [...] Schlaf, mein Kind, schlaf leis, dort draußen geht der Preuß! Gott aber weiß, wie lang er geht, bis dass die Freiheit aufersteht, Und wo dein Vater liegt, mein Schatz, da hat noch mancher Preuße Platz! Schrei, mein Kindlein, schrei's: dort draußen liegt der Preuß!"[112]

3.4.4 Gründe und Folgen des Scheiterns der Revolution

Machtlosigkeit und fehlende Einheitsidee

Ein zentraler Grund des Scheiterns der Revolution war die Machtlosigkeit der Nationalversammlung. Reichsverweser und Regierung verfügten über keinen Verwaltungsapparat und keine Machtorgane, mit denen sie ihre Beschlüsse hätten durchsetzen können. Es stand ihnen keine Nationalgarde zur Verfügung wie den Revolutionären in Frankreich. Die Revolutionäre hatten versäumt, die Mächtigen zu entwaffnen; stattdessen verließen sie sich auf deren Bereitschaft, dem Willen der Nationalversammlung nachzukommen. Anders als im Zentralstaat Frankreich hätten im Deutschen Bund viele Regierungen entwaffnet werden müssen. Es fehlte an einer einheitlichen Empfindung in der Bevölkerung; es gab kein Nationalempfinden wie in Frankreich, aber auch keine tragfähige Einheitsidee. Preußen und Österreich waren nicht nur politische Antagonisten, sondern unterschiedliche Welten. Sie waren nicht zu vereinen. Daher konnte ihr Selbstbehauptungswille sich durchsetzen, der Partikularismus den Nationalstaat besiegen. Hier hätten andere Ideen als die der Nation die Einheit stiften müssen, nämlich menschheitliche Ideen, wie sie im Kosmopolitismus der Weimarer Klassik oder im deutschen philosophischen Idealismus begründet waren. Sie hätten weit mehr der Idee der Menschenrechte entsprochen als der Nationalismus und die Nationalstaatsbildung, die in Deutschland zu wenig ausgeprägt waren. In Österreich gefährdeten sie die Existenz des Gesamtstaates. Dem bürgerlichen Willen fehlte die Begeisterung für seine Ziele; er war zu zögerlich. Der Nationalversammlung mangelte die nötige Einigkeit und Willenskraft, den Kampf mit den Partikulargewalten aufzunehmen. Sie hatten den entscheidenden Punkt, sich eine Machtbasis zu schaffen, versäumt und damit die Revolution verspielt.

Europäische Ablehnung eines Nationalstaats

Was alle zu wenig wahrnahmen und bedachten, war die Ablehnung eines deutschen Nationalstaats auf europäischer Ebene, die sogar bis zur Wiedervereinigung 1990 vorhielt. Als 1848 der König von Dänemark sich Schleswig einverleiben wollte, erklärten ihm der Deutsche Bund und die Nationalversammlung den Krieg. Einen deutschen Erfolg, der zu einer eventuellen Abtretung Schleswigs an den Deutschen Bund geführt hätte, suchten aber England und Russland zu vermeiden. Sie erzwangen einen Waffenstillstand, da sie keine Großmacht an Ost- und Nordsee dulden wollten. Die Paulskirchenversammlung sprach sich gegen den Waffenstillstand aus, hatte aber keine Macht, ihre Ablehnung auch durchsetzen zu können. So musste sie im Bewusstsein ihrer Ohnmacht das Abkommen am 16. September 1848 billigen und gab ihrem Handeln den Anschein einer gewissen Hilflosigkeit.

Gründe für das Scheitern der Revolution von 1848
• Machtlosigkeit der Nationalversammlung
• Kein breites Nationalempfinden
• Keine tragfähige Einheitsidee
• Selbstbehauptungswille Österreichs und Preußens
• Zögerlicher bürgerlicher Wille
• Uneinigkeit der Nationalversammlung
• Ablehnung eines deutschen Nationalstaates auf europäischer Ebene

Folgen des Scheiterns der Revolution

Der „Spiegel“ setzte bei seiner Ausgabe, die dem 150. Jahrestag der Revolution gewidmet war, unter den Titel „1848“ die Unterüberschrift: „Die halbe Revolution“. Über den Barrikaden, die zugleich die Trümmer der Revolution bezeichnen, erhoben sich die Gesichter Bismarcks, Hitlers und Wilhelms II. Der „Spiegel“ sah also die Misere der weiteren deutschen Geschichte im Scheitern der Revolution von 1848 begründet. Dies war eine gewagte These, wissenschaftlich nicht ganz solide, aber zu didaktischen Zwecken hervorragend geeignet. Stellte sie doch die Frage, was alles an demokratischem Potenzial durch die gescheiterte Revolution in Deutschland verloren ging. Zunächst waren dies die demokratischen Prinzipien der Volkssouveränität, der bürgerlichen Selbstbestimmung, die Grundrechte wie Presse-, Meinungsfreiheit und das Versammlungsrecht, die Idee der Volksbewaffnung. Mit den Prinzipien verlor Deutschland aber auch die dazugehörigen Menschen; Menschen, die für ihre Überzeugung eintraten und kämpften und die nun dafür angeklagt und verfolgt wurden, schlimmstenfalls am Ende noch ihr Leben lassen mussten. Viele kehrten Deutschland den Rücken – 80 000 allein aus Baden. Insgesamt wanderten von 1841–1870 knapp 2 000 000 Menschen aus Deutschland aus; drei Viertel davon nach dem Scheitern der Revolution, wofür allerdings nicht nur die gescheiterte Revolution, sondern auch die Lebensbedingungen zur Zeit der Industrialisierung verantwortlich waren.

In einer Karikatur wurden die Berliner Soldaten, die die preußische Nationalversammlung verjagten, zur Straßenreinigungsmaschine erklärt, womit die Demokraten dem Straßendreck gleichgesetzt wurden. Das bedeutete eine Diskreditierung demokratischen Gedankenguts, die in der Folgezeit und bis ins 20. Jahrhundert anhielt. Der Zweifel an der Kraft des Parlamentarismus, der noch der Weimarer Republik so schwer zu schaffen machte, hatte allerdings nicht nur im Scheitern der Revolution, sondern bereits im Parlamentarismus der Revolution, wie wir gesehen haben, seine Ursache. Im Anschluss an die Niederlage der Revolution wurden monarchische, ständische und militärische Wertvorstellungen neu belebt, die die Mentalität des späteren Kaiserreichs prägen sollten. Das besitzende Bürgertum orientierte sich an die Prinzipien von Ordnung und Sicherheit, die ihnen ihren Besitz und Status garantierten; dabei schwand ihr Vertrauen in sich selbst und an die politischen Werte von Freiheit und sozialer Gerechtigkeit.

Neue Wrangelsche Straßenreinigungsmaschine. *Karikatur von Caspar Braun, 1848*

Kompetenzorientierte Urteilsbildung

Auf dem Hintergrund unserer Kompetenzkategorien, die für die Neuzeit Freiheit, Rechtsgleichheit, Menschenrechte, soziale Gerechtigkeit verlangen, heben sich diese Defizite drastisch ab. Je weiter sich die deutsche Geschichte von ihnen entfernte, umso mehr bewegte sie sich auf eine Katastrophe zu. Insofern war das Spiegelcover nicht unbegründet, aber doch nicht zwingend. Denn die Misere, die der Spiegel erklären wollte, war nicht erst durch das Scheitern der Revolution von 1848 entstanden, sondern gehörte schon zu seinen Voraussetzungen. Letztlich war sie bereits im Missverstehen der Ideale der Französischen Revolution begründet. Auch war die weitere Entwicklung keineswegs so zwangsläufig, wie sie im Rückblick erscheinen mag.

Folgen des Scheiterns der Revolution von 1848
• Verlust demokratischer Prinzipien
• Verlust an Demokraten
• Diskreditierung demokratischen Gedankenguts
• Zweifel an der Kraft des Parlamentarismus
• Neubelebung monarchischer, ständischer und militärischer Wertvorstellungen
• Orientierung des Besitzbürgertums an die Prinzipien von Ordnung und Sicherheit
• Verlust des bürgerlichen Selbstvertrauens

4 Das Deutsche Kaiserreich

4.1 Planung der Unterrichtseinheit

Strukturskizze

Das Deutsche Kaiserreich	
Leitthema: Das Kaiserreich – ein Problem für Deutschland und Europa?	
Vorgeschichte	Kaiserreich

• Der preußisch-österreichische Dualismus
• Bismarcks Ernennung zum Ministerpräsidenten
• Wandel von Politik und Politikverständnis
• Die Einigungskriege
	• Natur des Deutschen Kaiserreiches
	• Bewertung der Reichsgründung
	• Innenpolitik des Kaiserreichs
	  • Kulturkampf
	  • Sozialistengesetze
	• Mentalität im Kaiserreich
	• Außenpolitik des Kaiserreichs
	  • Bismarcks Bündnissystem
	  • Bündnissystem der Nachfolger Bismarcks
	  • Weltmachtpolitik unter Wilhelm II.
	  • Politik gegenüber England
	  • Der Weg in den Krieg am Beispiel des Balkans

4.2 Der preußisch-österreichische Dualismus

Wiederbelebung des Deutschen Bundes

Nach dem Scheitern der Revolution von 1848 nahm der Deutsche Bund seine Tätigkeit wieder auf. Seine Struktur war weiterhin durch die Dominanz Österreichs und Preußens geprägt; dann folgten die kleineren deutschen Staaten – das sog. „Dritte Deutschland", dem aber eine einheitliche Politik fehlte, sodass es kein Gegengewicht gegen Preußen oder Österreich darstellen konnte. Als Vertreter Preußens saß ab 1851 Otto von Bismarck im Bundestag. Er war entschlossen, der Dominanz Österreichs entgegenzutreten und für Preußen eine ebenbürtige Stellung zu erreichen. Er war kein Demokrat, sondern überzeugter Monarchist; daher Österreich prinzipiell wohlgesonnen. Seine Leitlinie und sein Prüfstein der Politik war aber das politische Wohlergehen Preußens. Dieses war für ihn der entscheidende Wert, nach dem er das Verhältnis zu anderen Staaten taxierte. Wenn Österreich Preußen bestehen und sich entwickeln ließe, dann wollte er „gut österreichisch" sein. Im anderen Falle aber nicht. In einer nüchternen Einschätzung des politischen Verhältnisses der beiden Staaten zueinander kam er zu folgendem Ergebnis:

Preußen auf sich allein gestellt

> „Ich frage Sie, ob es in Europa ein Kabinett gibt, welches mehr als das Wiener ein geborenes und natürliches Interesse daran hat, Preußen nicht stärker werden zu

lassen, sondern seinen Einfluss in Deutschland zu mindern; ob es ein Kabinett gibt, welches [...] kühler und zynischer nur seine eigenen Interessen zur Richtschnur seiner Politik nimmt. [...] Geniert sich Österreich etwa, mit dem Ausland jede seinem Vorteil entsprechende Verbindung einzugehen und sogar die Teilnehmer des Deutschen Bundes vermöge dieser Verbindungen offen zu bedrohen? [...] Ich frage noch weiter: [...] Gibt es nächst Österreich Regierungen, die weniger den Beruf fühlen, etwas für Preußen zu tun, als die deutschen Mittelstaaten?"[113]

Bereits drei Jahre zuvor, Ende Dezember 1853, hatte er an den gleichen Empfänger, Leopold von Gerlach, geschrieben:

„Österreich bedarf zur Durchführung seiner innern germanisierenden Zentralisations-Politik der Belebung seiner Beziehungen zu Deutschland, d. h. auf Wienerisch: einer straffen Hegemonie über den Bund; dabei sind wir ihm im Wege, wir mögen uns an die Wand drücken, wie wir wollen, ein Preußen von 17 Millionen bleibt immer zu dick, um Österreich so viel Spielraum zu lassen, als es erstrebt. Unsre Politik hat keinen andern Exerzierplatz als Deutschland, schon unsrer geographischen Verwachsenheit wegen, und grade diesen glaubt Österreich dringend auch für sich zu gebrauchen; für beide ist kein Platz nach den Ansprüchen, die Ö[sterreich] macht, also können wir uns auf die Dauer nicht vertragen. Wir atmen einer dem andern die Luft vor dem Munde fort, einer muss weichen oder vom andern ‚gewichen werden', bis dahin müssen wir Gegner sein, das halte ich für eine [...] Tatsache, wie unwillkommen sie auch sein mag."[114]

Bismarck sah Preußen auf sich allein gestellt, wenn es um eine Vorherrschaft in Deutschland ging. Österreich war der natürliche Rivale in diesem Kampf; und die deutschen Kleinstaaten hatten kein Interesse, etwas für Preußens Machterweiterung zu tun. Der Deutsche Bund erschien ihm daher die denkbar ungeeignetste Einrichtung, um Preußens Wohlergehen zu fördern:

Preußens Perspektive

„Aus den acht Jahren meiner Frankfurter Amtsführung habe ich als Ergebnis meiner Erfahrungen mitgenommen, dass die dermaligen Bundeseinrichtungen für Preußen im Frieden eine drückende, in kritischen Zeiten eine lebensgefährliche Fessel bilden."[115]

Damit war die Perspektive der preußischen Politik in Bismarcks Vorstellung vorgezeichnet: Wenn Preußen seine Macht erweitern wollte, konnte es dies nur erreichen, wenn es allein sich selbst und seiner eigenen Stärke vertraute. Eine Auseinandersetzung mit Österreich und den deutschen Kleinstaaten schien ihm für die Zukunft daher unausweichlich. Er führte sie zunächst diplomatisch, mit Witz und Humor, scheute aber auch nicht den Einsatz militärischer Mittel.

4.3 Die Persönlichkeit Ottos von Bismarck (1815–1898)

Die Gründung des Deutschen Kaiserreichs ist so sehr mit der Person Ottos von Bismarck verbunden, dass wir einen Blick auf sie werfen wollen. In ihr spiegelte sich zugleich eine grundlegende Problematik der zweiten Hälfte des 19. Jahrhunderts, die diesen Blick über das Persönliche hinaus rechtfertigt. Bismarck wurde am 1. April 1815 in Schönhausen an der Elbe bei Stendal geboren. Sein Vater entstammte einer adeligen Gutsherren- und Soldatenfamilie; die Vorfahren der Mutter waren Gelehrte und Beamte.

Bismarcks Werdegang

In der Schule und beim Studium entwickelte Bismarck keinen besonderen Ehrgeiz. Sein Schulzeugnis bescheinigte ihm, dass er ein „befähigter und wohlvorbereiteter Jüngling" sei, aus dem etwas werden könne, wenn er sich Mühe gäbe. Auch im Studium fiel er nicht wegen seiner Leistungen, sondern durch seine Eskapaden am Rande des Studiums auf: Er liebte nächtliche Ausgänge, verbrachte „wegen Auswerfens einer Bouteille [Flasche] auf die Straße" und „Rauchens auf der Straße" einige Zeit im Karzer; wegen der Teilnahme an einem Pistolenduell als Sekundant bekam er Ärger mit der Polizei. „Ich werde entweder der größte Lump oder der erste Mann Preußens", soll er nach Mitteilung eines Freundes gesagt haben. Sein kurzes Beamtendasein von 1835 bis 1839 quittierte er mit der Feststellung:

> „Dass mir von Hause aus die Natur der Geschäfte und der dienstlichen Stellung unserer Staatsdiener nicht zusagt, dass ich es nicht unbedingt für ein Glück halte, Beamter und selbst Minister zu sein, dass es mir ebenso respektabel und unter Umständen nützlicher zu sein scheint, Korn zu bauen als administrative Verfügungen zu schreiben, dass mein Ehrgeiz mehr danach strebt, nicht zu gehorchen als zu befehlen: Das sind facta, für die ich außer meinem Geschmack keine Ursache anzuführen weiß, indessen, dem ist so [...]. Die Wirksamkeit des einzelnen Beamten bei uns ist wenig selbstständig, auch die des höchsten [...]. Der preußische Beamte gleicht dem Einzelnen im Orchester; mag er die erste Violine oder den Triangel spielen, ohne Übersicht und Einfluss auf das Ganze muss er sein Bruchstück abspielen, wie es ihm gesetzt ist, er mag es für gut oder schlecht halten. Ich will aber Musik machen, wie ich sie für gut erkenne, oder gar keine."[116]

So zog er sich ins Privatleben zurück und bewirtschaftete ab 1839 seine Güter. Er gab sich redliche Mühe, der ersten Hälfte seiner Selbstprophezeiung gerecht zu werden, und erwarb sich den Ruf des „tollen Bismarcks"; in der Bedeutung der damaligen Zeit hieß dies der „verrückte", der „übergeschnappte" Bismarck. Mit seinem Namen waren Zechgelage, der riskante, aber gekonnte Einsatz von Pistolen verbunden usw.; auch war er berühmt dafür, seine „Gäste mit freundlicher Kaltblütigkeit unter den Tisch zu trinken."[117]

Wandlung

1846 verliebte er sich in eine junge Dame, die bei der Hochzeit seiner Freundin, die er eigentlich gerne geheiratet hätte, seine Tischdame war: Johanna von Puttkamer. Sie wurde zunächst heimlich seine Braut, denn eine Zustimmung des Vaters war angesichts des Rufs ihres Bräutigams nicht zu erwarten. An diesen Vater schrieb Bismarck nun einen Brief:

> „Verehrtester Herr von Puttkamer, [...]
>
> Über mein äußerliches Auftreten wird es Ihnen leicht sein, Nachrichten durch andere zu erhalten; ich begnüge mich daher mit einer Darstellung meines inneren Lebens und besonders meines Standpunktes zum Christentum [...]. An eine geoffenbarte Religion schien es mir unmöglich, jemals Glauben zu gewinnen: Der Bibel legte ich keine beweisende Kraft bei, sie war für mich ein Buch aus Menschenhänden, dessen Lesung mir nur stets neuen Stoff zu Kritik und Zweifel gab. Dass ich bei diesem Glauben nicht Frieden fand, brauche ich nicht zu sagen [...]. Die Ewigkeit, die Auferstehung war mir ungewiss, und doch sah ich in diesem Leben nichts, was mir der Mühe wert schien, es mit Ernst und Kraft zu erstreben. Ich suchte Befriedigung im Treiben der Geschäfte, durch Reisen, trat wieder in Staatsdienst, ohne das Gesuchte zu finden [...]. Ich wurde inzwischen von Ereignissen berührt, die erschütternd auf mich wirkten. Ihr Resultat war, dass das Bewusstsein der Flachheit und des Unwertes meiner Lebensrichtung in mir lebendiger wurde als je [...]. Was in mir sich regte, gewann Leben, als sich bei der Nachricht von dem tödlichen

Erkranken unserer verstorbenen Freundin in Cardemin das erste inbrünstige Gebet, ohne Grübeln über die Vernünftigkeit desselben, von meinem Herzen losriss, verbunden mit schneidendem Wehgefühl über meine eigene Unwürdigkeit zu beten, und mit Tränen, wie sie mir seit den Tagen meiner Kindheit fremd gewesen waren. Gott hat mein damaliges Gebet nicht erhört, aber er hat es auch nicht verworfen, denn ich habe die Fähigkeit, ihn zu bitten, nicht wieder verloren und fühle, wenn nicht Frieden, doch Vertrauen und Lebensmut in mir, wie ich sie sonst nicht kannte."[118]

Bismarck gab hier eine Erklärung für sein übermütiges Verhalten: Sein Leben schien ihm sinnlos, nicht der Mühe wert, sich ernsthaft dafür zu engagieren. Nun trat mit dem Tod einer Freundin eine Kehrtwende, eine innere Wandlung, ein: Aus dem „tollen" Bismarck wurde ein glaubensstarker Mann, der wieder Vertrauen und Lebensmut gewann. Das Glück des Glaubens wünschte er jedem. Als einmal ein befreundeter Politiker seinen Unglauben offen bekannte, sagte Bismarck: „Ich wünsche Ihnen von Herzen, dass Gott Sie stark zu Boden wirft und durchschüttelt; das könnte ihnen helfen."[119]

Gott und Politik

Auch in Bismarcks Politikverständnis spielte der Glaube eine Rolle. Er war der Ansicht, dass bewusstes menschliches Denken und Planen nichts wirklich Großes erreichen können. Stattdessen müsse man achthaben, wann „Gottes Mantel durch die Geschichte wehe". Dann müsse man schnell zugreifen.

„Die Weltgeschichte mit ihren großen Ereignissen kommt nicht dahergefahren wie ein Eisenbahnzug in gleichmäßiger Geschwindigkeit. Nein, es geht ruckweis vorwärts, aber mit unwiderstehlicher Gewalt. Man kann nur immer darauf achten, ob man den Herrgott durch die Weltgeschichte schreiten sieht, kann zuspringen und sich an seines Mantels Zipfel klammern, dass man mit ihm fortgerissen wird, so weit es gehen soll. Es ist unredliche Torheit und abgelebte Staatsklugheit, als käme es darauf an, Gelegenheiten zu schürzen und Trübungen herbeizuführen, um darin zu fischen."[120]

Zwiespalt in Bismarcks Charakter

Eine merkwürdige Mischung von Religiosität und rationaler Politik begegnet uns hier in Bismarck, die nicht frei von Widersprüchen war. „Gelegenheiten zu schürzen und Trübungen herbeizuführen", was Bismarck als „abgelebte Staatsklugheit" bezeichnete, war durchaus Teil seiner Politik. Und trotz aller Religiosität war und blieb er Realpolitiker: Nützlichkeit und Macht gingen ihm vor Idealität und Recht. Er erkannte die Schwächen seiner Mitmenschen und verstand es, sie zum Vorteil seiner Politik auszunutzen. Hier gebot ihm seine Religiosität keinen Einhalt. Auch war ihm der Gedanke, dass die Gottheit in der Neuzeit gerade in der Idealität und dem Recht zu finden sei, völlig fremd. So wird Theodor Fontanes bemerkenswertes Urteil über Bismarck nicht verwundern:

„[M]an muss sich immer wieder all das Riesengroße zurückrufen, was er genialisch zusammengemogelt hat, um durch diese von den krassesten Widersprüchen getragenen Mogeleien nicht abgestoßen zu werden. Er ist die denkbar interessanteste Figur, ich kenne keine interessantere, aber dieser beständige Hang, die Menschen zu betrügen, dieses vollendete Schlaubergertum ist mir eigentlich widerwärtig, und wenn ich mich aufrichten, erheben will, so muss ich doch auf andre Helden blicken. Dem Zweckdienlichen alles unterordnen ist überhaupt ein furchtbarer Standpunkt, und bei ihm ist nun alles noch mit soviel Persönlichem und geradezu Hässlichem untermischt, mit Beifallsbedürftigkeit, unbedingtem Glauben an das Recht jeder Laune, jedes Einfalls und kolossaler Happigkeit. Seine aus jedem Satz sprechende Genialität entzückt mich immer wieder, schmeißt immer wieder meine

Bedenken über den Haufen, aber bei ruhigem Blute sind die Bedenken doch auch immer wieder da. Nirgends ist ihm ganz zu trauen."[121]

4.4 Bismarcks Ernennung zum Ministerpräsidenten

Absolute oder parlamentarische Monarchie

Der Ausgangspunkt, der zur Ernennung Bismarcks zum Ministerpräsidenten führen sollte, war ein Streit des Königs mit dem Parlament wegen einer Heeresreform. Um eine Volksvertretung zu erhalten, die seinen Plänen gewogen war, ließ Wilhelm I. das Parlament auflösen und ein neues wählen. Zum Verdruss des Königs erhielten die Gegner der Reform aber eine stattliche Mehrheit. Das Volk stellte sich also gegen den König. Denn hinter dem Streit um die Heeresreform verbarg sich das eigentliche Konfliktpotenzial: Die Frage der Beteiligung des Volkes an der Herrschaft. Durfte der König weiterhin absolut regieren oder sollte die absolute Monarchie nicht in eine parlamentarische umgewandelt werden, wie es den Forderungen der Zeit entsprochen hätte? Das letzte entsprach den Vorstellungen der Liberalen; der König hingegen wollte an seinem uneingeschränkten Herrschaftsrecht festhalten. Auch im Königshaus selbst war der König isoliert. Königin Augusta, Prinz Albert, der Gemahl der englischen Königin Victoria, und Prinz Friedrich standen auf Seiten der liberalen Strömung im Parlament.

> „Es gibt keinen Weg zum Heile als ein ehrliches, gerades, mutiges, ja freudiges Fortschreiten in dem konstitutionellen System, das die einzige Möglichkeit zum Ausgleich der Wünsche, Gefühle und Bedürfnisse der Völker und ihrer Herrscher bietet. Die Zeiten sind vorbei, in denen der einzelne hoffen konnte, dass Millionen von deutschen Menschen ihre ganze Wohlfahrt und Existenz in das Gutdünken und die Hände eines Mannes legen, und sei er noch mehr als ein von Gottes Gnaden eingesetzter Monarch."[122]

Mit diesen Worten formulierte der Gemahl der englischen Königin die Notwendigkeiten der Zeit. Sie zu erkennen, fiel dem preußischen König und seinen Ministern immer noch schwer. Kriegsminister von Roon verwies den König mit Nachdruck auf einen anderen Weg:

> „Geltendmachung des gesetzlich berechtigten königlichen Willens! Er löst die Fesseln des Adlers; der König von Gottes Gnaden bleibt an der Spitze seines Volkes der Schwerpunkt des Staates, Herr im Lande, unbeherrscht von ministerieller Vormundschaft und parlamentarischen Majoritäten. Man hat Eure Majestät einzuschüchtern versucht durch das laute Geschrei des Tages. Ich beschwöre Eure Majestät, glauben Sie nicht daran! Sprechen Sie ein Wort, und das Phantom verschwindet! Dieses Wort heißt Ministerwechsel, nicht Systemwechsel!"[123]

Abdankungsentschluss des Königs

Wie verhielt sich der König? Von einer parlamentarischen Monarchie wollte er nichts wissen; seine Position gegenüber einer Parlamentsmehrheit zu vertreten und zu behaupten, war er nicht der Mann. Er fasste daher den Entschluss, zugunsten seines Sohnes abzudanken und ihm die liberale Zukunft zu überlassen. Am 18. September 1862 legte der König seinem Sohn die Abdankungsurkunde vor. Sie war vollständig ausgefertigt – nur die Unterschrift fehlte noch. Doch der Sohn reagierte bestürzt, wollte den Vater umstimmen. Am gleichen Tag sandte von Roon ein Telegramm an Bismarck nach Paris mit der dringenden Bitte, er möge sofort nach Berlin kommen. Schon am darauf folgenden Morgen traf Bismarck in Berlin ein; am gleichen Tag wurde er zu einem Gespräch mit dem König nach Schloss Babelsberg eingeladen, worüber Bismarck berichtete:

> „Die Situation wurde mir zuerst klar, als Se. Majestät dieselbe ungefähr mit den Worten präzisierte: «Ich will nicht regieren, wenn ich es nicht vermag, wie ich es vor Gott, meinem Gewissen und meinen Untertanen verantworten kann. Das kann ich aber nicht, wenn ich nach dem Willen der heutigen Majorität des Landtags regieren soll, und ich finde keine Minister mehr, die bereit wären, meine Regierung zu führen, ohne sich und mich der parlamentarischen Mehrheit zu unterwerfen. Ich habe mich deshalb entschlossen, die Regierung niederzulegen.» [...] Der König stellte [...] die Frage, ob ich bereit sei, als Minister für die Militär-Reorganisation einzutreten [...], auch gegen die Majorität des Landtages und deren Beschlüsse. Auf meine Zusage erklärte er schließlich: «Dann ist es meine Pflicht, mit Ihnen die Weiterführung des Kampfes zu versuchen, und ich abdiziere nicht.»"[124]

Bismarck überzeugte Wilhelm noch, dass es sich bei der Heeresreform nicht um die Frage „Konservativ" oder „Liberal", sondern um „Königliches Regiment" oder „Parlamentsherrschaft" handelte. Er versprach Wilhelm, für den Erhalt der unbeschränkten Monarchie unter allen Umständen einzutreten, auch wenn man dazu durch eine zeitweilige Diktatur gehen müsse. Daraufhin ernannte ihn der König zum Ministerpräsidenten.

4.5 Wandel von Politik und Politikverständnis

Bismarcks Rede von „Blut und Eisen"

Am 30. September, wenige Tage nach seiner Ernennung zum Ministerpräsidenten, hielt Bismarck eine Rede vor der Budgetkommission, die seine grundsätzliche Haltung zur Art der preußischen Politik und zur Lösung der deutschen Frage skizzierte:

> „Wir haben zu heißes Blut, wir haben die Vorliebe, eine zu große Rüstung für unsern schmalen Leib zu tragen; nur sollen wir sie auch utilisieren [nutzen]. Nicht auf Preußens Liberalismus sieht Deutschland, sondern auf seine Macht; Bayern, Württemberg, Baden mögen dem Liberalismus indulgieren [Nachsicht entgegenbringen], darum wird ihnen doch keiner Preußens Rolle anweisen; Preußen muss seine Kraft zusammenfassen und zusammenhalten auf den günstigen Augenblick, der schon einige Male verpasst ist; Preußens Grenzen nach den Wiener Verträgen sind zu einem gesunden Staatsleben nicht günstig; nicht durch Reden und Majoritätsbeschlüsse werden die großen Fragen der Zeit entschieden – das ist der große Fehler von 1848 und 1849 gewesen –, sondern durch Eisen und Blut."[125]

Reaktionen

Damit waren die entscheidenden Worte gefallen: Bismarck glaubte nicht nur, dass die Frage einer deutschen Nationalstaatsbildung nicht mit parlamentarischen, sondern mit militärischen Mitteln gelöst werde müsse; er war auch der Ansicht, dass „Blut und Eisen" legitime Mittel der Politik seien. Die Rede löste ungeheure Empörung aus. Bismarck wurde schnell der unpopulärste Politiker in Deutschland. Kronprinz Friedrich war besorgt, dass der „arme Papa [...] sich durch diesen unwahren Charakter manch harte Stunde einbrocken" wird. In Zeitungen waren folgende Kommentare zu lesen:

„Hat man je gehört, dass mitten im Frieden ein Minister sein Programm auf «Eisen und Blut» begründete?" (Ostdeutsche Post)

„Man darf behaupten, dass aus dem Munde eines deutschen Ministers nie solche frivolen Flunkereien gekommen sind wie aus dem Bismarcks am 30. September." (Isarzeitung)

„Die Krone muss in großer Verlegenheit gewesen sein, wenn sie ihr Heil in ihrem jetzigen Ministerpräsidenten suchen konnte. Den Preußen mag es angst und bange werden." (Zeitung für Norddeutschland)[126]

Auch der König stimmte zunächst in den Chor der erschrockenen Stimmen ein, als er Bismarck, der ihm seine Vorstellungen darlegen wollte, unterbrach:

Unterredung Bismarcks mit dem König

„«Ich sehe ganz genau voraus, wie das alles endigen wird. Da vor dem Opernplatz, unter meinen Fenstern, wird man Ihnen den Kopf abschlagen und etwas später mir.» [...] Als er schwieg, antwortete ich mit der kurzen Phrase «Et après, sire? » – «Ja, après, dann sind wir tot!» erwiderte der König. «Ja», fuhr ich fort, «dann sind wir tot, aber sterben müssen wir früher oder später doch, und können wir anständiger umkommen? Ich selbst im Kampfe für die Sache meines Königs, und Ew. Majestät, indem Sie Ihre königlichen Rechte von Gottes Gnaden mit dem eignen Blute besiegeln, ob auf dem Schafott oder auf dem Schlachtfelde, ändert nichts an dem rühmlichen Einsetzen von Leib und Leben für die von Gottes Gnaden verliehenen Rechte.» [...] Je länger ich in diesem Sinne sprach, desto mehr belebte sich der König und fühlte sich in die Rolle des für Königtum und Vaterland kämpfenden Offiziers hinein."[127]

Hier kam Bismarcks Radikalität, sogar eine gewisse Spielernatur zum Vorschein, die „Alles oder Nichts" setzte, – selbst, wenn es das Leben kostete. Bismarck suchte nicht den König anzusprechen, der seiner Zeit gerecht werden sollte, sondern den preußischen Offizier in ihm wachzurufen, der in stolzem Ehrgefühl, aber ohne Nachdenken und Zweifel in den Tod geht. Mit scharfem psychologischem Blick analysierte Bismarck die Natur des Königs:

„Er war äußern und persönlichen Gefahren gegenüber von einer seltenen und ihm absolut natürlichen Furchtlosigkeit, auf dem Schlachtfelde wie Attentaten gegenüber; seine Haltung in jeder äußern Gefahr hatte etwas Herzerhebendes und Begeisterndes. Der ideale Typus des preußischen Offiziers, der dem sichern Tode im Dienst mit dem einfachen Worte «Zu Befehl» selbstlos und furchtlos entgegengeht, der aber, wenn er auf eigne Verantwortung handeln soll, die Kritik des Vorgesetzten oder der Welt mehr als den Tod und dergestalt fürchtet, dass die Energie und Richtigkeit seiner Entschließung durch die Furcht vor Verweis und Tadel beeinträchtigt wird, dieser Typus war in ihm im höchsten Grade ausgebildet. [...] Dem gegenüber war die Wirkung unsrer Unterredung in dem dunklen Coupé, dass er die ihm nach der Situation zufallende Rolle mehr vom Standpunkt des Offiziers auffasste [...], der die Aufgabe hat, einen bestimmten Posten auf Tod und Leben zu behaupten, gleichviel, ob er auf demselben umkommt oder nicht. Damit war er auf einen seinem ganzen Gedankengange vertrauten Weg gestellt und fand in wenigen Minuten die Sicherheit wieder [...] und selbst seine Heiterkeit."[128]

Bismarck attestierte seinem König eine gewisse Unsicherheit, wenn es darum ging, aufgrund von ruhiger und sachlicher Überlegung zu einem Entschluss zu kommen; dagegen gewann der König diese Sicherheit sofort zurück, wenn er in eine bestimmte Haltung, hier die Haltung eines preußischen Offiziers, hineinkam. Diese Gestimmtheit führte ihn zu einer Opferbereitschaft, die Pflicht und Ehre über das eigene Leben stellte. Wir wissen aus unseren bisherigen Überlegungen, dass eine solche Haltung möglich ist, wenn ein oberster Wert außerhalb des Menschen angenommen wird. Dies war im Mittelalter, der

Kompetenzorientierte Urteilsbildung

Antike und der Vorantike der Fall, nicht aber in der Neuzeit. Bismarck appellierte mit Erfolg an eine solche rückwärts gewandte Einstellung; nicht mehr der König dachte und entschied, sondern eine unreflektiert überkommene Haltung und Einstellung. Eine solche Disposition ist geeignet, die selbstverantwortete Gedanklichkeit und die mit ihr verbundene Humanität, wie sie in den Menschenrechten zum Ausdruck kam, zu gefährden. Hierin erkennen wir eine Grundgefährdung der Neuzeit.

Wandel von Politik und Politikverständnis

Bismarcks Blut-und-Eisen-Rede machte einen grundlegenden Wandel von Politik und Politikverständnis deutlich, der nicht nur für Bismarck, sondern für das gesamte politische Denken in der zweiten Hälfte des 19. Jahrhunderts in Europa galt. Bereits in einem Privatschreiben vom 10. Dezember 1860 an Minister von Schleinitz ließ Bismarck diesen Wandel erkennen:

> „Nach meiner Ansicht beschränkt sich die Pflicht eines preußischen Monarchen, Rechtsschutz zu üben, auf die [...] Grenzen des preußischen Reiches [...]. Wir [sollten] uns bei Umwälzungen im Auslande nicht fragen [...], was in der Sache [...] Rechtens sei, sondern [...] unsere Parteinahme danach einrichten, welche Gestaltung des Auslandes die günstigste sei für die Machtstellung und Sicherheit der Krone Preußens."[129]

Realpolitik

Die oberste Richtschnur der Politik bildete nun nicht mehr das Recht, die Gerechtigkeit, sondern der Nutzen, den eine Sache, eine Entscheidung für das betreffende Land hat. Man bezeichnet diese Einstellung mit dem Begriff „Realpolitik". Der Begriff selbst ist bereits suggestiver Natur, indem er den Nutzen als das „Reale" bezeichnet und dem Recht als dem „Idealen" überordnet. Damit wurden nicht mehr Recht und Gerechtigkeit zu obersten Werten des politischen Wollens, sondern der Nutzen und die „Interessen" eines Landes. An ihnen, nicht mehr an Recht und Moral, sollte sich die Politik orientieren.

Herrschaft und Recht	
Realpolitik	• Interessenspolitik zum Erhalt oder zur Erweiterung der Macht eines Staates • Sie nimmt auf Recht und Moral keine Rücksicht, sondern orientiert sich am Machterhalt oder der Machterweiterung eines Staates (Machtstaat)
Werteorientierte Politik	• Werte und Recht bestimmen das politische Handeln • Sie ermöglichen ein gerechtes und friedliches Zusammenleben (Rechtsstaat)

Heute ist das realpolitische Denken zu einer Selbstverständlichkeit geworden; die wirtschaftlichen Beziehungen und Interessen bestimmen die heutige Politik weit mehr als politische und ethische Werte. Vertreter einer Wertepolitik gelten heute beinahe als naiv. Das ist nicht eine Folge politischer und historischer Einsicht, sondern die unbewusste Konsequenz der geschichtlichen Entwicklung seit der zweiten Hälfte des 19. Jahrhunderts. Insofern stellte dieser Wandel von Politik und Politikverständnis eine der bedeutendsten Weichenstellungen der neueren geschichtlichen Entwicklung dar, die wir verstehen müssen.

Auch für Preußen stellte diese Wendung der Politik unter Bismarck ein Novum dar. Graf Schwerin, wie Bismarck ein ostelbischer Adliger, trat dieser Auffassung entschieden entgegen. Er erklärte, dass er

> „den Satz, in dem die Rede des Herrn Ministerpräsidenten kulminierte: «Macht geht vor Recht, sprecht Ihr, was Ihr wollt, wir haben die Macht, und also werden wir unsere Theorie durchführen» nicht für einen Satz halte, der die Dynastie in Preußen auf die Dauer stützen kann." Vielmehr gelte die umgekehrte Auffassung: „«Recht geht vor Macht: Justitia fundamentum regnorum!» Das ist der Wahlspruch der preußischen Könige, und er wird es fort und fort bleiben." Darauf beruhe die Größe des Landes „und die Verehrung, die das preußische Regentenhaus bisher im Inland wie im Ausland genießt und fort und fort genießen wird."[130]

Kompetenzorientierte Urteilsbildung

Hier trafen zwei Welten aufeinander, die das 19. Jahrhundert zweiteilten und die weitere Entwicklung bestimmten. Im Lichte unserer Kompetenzkategorien besteht kein Zweifel, wie diese Entwicklung zu bewerten ist. Auch die Realpolitik wischte die Werte beiseite, die Inhalt der neuzeitlichen Geschichtsentwicklung waren und sich im Denken der Aufklärung, in den Menschenrechten, in der Gedankenwelt der Deutschen Klassik niederschlugen. Diese Werte konstituieren essenziell das Humanum in der Geschichtsentwicklung. Wer sie negiert, zerstört die historisch-anthropologische Entwicklung des Menschen, wie wir insbesondere im 20. Jahrhundert im Nationalsozialismus sehen werden. Diese Entwicklung begann in zweiten Hälfte des 19. Jahrhunderts; bereits Pico della Mirandola hatte am Ende des 15. Jahrhunderts auf sie als eine Möglichkeit der neueren Geschichtsentwicklung hingewiesen.

Unter dem Gesichtspunkt der Realpolitik verändern sich grundlegende Kategorien, die wir der neuzeitlichen Wertsetzung zugeordnet haben:

Herrschaft	Recht	Gesellschaft	Selbstverständnis	Krieg
In der neuzeitlichen Entwicklung				
Demokratie	Menschenrechte	Bürgerliche Gleichheit	Individualismus	Ächtung des Kriegs
Unter dem Gesichtspunkt der Realpolitik				
Gewaltherrschaft	Macht	Nationale oder rassistische Ungleichheiten	Streben nach Macht und Reichtum	Krieg als Mittel der Politik

Es ist unschwer zu erkennen, dass zur Charakterisierung der geschichtlichen Entwicklung ab der zweiten Hälfte des 19. Jahrhunderts mehr die Begriffe der unteren als die der oberen Zeile herangezogen werden müssen. Dies kennzeichnet einen eklatanten Missstand der historischen Entwicklung, der uns nur deswegen nicht so drängend ins Bewusstsein fällt, weil wir ihm selbst unterworfen sind. Wir sind Teil dieser Entwicklung, nicht außenstehende Beobachter. Daher erscheint uns die Diskrepanz nicht nur als geschichtswissenschaftliche Beobachtung, sondern als realer Machtkampf: Um die Verwirklichung humaner Werte muss gerungen werden; sie sind nicht nur Gegenstand akademischer Betrachtungen, sondern Ziel menschlichen Handelns, das eine humane Gesellschaft schaffen will. Dass eine solche Haltung von vielen heute belächelt wird, ist nicht die Folge einer besseren Einsicht, sondern Teil dieser Auseinandersetzung.

Universeller Wandel des Denkens

Allgemeiner Werteverlust am Ende des 19. Jahrhunderts	
Politik	Wissenschaft
• Realpolitik • Europäischer Überlegenheitswahn • Europäischer Rassismus	• Verlust des religiösen Menschenbildes als Abbild Gottes • Evolution als Produkt des Zufalls, der Selektion und des Kampfes ums Dasein • Mensch nicht selbst-, sondern triebgesteuert

Um die Tragweite dieses Umschwungs im Politikverständnis zu erkennen, müssen wir den Blick über die Grenzen Deutschlands, aber auch über die Grenzen von Politik und Geschichte hinaus auf andere Lebensgebiete werfen; denn auch sie sind von diesem Wandel betroffen. Überschreiten wir zunächst die geographische Grenze und fragen, ob dieser Wandel nur für Deutschland gilt. Der Blick auf das englische und französische Kolonialreich zeigt klar, das dem nicht so ist. Gerade sie haben durch das Prinzip der Stärke, des Nationalismus und eines ethnisch-rassistischen Sendungsbewusstseins ihre Kolonialreiche geschaffen. Aber der Wandel des Denkens ist noch viel grundlegender: Er gilt nicht nur für die Politik, sondern auch für die Wissenschaft, insofern in sie nicht nur wissenschaftliches, sondern auch weltanschauliches Denken eingeflossen ist. Auch sie stürzte von idealistischen Höhen in „reale" Tiefen. So verschwand der alte Glaube vom Menschen als eines Abbildes Gottes. An seine Stelle trat die darwinistische Evolutionslehre, die den Menschen zu einem Geschöpf des Zufalls, der Anpassung und des Kampfes ums Dasein machte. Gerade in ihr wurde der wissenschaftliche Gedanke der Evolution mit weltanschaulichen Elementen vermengt, die den imperialistischen Bestrebungen der Großmächte eine scheinbare „wissenschaftliche" Legitimation gaben. Wenn die Evolution von Zufall und Kampf bestimmt ist, warum sollte dann die Politik vor dem Einsatz von Gewalt und der Ausnutzung der „günstigen Gelegenheit" zurückschrecken? Hier wird deutlich, dass ein Mangel an Unterscheidungs- und Urteilsvermögen zu verheerenden politischen und sozialen Konsequenzen führen kann. Die seit der Mitte des 19. Jahrhunderts auftretenden Rassenideologien legten dafür ein beredtes Zeugnis ab. Die technische, staatliche und militärische Überlegenheit wurde zur Machterweiterung genutzt; die Idee der Menschenrechte verblasste zur akademisch sonntäglichen Gelehrsamkeit, die mit der „Wirklichkeit" nichts zu tun hatte. Die Idee hat sich aber, um in Hegels Geist zu sprechen, an dieser „Wirklichkeit" gerächt, indem sie sie in mehreren Kriegen, darunter zwei verheerende Weltkriege, zerstört hat. Weniger metaphorisch gesprochen kann man feststellen, dass unter der Oberfläche der neuzeitlichen Rationalität ein aggressives Potenzial an Egoismus und Machtwahn schlummert, das zum Vorschein kommt, wenn das Denken schwach und die Persönlichkeit kraftlos wird. Hier sei an die Französische Revolution, ihren Absturz in die Tyrannei und an Goyas Schlaf der Vernunft erinnert. In dieses Bild fügten sich die Entdeckungen der Tiefenpsychologie nahtlos ein, die deutlich machten, dass der Mensch nicht nur rational, sondern in nicht geringem Ausmaße auch triebgesteuert ist.

Kompetenzorientierte Urteilsbildung

Wir haben es seit der zweiten Hälfte des 19. Jahrhunderts mit einem grundlegenden und antihumanen Wandel im Welt- und Selbstverständnis des Menschen zu tun, der bis heute wirksam ist und den Idealen der Aufklärung diametral entgegensteht. Er verbrämte sich mit dem Anschein einer wissenschaftlichen Legitimation, ist aber nichts anderes als ein gewaltiger Machttrieb, den wir auch schon am Beginn der Neuzeit beim frühneuzeitlichen Kolonialismus kennengelernt haben. Hier ist es notwendig, den eigenen Standort zu erkennen und die Bedingungen seiner Gültigkeit zu bestimmen. Ein historisches Urteil muss mit den Urteilen anderer Zeiten in Einklang gebracht werden können, wenn es der Standortgebundenheit Rechnung tragen will. Eine wissenschaftliche Evolutionstheorie braucht und soll daher das, was das Mittelalter als „Gott", die Antike als „Idee" usw. bezeichnet haben, nicht abzulehnen, sondern muss die neue Form erkennen, in der diese alten Prinzipien neu auftreten. Wir haben dies beim Übergang des Gottesbegriffes in die absoluten Werte der Neuzeit in Band 3 gezeigt.[131] Unsere Kompetenzkategorien helfen uns also zu einer sachgemäßen Urteilsbildung, indem sie sowohl sichtbar machen, wie an die Stelle der alten Kategorien neuzeitliche treten, als auch erkennen lassen, unter welchen Bedingungen die neuen von den alten behindert oder verdrängt werden können. Damit wird die Grundlage für ein historisches Verständnis anderer Zeiten und anderer Länder gelegt; sie ermöglicht zugleich das eigene Verständnis im rechten Licht zu sehen.

4.6 Die Einigungskriege

Die Situation von Schleswig und Holstein

<table>
<tr><th colspan="4">Die Situation von Schleswig und Holstein</th></tr>
<tr><td></td><td>Schleswig</td><td rowspan="3">In Personalunion mit Dänemark verbunden</td><td rowspan="2">• „Up ewig ungedeelt"
• Selbstständige Länder</td></tr>
<tr><td rowspan="2">Mitglieder des Deutschen Bundes</td><td>Holstein</td></tr>
<tr><td>Lauenburg</td><td></td></tr>
</table>

Preußens Staatsgebiet, das sich zerstückelt über West- und Norddeutschland ausdehnte, lebensfähig zu machen, war ein zentrales Ziel Bismarcks. Die erste Gelegenheit dazu bot sich beim Streit des Deutschen Bundes mit Dänemark, der wegen Schleswig-Holstein ausgebrochen war. Die staatsrechtliche Situation der beiden Länder war kompliziert. Sie waren einerseits selbstständige Länder, wurden aber, wie auch das kleine Herzogtum Lauenburg, vom dänischen König regiert, der die drei Länder in Personalunion vereinte. Holstein und Lauenburg waren Mitglieder des Deutschen Bunds, nicht aber Schleswig. Darüber hinaus bildeten Schleswig und Holstein aufgrund eines Vertrages aus dem Jahre 1460 eine unauflösliche Einheit: „up ewig ungedeelt."

Der deutsch-dänische Krieg

Der Streit um die beiden Länder entzündete sich bereits 1848, als Dänemark sie seinem Staatsgebiet einverleiben wollte. Dies führte zum Krieg des Deutschen Bundes mit Dänemark. Aufgrund der Intervention des europäischen Auslandes wurde 1852 im Londoner Protokoll bestätigt, dass Schleswig und Holstein in Personalunion zu Dänemark gehören, aber selbstständig bleiben müssen. Auch seien die Rechte der Deutschen zu achten. Doch 15 Jähre später startete der dänische König Friedrich VII. einen weiteren Versuch, die Länder für Dänemark zu vereinnahmen, indem er eine neue Verfassung geben wollte, die auch für Schleswig gelten sollte. Er verstarb allerdings, bevor er sein Vorhaben zu Ende gebracht hatte. Sein Nachfolger, Christian IX. und Prinz von Glücksburg, setzte die alte Politik fort und erklärte, dass ab dem 1. Januar 1864 Schleswig Teil des dänischen Königreichs sei. Der Herzog von Augustenburg widersetzte sich diesem Vorgehen und bestritt die Rechte des dänischen Königs; er wurde dabei von der deutschen Bevölkerung unterstützt. Die europäischen Großmächte erkannten seine Ansprüche aber nicht an. Auch Österreich und Preußen hielten sich zurück – trotz einer gegenteiligen Abstimmung des preußischen Abgeordnetenhauses. Sie hielten sich an das Londoner Protokoll. Es lag nach Bismarcks Ansicht nicht im Interesse Preußens, einen weiteren Bundesstaat zu schaffen, der im Zweifelsfall gegen Preußen stimmen würde. Er wollte langfristig die beiden Herzogtümer zu Preußen schlagen: „Die ‚up ewig Ungedeelten' müssen einmal Preußen werden!", schrieb er in einem Brief an seinen Schwager. Österreich schien diese Absicht nicht erkannt zu haben. Es wollte – wie augenscheinlich auch Preußen – die Sache als selbstständige europäische Großmacht, nicht als Mitglied oder im Auftrag des Deutschen Bundes regeln. Daher war es bereit, zusammen mit Preußen dem dänischen König ein Ultimatum zu stellen, um die Annexion rückgängig zu machen. Dänemark lehnte das Ultimatum ab und erwirkte damit die Kriegserklärung Österreichs und Preußens. England blieb neutral, da Österreich und Preußen im Sinnes des Londoner Protokolls zu handeln schienen. Der Krieg wurde rasch zugunsten Österreichs und Preußens entschieden, an die Dänemark nun die beiden Herzogtümer abtreten musste.

Der deutsch-deutsche Krieg

Die gemeinsame Verwaltung führte zu Schwierigkeiten und Reibereien, die eine vertragliche Regelung notwendig machten. Im Vertrag von Gastein einigte man sich 1865 auf eine getrennte Verwaltung der beiden Herzogtümer: Preußen war für Schleswig und Lauenburg zuständig, Holstein unterstand Österreich. Preußen erhielt zwei Militärstraßen sowie eine Telegraphen- und Eisenbahnlinie durch Holstein. In Österreich begann man die Problematik der fernen Herrschaft zu erkennen und warf der Regierung vor, sie habe sich von Bismarck hinters Licht führen lassen. Darauf trat die Regierung zurück; ihre Nachfolgerin vollzog eine politische Kehrtwendung und wollte nun doch den Herzog von Augustenburg unterstützen. Unter der Bedingung, dass das Militär, Zoll, Verkehr und Post Preußen unterstellt würden, wäre Preußen mit diesem Vorschlag einverstanden. Österreich lehnte sie aber ab. Es erkannte aber, dass diese weitab von seinem Territorium liegenden Länder ihm wenig nützlich seien, und wurde zunehmend bereit, eine preußische Annexion zu akzeptieren, sofern auch Österreich ein entsprechender Landgewinn in Aussicht gestellt würde. Bismarck bot an, Österreichs Ansprüche auf Venetien zu unterstützen, wenn es Holstein an Preußen abträte. England, Frankreich und Russland schlugen einen europäischen Kongress zur Lösung der beiden Fragen vor. Österreich war dazu aber nur unter der Bedingung bereit, dass Venetien nicht zur Diskussion stände. Der europäische Kongress kam daraufhin nicht zustande. Österreich hatte sich dadurch in Europa isoliert und stand als Unruhestifter da. Es wollte nun eine Lösung durch den Deutschen Bund erreichen. Preußen legte dem Bund eine neue Verfassung vor, die Österreichs Ausschluss vorsah. Österreich klagte es daraufhin an, den Bundesfrieden gebrochen zu haben, und beantragte die Mobilisierung des nichtpreußischen Bundeskorps. Der Bund beschloss tatsächlich die Mobilmachung. Preußen erklärte dadurch den Bundesvertrag für gebrochen, trat aus dem Bund aus und marschierte in Hannover, Sachsen und Kurhessen ein. Österreich setzte sein Heer nach Böhmen in Bewegung. Italien erklärte Österreich den Krieg. Frankreich und England hielten sich abseits. Militärisch durch die italienische Kriegsfront geschwächt, verlor Österreich die entscheidende Schlacht bei Königgrätz (Sadowa). Durch die Taktik des preußischen Oberbefehlshabers, Graf Moltke, der die Armeen getrennt marschieren, aber vereint schlagen lassen wollte, konnte dank des rechtzeitigen Eintreffens der Armee des Kronprinzen das österreichische Heer eingeschlossen und geschlagen werden.

Friedensverhandlungen

Dramatisch verliefen die Friedensverhandlungen, da Bismarck sich dem Willen des Königs entgegenstellte. Wilhelm verlangte als Kriegsentschädigung Gebietsabtretungen, Bismarck hingegen wollte einen maßvollen Frieden ohne Landgewinne auf Kosten Österreichs, da er der Ansicht war, für die weitere politische Zukunft Preußens in Europa das Wohlwollen Österreichs zu benötigen. Bismarck erhielt in dieser kritischen Lage die Unterstützung des Kronprinzen Friedrich und konnte sich so gegenüber dem König behaupten, dem nur ein pathetisches Larmoyment blieb. Bismarck berichtete darüber:

„Der Widerstand, welchen ich den Absichten Sr. Majestät in Betreff der Ausnutzung der militärischen Erfolge und seiner Neigung, den Siegeslauf fortzusetzen, meiner Überzeugung gemäß leisten musste, führte eine so lebhafte Erregung des Königs herbei, dass eine Verlängerung der Erörterung unmöglich war und ich mit dem Eindruck, meine Auffassung sei abgelehnt, das Zimmer verließ mit dem Gedanken, den König zu bitten, dass er mir erlauben möge, in meiner Eigenschaft als Offizier in mein Regiment einzutreten. In mein Zimmer zurückgekehrt, war ich in der Stimmung, dass mir der Gedanke nahe trat, ob es nicht besser sei, aus dem offenstehenden, vier Stock hohen Fenster zu fallen und sah mich nicht um, als ich die Tür öffnen hörte, obwohl ich vermutete, dass der Eintretende der Kronprinz sei, [...]. Ich fühlte seine Hand auf meiner Schulter, während er sagte: «Sie wissen, dass ich gegen den Krieg gewesen bin, Sie haben ihn für notwendig gehalten und tragen die Verantwortlichkeit für denselben. Wenn Sie nun überzeugt sind, dass der Zweck erreicht ist und jetzt Friede geschlossen werden muss, so bin ich bereit, Ihnen beizustehen und Ihre Meinung bei meinem Vater zu vertreten.» Er begab sich dann zum Könige, kam nach einer kleinen halben Stunde zurück in derselben ruhigen und freundlichen Stimmung, aber mit den Worten: «Es hat sehr schwer gehalten, aber mein Vater hat zugestimmt.» Diese Zustimmung hatte ihren Ausdruck gefunden in einem mit Bleistift an den Rand einer meiner letzten Eingaben geschriebenen Marginale ungefähr des Inhalts: «Nachdem mein Ministerpräsident mich vor dem Feinde im Stiche lässt und ich hier außer Stande bin, ihn zu ersetzen, habe ich die Frage mit meinem Sohne erörtert, und da sich derselbe der Auffassung des Ministerpräsidenten angeschlossen hat, sehe ich mich zu meinem Schmerze gezwungen, nach so glänzenden Siegen der Armee einen so schmachvollen Frieden anzunehmen».“[132]

Bedeutung des deutschen Kriegs

Mit dem Ende des deutschen Krieges war die Frage der Vorherrschaft in Deutschland zugunsten Preußens entschieden. Österreich wurde nun zu einem Staat außerhalb Deutschlands; seine nationalen Probleme, für die es bisher immer eine gewisse Unterstützung im Deutschen Bund gefunden hatte, musste es nun allein lösen. Ein zweiter, nicht minder bedeutender Verlierer des Kriegs war das Legitimitätsprinzip.

„Denn auch hierin zeigte sich ja der revolutionäre, weit in die Zukunft reichende Charakter dieses vermeintlichen Krieges: Der monarchische Legitimitätsgedanke, zum ersten Male bereits durch die Massenentthronungen am Anfang des Jahrhunderts schwer geschädigt, erlitt jetzt durch die preußischen Annexionen einen zweiten Stoß, der so heftig war, dass er zweifellos noch in den Ereignissen von 1918 nachwirkt, die ohne ihn kaum denkbar gewesen wären. Oder, um [...] Burckhardt zu zitieren: «Man wird eben nicht sicherer, wenn man seinesgleichen verjagt und die Länder erbt.»“[133]

Norddeutscher Bund

An die Stelle des Deutschen Bundes trat nun der Norddeutsche Bund unter der Führung Preußens. Er stellte nicht nur ein Schritt zur Arrondierung des preußischen Staatsgebietes dar, sondern bildete zugleich eine entscheidende Etappe auf dem Weg zur deutschen Einigung. In ihm waren außer den Südstaaten Bayern, Württemberg, Baden, Pfalz und Südhessen bereits alle deutschen Staaten vereinigt. Der Norddeutsche Bund erhielt eine vergleichsweise liberale Verfassung, nach der in gleicher, geheimer, direkter und allgemeiner Wahl eine Volksvertretung gewählt wurde. Sie nahm in ihren Grundzügen die spätere Verfassung des Deutschen Kaiserreiches vorweg. Bismarck verprellte damit sein eigenes konservatives Lager, zog dafür die Liberalen auf seine Seite. Er hatte seine Worte in Taten umgesetzt; die Ablehnungsfront gegen ihn begann zu bröckeln. Mit seiner Indemnitätsvorlage bat er nun um nachträgliche Genehmigung der bisherigen Staatsausgaben und erkannte damit das Budgetrecht des Parlamentes an. Er ging einen Schritt auf den parlamentarischen Staat zu. Dies führte zur Spaltung der Liberalen und Konservativen in Nationalliberale und Freikonservative, die beide in den kommenden Jahren Bismarcks Politik unterstützten.

Reaktion des Auslands

Auch das europäische Ausland reagierte auf diese bedeutende innerdeutsche Entwicklung. Der französische Kaiser Napoleon III. forderte als Entschädigung die Pfalz und Rheinhessen. Bismarck benutzte diese Forderung als Trumpf in seinen Verhandlungen mit den Staaten Süddeutschlands, die er zu einem Schutz- und Trutzbündnis im Falle eines französischen Angriffs bewegen konnte. Preußen bekam im Verteidigungsfall den Oberbefehl über die deutschen Truppen. Damit stärkte Preußen seine Führungsrolle auch gegenüber den süddeutschen Staaten. Napoleon hatte das Gegenteil von dem bewirkt, was er erreichen wollte. Russland war über den „revolutionären" Norddeutschen Bund entsetzt, der sogar die Einrichtung eines Parlaments zuließ. Doch Bismarck konnte den Zaren zum Einlenken bewegen, indem er ihn darauf verwies, dass in Deutschland erst recht die Revolution ausbrechen würde, wenn man den Deutschen diesen Erfolg verweigerte. England reagierte auf den Verlust des Königreiches Hannover gelassen und verweigerte sogar dem auf Revision bedachten Hannoverschen König Georg V. seine Hilfe.

Inhaltliche Ergebnissicherung

Der Deutsche Krieg 1866		
Ursachen	Ergebnis	Folgen
• Rivalität zwischen Österreich und Preußen um die Vorherrschaft in Deutschland • Anlass: Streit um die Verwaltung der 1864 erworbenen Herzogtümer Schleswig und Holstein	• Schneller Sieg Preußens über Österreich • Maßvoller Friede mit Verzicht auf Gebietsabtretungen • Einverleibung der gegnerischen Bundesstaaten durch Preußen unter Missachtung des Legitimitätsprinzips	• Österreich wird zu einem Staat außerhalb Deutschlands • Untergrabung des Legitimitätsprinzips • Gründung des Norddeutschen Bundes als Vorstufe einer deutschen Reichsgründung

Napoleons neue Begehrlichkeiten

Der Blick auf die Karte des neuen Deutschlands ließ Napoleon III. nicht zur Ruhe kommen. Nachdem sein Versuch gescheitert war, die Pfalz und Rheinhessen als Kompensation für die preußischen Erwerbungen zu erhalten, lenkte er nun seine Begehrlichkeit auf Belgien und Luxemburg. Bismarck entlockte dem französischen Gesandten ein Schriftstück, auf dem diese Forderung festgehalten war - und veröffentlichte es. Damit war Napoleon blamiert; ein Dementi erfolgte umgehend, war aber wenig überzeugend. In der Folge wurde Luxemburg ein selbständiger und neutraler Staat außerhalb des Deutschen Bundes, dem es bis zu dessen Ende angehört hatte. Bis 1919 blieb es Mitglied des Deutschen Zollvereins.

Spanische Thronkandidatur

Eine gravierende Krise im preußisch-französischen Verhältnis brachte die Kandidatur eines Hohenzollernprinzen für den spanischen Thron. Prinz Leopold von Hohenzollern-Sigmaringen, eine süddeutsche, katholische Seitenlinie der Hohenzollern, sollte spanischer König werden. Nach anfänglicher Ablehnung des Prinzen riet ihm Bismarck zu; auch der preußische König signalisierte seine Zustimmung, obwohl Preußen offiziell nicht an den Verhandlungen beteiligt war. Wegen zu erwartender Interventionen Frankreich wurden die Verhandlungen geheim geführt. Aber Anfang Juli 1870 sickerte das Gerücht nach Frankreich durch; und am 4./5. Juli herrschte große Aufregung in den Pariser Zeitungen. Das Hofjournal „Pays" titelte mit „Krieg" und schrieb:

> „Die Ereignisse sind ernst. Was nur ein Gerücht war, ist zur Wirklichkeit geworden. Preußen legt die Hand auf Spanien. Heute abend, morgen kann der Krieg vielleicht erklärt sein. Frankreich wird nicht zurückweichen. Entweder zieht Preußen seine Ansprüche zurück oder es muss sich schlagen."[134]

Auch der französische Ministerpräsident Ollivier bestätigte gegenüber dem preußischen Gesandten in Paris die französische Absicht zum Krieg, wenn es bei der preußischen Thronkandidatur bliebe. Frankreich befürchtete eine einschneidende Verschiebung des Mächtegleichgewichts und eine Einkreisung des Landes wie zur Zeit Karls V. Angesichts dieser bedrohlichen Perspektive zog Leopold seine Kandidatur zurück. Bismarck bestärkte ihn auch darin, ließ aber den Rücktritt so veröffentlichen, dass Preußen unbeteiligt erschien. Frankreich triumphierte.

Der deutsch-französische Krieg

Aber Frankreich wollte mehr. Sie versuchte Preußen zu demütigen und verlangte eine Garantie für alle Zukunft, dass kein Hohenzoller mehr nach dem spanischen Königsthron strebe. Der französische Gesandte Benedetti trug diese Forderung so anmaßend vor, dass König Wilhelm sich weigerte, ihn weiter anzuhören. Wilhelm telegraphierte darüber an Bismarck, der das Telegramm in gekürzter Form veröffentlichte: Die Emser Depesche. Der beleidigte Kaiser erklärte daraufhin am 19. Juli 1870 Preußen den Krieg. Es war Napoleons Krieg, denn 71 von 87 Departements nahmen die Kriegserklärung mit Zögern und Bedauern auf. In Deutschland wurden durch die französische Kriegserklärung an Preußen die Schutz- und Trutzbündnisse wirksam, in denen die süddeutschen Staaten sich verpflichtet hatten, im Kriegsfall ihre Truppen Preußen zu unterstellen. Die Süddeutschen, die Preußen bisher immer sehr skeptisch gegenübergestanden hatten, schwenkten nun auf seine Seite um. Russland und England verhielten sich wohlwollend neutral gegenüber Preußen, Österreich und Italien ließen sich von Frankreich für einen Kriegseintritt nicht gewinnen. So standen sich Deutsche und Franzosen allein gegenüber. Frankreich schien, trotz des Kriegsgeschreis im Vorfeld, schlecht auf den Krieg vorbereitet. Der französische Aufmarsch war zu langsam; der deutsche auf den Tag genau. Der Krieg war innerhalb von sechs Wochen entschieden. Nach der Schlacht von Sedan am 1./2. September 1870 kapitulierten die Franzosen. Der Kaiser wurde gefangengenommen, die Dritte Republik ausgerufen. Frankreich bot Preußen das Ende des Krieges und eine Kriegsentschädigung an, wenn es sich von französischem Boden zurückzog. Wenn der preußische König dazu nicht bereit sei,

> „fällt die ganze Wucht der Verantwortung für die Fortsetzung des Krieges auf ihn zurück, und er wird dem fürchterlichsten Widerstand des Volkes begegnen. Wir werden keinen Fußbreit unseres Landes, keinen Stein unserer Festungen preisgeben."[135]

So erklärte Jules Favre im Namen der provisorischen französischen Regierung, die er zusammen mit Gambetta und anderen Napoleongegnern gebildet hatte. Preußen war in der Situation wie 1866 nach Königgrätz. Sollte es um der politischen Zukunft willen auf Gebietsabtretungen verzichten und dem „glänzenden Sieg" wieder einen „schmachvollen Frieden" folgen lassen? Der Kronprinz wäre dazu erneut bereit gewesen. Bismarck wollte oder konnte aber nicht ein zweites Mal seinem König in einer so dramatischen Situation die Stirn bieten. Er verlangte mit dem König und dem Generalstab die Abtretung Elsass-Lothringens als Sicherheit für Süddeutschland. Damit ging der Krieg weiter und aus dem Napoleonischen Krieg wurde ein Volkskrieg, der den Samen für weitere Konflikte zwischen Frankreich und Deutschland legen sollte. Bismarcks politische Klugheit, für die er vier Jahre zuvor Stellung und Leben geopfert hätte, hatte ihn – wie auch viele andere – hier verlassen. Am 28. Januar 1871 kapitulierte Paris. Von März bis Mai 71 flammten noch gelegentliche Kämpfe mit der Pariser Kommune auf, die aber am Ausgang des Krieges nichts ändern konnten. Weitere Siege über französische Festungen besiegelten das endgültige Kriegsende.

Inhaltliche Ergebnissicherung

Der deutsch-französische Krieg 1870/71		
Ursachen	**Ergebnis**	**Folgen**
• Rivalität zwischen Frankreich und dem sich ausdehnenden Preußen • Anlass: Spanische Thronkandidatur eines Hohenzollern • Gefahr der Einkreisung Frankreichs durch die Hohenzollern	• Schneller Sieg Preußen-Deutschlands • Sturz Napoleons und Ausrufung der Dritten Republik • Erzwungene Abtretung Elsass-Lothringens • Krieg wird Volkskrieg	• Die Abtretung von Elsass-Lothringen schafft eine schwere Hypothek für die Zukunft • Der Volkskrieg vergiftet die Atmosphäre zwischen beiden Ländern für beinahe ein Jahrhundert

4.7 Die Natur des Deutschen Reiches

Kaiserproklamation zu Versailles

Am 18. Januar 1871, zehn Tage vor der Kapitulation von Paris, wurde König Wilhelm I. von Preußen in Versailles zum Kaiser proklamiert und damit das Deutsche Kaiserreich gegründet. Lange wurde um den Titel des neuen Kaisers gerungen. Sollte Wilhelm „Kaiser von Deutschland" oder „Deutscher Kaiser" werden? Stand das Kaisertum in der Tradition des alten Heiligen Römischen Reiches oder sollte es eine Neugründung sein? War überhaupt ein Kaisertitel notwendig? Welche Staatssymbole sollte das neue Reich erhalten? Diese Fragen waren alle noch nicht geklärt und entschieden, als Wilhelm zum Kaiser erhoben werden sollte. Er war darüber so verstimmt, dass er noch am Tag vor der Proklamation von der „ganzen Kaiserei" nichts mehr hören wollte. Die Reichsgründung verlief entsprechend unterkühlt; Bismarck verlas im monotonen Beamtenstil die Gründungsurkunde. Lediglich der Großherzog von Baden brachte mit seinem Hoch auf „Kaiser Wilhelm", womit er die Problematik der endgültigen Kaisertitulatur umging, etwas Emotion und Feierlichkeit in die Versammlung, die im Spiegelsaal von Versailles zusammen gekommen war.

Selbstverständnis des Reichs

Was die Demokraten 1848 nicht schafften, war Bismarck gelungen: Er hatte einen deutschen Nationalstaat geschaffen. Aber der neue Staat war kein Reich des Volkes, sondern der Fürsten und des Militärs. Die Fürsten hatten den König zum Kaiser erhoben; das Militär hatte durch drei Kriege den Weg gebahnt. Das Reich stand nicht in der demokratischen Tradition von 1848. Der Kaiser empfand es als Fortsetzung des mittelalterlichen Kaiserreiches, obwohl Bismarck ihm explizierte, dass eine solche Fortführung staatsrechtlich nicht möglich sei. Das Reich übernahm im Wesentlichen die Verfassung des Norddeutschen Bundes; es war möglicherweise – wie einige Verfassungsrechtler darlegten – nur eine Erweiterung des Norddeutschen Bundes, dem die süddeutschen Staaten beitraten, keine eigentliche Neugründung. Andere sahen den Tatbestand der Neubegründung dadurch erfüllt, dass dem Beitritt Verhandlungen vorausgingen, die als neuer Vertragsabschluss bewertet werden könnten.

Inhaltliche Ergebnissicherung

Verfassung und Natur des Deutschen Reiches		

• Das Staatsgebiet = „Kleindeutsche Lösung" der 1848er-Revolution
• Bundesstaat aus 25 Einzelstaaten
• Gewaltenteilung
• Allgemeines, gleiches, geheimes Wahlrecht
• Bundesrat als oberstes Regierungsorgan
• Keine Zentralregierung
	• Preußischer König ist
	  • Deutscher Kaiser
	  • „Primus inter pares" mit starker Machtposition
	• Preußischer Ministerpräsident ist
	  • Kanzler des Reiches
	  • Vorsitzender des Bundesrates
	• Kultur- und Steuerhoheit der Einzelstaaten
		• Mittel und Wege zur Staatsgründung: Kriege mit Vorreiterrolle Preußens
		• Reich der Fürsten und des Militärs
		• Einordnung des Reiches in die mittelalterliche Kaisertradition, nicht in die Tradition von 1848

Deutsches Reich		
mit liberalen Ansätzen	mit preußischer Prägung	mit undemokratischer Tradition

Bewertung der Reichsgründung

Der Historiker Heinrich von Sybel brachte seine Freude über die Reichsgründung in einem Brief an seinen Kollegen Hermann Baumgarten, der in Karlsruhe Geschichte lehrte, zum Ausdruck:

> „Wodurch hat man die Gnade Gottes verdient, so große und mächtige Dinge erleben zu dürfen? Und wie wird man nachher leben? Was 20 Jahre der Inhalt alles Wünschens und Strebens gewesen, das ist nun in so unendlich herrlicher Weise erfüllt! Woher soll man in meinen Lebensjahren noch einen neuen Inhalt für das weitere Leben nehmen?"[136]

Begeisterung und Bedenken im Innern

Das waren begeisterte, emotionale Worte eines Mannes, der der liberalen Bewegung von 1848 angehörte, der seine Wünsche von 1848 erfüllt sah, in seiner Begeisterung zum damaligen Zeitpunkt aber nicht bemerkte, dass ein anderer Staat als der von 1848 Wirklichkeit geworden war. Der Philosoph Rudolf Eucken erkannte dies in seinen Lebenserinnerungen 1922 klarer:

> „Die Bismarcksche Politik [...] stellte die Lage unter einen völlig neuen Anblick. Hatten wir bis dahin die Einigung Deutschlands vom gemeinsamen Willen des ganzen Volkes erwartet, so wurde uns nun jene Leistung von oben her entgegengebracht. Die einzelnen hatten kaum etwas Eigenes zu tun, sondern nur sich willfährig der gebotenen Gestaltung einzufügen. Die überwiegende Mehrzahl folgte dieser Richtung: es wirkte wohltuend und befestigend, dass sich aus dem wirren Getriebe der Parteien und der sich gegenseitig widersprechenden Programme eine feste Hand hervorhob und ein deutliches Ziel vorhielt [...]. Die Schuld jener Wen-

dung lag freilich weniger an Bismarck, dessen unermessliche Verdienste über aller Kritik stehen, als an der Schlaffheit und Trägheit des deutschen Bürgertums, das völlig zufrieden war, wenn es ihm nur wirtschaftlich gut ging [...]. Ich habe in jenen Zeiten wohl an das bekannte Wort Gladstones gedacht, Bismarck habe Deutschland größer, die Deutschen aber kleiner gemacht."[137]

Rudolf Eucken sah die Reichseinigung in einem Prozess der demokratischen Entmündigung, den wir in der Folge des Scheiterns der Revolution von 1848 schon betrachtet haben, aber auch in einer Selbstentmündigung, bei der sich der Bürger mit persönlichem wirtschaftlichem Wohlstand begnügte und die Politik anderen ließ. Damit wurde die Herausbildung eines Obrigkeitsstaats weiter begünstigt, der nicht nur anstelle des Bürgers handelte, sondern von dem man auch annahm, dass er dies besser konnte als das Volk, das mit Politik „überfordert" sein sollte. Noch zur Zeit der Studentenbewegung 1968 kritisierte der Schweizer Philosoph Karl Jaspers diese Haltung der Deutschen.

Bedenken im Ausland

Der britische Oppositionsführer Benjamin Disraeli führte zur Bedeutung des deutsch-französischen Krieges im englischen Unterhaus aus:

„Dieser Krieg bedeutet die deutsche Revolution, ein größeres politisches Ereignis als die Französische Revolution des vergangenen Jahrhunderts. Ich sage nicht, dass er ein größeres oder ebenso großes soziales Ereignis ist. Seine sozialen Auswirkungen werden sich erst in der Zukunft zeigen. Nicht ein einziger Grundsatz unserer Außenpolitik, der noch vor sechs Monaten von allen Staatsmännern als Leitfaden anerkannt wurde, ist weiterhin gültig. Es gibt keine einzige diplomatische Tradition, die nicht hinweggefegt worden ist. Wir haben eine neue Welt, neue Einflüsse am Werk, neue und unbekannte Größen und Gefahren, mit denen wir fertig werden müssen und die zur Zeit, wie alles Neue, noch undurchschaubar sind. Wir haben früher in diesem Haus über das Gleichgewicht der Macht debattiert. Lord Palmerston, ein in hohem Maße praktischer Mann, hat das Staatsschiff und seine Politik daraufhin ausgerichtet, dass das Gleichgewicht Europas erhalten bleibe [...]. Aber was ist jetzt wirklich geschehen? Das Gleichgewicht der Macht ist völlig zerstört worden und das Land, das am meisten darunter leidet und das die Auswirkungen dieses großen Wandels am meisten spürt, ist England."[138]

Disraelis Stellungnahme ist außerordentlich interessant. Er betrachtete die europäische Entwicklung vorrangig unter dem Gesichtspunkt des Machtstaates und der Frage des Gleichgewichts der Kräfte in Europa; denn sonst könnte er die Bedeutung der Reichseinigung nicht über die der Französischen Revolution stellen, die ja – wie wir gesehen haben – das gesamte politische und gesellschaftliche Grundverständnis revolutionierte. Disraeli sah das alte außenpolitische Grundprinzip Englands verletzt und warnte vor möglichen, noch unbekannten Gefahren, die sich aus dieser Verletzung ergeben und unter denen England am meisten zu leiden haben würde. Implizit forderte er damit, dass diese deutsche Revolution rückgängig gemacht werden müsse. Diese Haltung schrieben sich die konservativen Kreise auf ihre Fahnen. Wir werden die englische Politik unter diesem Gesichtspunkt betrachten müssen, wenn wir sie in der Folgezeit im Kaiserreich, in der Weimarer Republik, zur Zeit des Nationalsozialismus und bis zur Wiedervereinigung Deutschlands 1990 verstehen wollen. Viele Entscheidungen der englischen Außenpolitik werden nur verständlich, wenn man sie unter diesem Gesichtspunkt betrachtet.

Machtstaat oder Kulturstaat

Gerade auf dem Hintergrund des Denkens in Machtkategorien sind auch weitere Stimmen bedenkenswert, die sich gegen den neuen Machtstaat erhoben und die in eine größere geschichtliche Tiefe vorstießen als die Gedanken Sybels oder Euckens. Am Silvesterabend 1870 schrieb der preußische Kronprinz und spätere Kaisers Friedrich III. im Versailler Hauptquartier folgende Gedanken in seinem Tagebuch nieder:

„Wohl sind wir unbestritten das erste Kulturvolk der Welt, aber zur Stunde will es scheinen, als seien wir weder geliebt noch geachtet, sondern lediglich gefürchtet. Man hält uns für jeder Schlechtigkeit fähig, und das Misstrauen gegen uns steigert sich mehr und mehr. Das ist nicht die Folge dieses Krieges allein – so weit hat uns die von Bismarck erfundene und seit Jahren in Szene gesetzte Theorie von Blut und Eisen gebracht! Was nützt uns alle Macht, aller kriegerischer Ruhm und Glanz, wenn Hass und Misstrauen uns überall begegnen, wenn man jeden Schritt uns argwöhnisch missgönnt, den wir in unserer Entwicklung vorwärts tun? Bismarck hat uns groß und mächtig gemacht, aber er raubte uns unsere Freunde, die Sympathien der Welt und – unser gutes Gewissen. Ich beharre noch heute fest bei der Ansicht, dass Deutschland ohne Blut und Eisen, allein mit seinem guten Rechte «moralische Eroberungen» machen und einig, frei und mächtig werden konnte. Dann erlangte es ein ganz anderes Übergewicht als lediglich durch die Gewalt der Waffen, weil deutsche Kultur, deutsche Wissenschaft und deutsches Gemüt uns Achtung, Liebe und – Ehre gewinnen mussten."[139]

Bewertung der Reichsgründung		
Allgemeiner Jubel	Bismarcks Reichsvorstellung	Kronprinz Friedrichs Reichsidee
• „Was 20 Jahre der Inhalt alles Wünschens und Strebens gewesen, das ist nun in so unendlich herrlicher Weise erfüllt" (H. v. Sybel) • Kaiserhymne: „Heil dir im Siegerkranz!" • Sedanfeiern	Grundlagen des Reiches: • Blut und Eisen • Macht Folgen: • Furcht • Misstrauen • Missgunst	Grundlagen des Reiches: • Kultur • Wissenschaft • Deutsches Gemüt Folgen: • Achtung • Liebe • Ehre
Deutschland als militärische Macht		Deutschland als moralische Macht

Ein Jahr später – im Oktober 1871 – schrieb Friedrich im gleichen Sinne:

„Wollte Gott, dass [...] ein freier deutscher Kaiserstaat, der im wahren Sinn des Wortes an der Spitze der Zivilisation schritte, der alle edlen Gedanken der modernen Welt entwickeln und zur Geltung bringen könnte, sodass von Deutschland aus die Welt humanisiert, die Sitten veredelt und die Menschen von jener frivolen französischen Richtung abgewendet werden würden. [...] Wenn wir Deutschen als redliche Vorkämpfer solcher Gesinnungen erkannt wären, könnte eine Allianz mit England, Belgien, Holland, Dänemark und der Schweiz als Bollwerk gegen Russland und Frankreich wohl erreicht werden [...]. Mit der Zeit würde dann auch wieder ein Einvernehmen mit Frankreich angebahnt werden."[140]

Eine verlorene Herrschergeneration

Ähnliche Gedanken entwickelte der österreichische Thronfolger Karl, die wir im Zusammenhang der Idee des Nationalstaates bzw. eines übernationalen Reiches im Zusammenhang mit 1848 schon dargelegt haben.[141] Hier regte sich eine junge Herrschergeneration, die andere Herrschaftsvorstellungen favorisierte, aber nicht zum Zuge gekommen ist. Sie wollte die Achtung des Rechts und der Moralität in der Politik erhalten und hätte damit der zweiten Hälfte des 19. Jahrhundert, die mit ihrer Macht- und Realpolitik in die Niederungen der Barbarei versunken war, ein anderes Gesicht geben können. Ein Imperialismus wäre damit unmöglich geworden, ein Erster und Zweiter Weltkrieg nicht wahrscheinlich gewesen. Damit hätte auch das Wort von Emmanuel Geibel: „Und mag am deutschen Wesen einmal noch die Welt genesen" seine berechtigte und notwendige Bedeutung erhalten. In dem Bewahren von Recht und Moral in der Politik hätte das Deutsche Reich und die deutsche Politik eine Aufgabe gehabt, die der Natur der Deutschen, wie sie Fichte während der Befreiungskriege entwickelt hatte, entsprochen und dem Deutschen Reich und der deutschen Politik eine Daseinsberechtigung gegeben hätte, die zu ihrer Anerkennung vor der Welt geführt hätte.

„Exstirpation des deutschen Geistes"

In diesem Sinne darf wohl auch das Wort eines weiteren tiefgründigen Kritikers der Reichsgründung, Friedrich Nietzsche, verstanden werden:

> „Von allen schlimmen Folgen aber, die der letzte mit Frankreich geführte Krieg hinter sich dreinzieht, ist vielleicht die schlimmste ein weitverbreiteter, ja allgemeiner Irrtum: der Irrtum der öffentlichen Meinung und aller öffentlich Meinenden, dass auch die deutsche Kultur in jenem Kampfe gesiegt habe und deshalb jetzt mit den Kränzen geschmückt werden müsse, die so außerordentlichen Begebnissen und Erfolgen gemäß seien. Dieser Wahn ist höchst verderblich: nicht etwa weil er ein Wahn ist – denn es gibt die heilsamsten und segensreichsten Irrtümer – sondern weil er imstande ist, unseren Sieg in eine völlige Niederlage zu verwandeln: in die Niederlage, ja Exstirpation des deutschen Geistes zugunsten des «deutschen Reiches»."[142]

Romantischer Idealismus?

Damit sprachen Prinz Friedrich Wilhelm und Friedrich Nietzsche ein tieferes Problem an, das der deutschen Geschichte ab der zweiten Hälfte des 19. Jahrhunderts zugrunde lag. Ihre Gedanken galten damals und gelten heute als realitätsferner romantischer Idealismus. Der Realismus aber, den solche Kritiker anpriesen, hatte zum Nationalismus, zum Imperialismus und zu zwei fürchterlichen Weltkriegen geführt. Wenn der Realismus über sich selbst nachdenken könnte und würde, müsste er also erkennen, dass er zu untragbaren sozialen Zuständen geführt und damit sich selbst widerlegt hat. Dies hätten die Vertreter eines solchen „Realismus" spätestens seit Machiavelli erkennen können und erkennen müssen. Denn das Humane im Menschen sind nicht die Triebe, die Aggressionen und der Wille zur Macht, sondern das Humane liegt im Idealen – im Recht, in der Gerechtigkeit usw. Daher kann der „Realismus" in der Geschichte nur in die Barbarei führen. Wer ihm das Wort redet, redet dem Unmenschlichen das Wort. Die menschlichen Werte wachsen nicht auf Bäumen, sind keine Naturprodukte, sondern müssen durch menschliches Wollen und Handeln geschaffen werden. Sie stellen eine humane Realität dar, eine eigene Wirklichkeit des Humanen, die sich auch auf die Evolution und Entwicklung des Menschen auswirkt, wie die Genforschung zeigt.[143] Daher darf ein Geschichtsunterricht niemals nur beschreibende Geschichtsvermittlung sein, sondern braucht einen Anstoß zum Idealen hin, zu dem, was Welt und Leben besser machen kann.

4.8 Die Innenpolitik des Kaiserreichs: Staat und Untertan

Anspruch der Kirche auf Wahrheit und Unfehlbarkeit

Im Jahre 1864 veröffentliche Pius IX. die Enzyklika „Syllabus errorum" – „Die Irrtümer der Zeit". Sie führte 80 Thesen auf, die nach der Lehrmeinung der Kirche falsch waren. So z. B. die beiden folgenden Thesen:

> „Die menschliche Vernunft ist ohne alle Rücksicht auf Gott der einzige Schiedsrichter über wahr und falsch, gut und böse; sie ist sich selbst Gesetz und reicht mit ihren natürlichen Kräften hin, für das Wohl der Menschen und der Völker zu sorgen.
>
> Alle Wahrheiten der Religion fließen aus der natürlichen Kraft der menschlichen Vernunft; daher ist die Vernunft die vorzüglichste Norm, durch welche der Mensch die Erkenntnis aller Wahrheiten jeglicher Art erlangen kann und soll."[144]

Die Enzyklika kritisierte den Liberalismus, den selbstständigen Staat und die Wissenschaft, die sich der Kirche nicht unterordnen wollten. Damit vertrat sie weiterhin eine mittelalterliche Denkweise, die mit den Errungenschaften der Neuzeit, wie wir aufgrund unserer Kompetenzkategorien urteilen können, nicht im Einklang stand. Das war ein erstaunlicher und selbstbewusster Angriff der Kirche auf den Staat, die Wissenschaft, die Selbstbestimmung und die Vernunft des Menschen. Sechs Jahre später steigerte die Kirche ihren Anspruch auf Wahrheit noch, indem sie ihn sogar zur Unfehlbarkeit erhob, sofern der Papst Entscheidungen in Bezug auf die kirchliche Lehre traf. Zum Unfehlbarkeitsdogma der Kirche aus der Zeit Gregors VII. kam nun das Unfehlbarkeitsdogma des Papstes hinzu.

Kirche als Gefahr für den Staat

Normalerweise könnte man über ein solches Dogma lächeln, wenn es tatsächlich nur um seinen bloßen Inhalt ginge. Darum ging es aber nicht, sondern um eine Organisation, die sich eines solchen Dogmas zur Sicherung ihrer Macht bediente. Die Kirche war nach wie vor eine einflussreiche Institution, die ihren Arm und ihre Hand auf das soziale Leben und den Staat austreckte. Sie war noch zuständig für die schulische Bildung und hatte in Form der Zentrumspartei, die die Interessen der Katholiken vertrat, auch unmittelbaren Einfluss auf die Politik. Daher sah Bismarck in den Katholiken und dem Zentrum eine Gefahr für den Staat. Sie wollten sich ihm nicht unterordnen wie die protestantische Kirche, sondern orientierten sich an den Verlautbarungen des Papstes. Bismarck erhob den Vorwurf des „Ultramontanismus" und sah in diesem Konflikt den „uralten Machtstreit zwischen Königtum und Priestertum" erneuert. Das letzte war pathetisch und gewiss wenig historisch gedacht. Bismarck erneuerte damit Reminiszenzen an das alte Reich, die er selbst einst in der Auseinandersetzung mit dem künftigen Kaiser klar abgelehnt hatte. Er ergriff zahlreiche Maßnahmen gegen Kirche und Priester, die als Kulturkampf zusammengefasst werden.

Hinzu kam eine Ansammlung von politischen Peinlichkeiten wie die Verhaftung von Bischöfen und Priestern, die Bismarck zu verantworten hatte. Hier hatte er gänzlich versagt und ein Gutsherrentemperament an den Tag gelegt, das den Erfordernissen der Neuzeit und den Ergebnissen der Aufklärung genauso wenig gerecht wurde wie die Anordnungen des Papstes. Dennoch brachte der Kulturkampf auch Ergebnisse, die sein Ende bis zum heutigen Tag überdauert haben: Die staatliche Schulaufsicht, die staatliche Beurkundung von Taufe, Heirat, Tod, die notwendige Universitätsausbildung für Geistliche usw.; sie sind in der Übersicht fett gedruckt.

Inhaltliche Ergebnissicherung

Kulturkampf	
1871	• Der „Kanzelparagraph" verbietet Geistlichen, staatliche Angelegenheiten in Ausübung ihres Amtes zu behandeln
1872	• **Die geistliche Schulinspektion wird aufgehoben** • **Öffentliche wie private Schulen werden unter staatliche Aufsicht gestellt** • Verbot des Jesuitenordens
1873	• **Einführung des Reifezeugnisses als Abschluss des Gymnasiums** • **Studium an einer deutschen Universität nur mit Reifezeugnis** • Ein Kulturexamen in Geschichte, Philosophie und deutscher Literatur wird von Priesterkandidaten verlangt
1874	• **Nur noch die staatliche Beurkundung von Taufe, Trauung oder Todesfall ist rechtsgültig (Standesamt)**
1875	• „Brotkorbgesetz" sperrt der katholischen Kirche die staatlichen Geldzuwendungen • In Preußen verbietet das Klostergesetz alle Orden (Ausnahme: Krankenpflege)

Sozialistengesetze

Ähnlich rigoros und ohne Takt und Sinn für die Erfordernisse der Zeit ging Bismarck auch gegen die Sozialisten vor. Wir erinnern uns an die sozialen Missstände der Zeit, die Soziale Frage, zu deren Behebung August Bebel 1869 die „Sozialdemokratische Arbeiterpartei" (SDAP) gegründet hatte, aus der 1875 die „Sozialistische Arbeiterpartei Deutschlands" (SAP) hervorging, in der sich die international ausgerichteten Anhänger Bebels und die national orientierten Lassalleaner zusammenschlossen. Bismarck sah in den Sozialisten ähnlich wie in der katholischen Kirche eine übernational organisierte Bewegung, die sich dem nationalstaatlichen Zugriff entzog; er betrachtete sie deshalb als eine Bedrohung seines Lebenswerkes, der er sich mit allen Mitteln entgegenstemmte. „Die Sozialdemokratie lebt mit uns im Kriege, und sie wird losschlagen – so gut wie die Franzosen, sobald sie sich stark dazu fühlt," glaubte er. Bismarck setzte den Nationalstaat mit dem Staat gleich und ordnete ihn dem Einzelnen über. Statt der Freiheit der Menschenrechte galt für ihn die Staatsraison als Richtschnur – eine, wie wir wissen – unzeitgemäße Wertsetzung, die im Widerspruch zur Aufklärung und den Menschenrechten stand; übrigens auch im Widerspruch zu Bismarcks eigenem Charakter, der wenig Neigung zeigte, sich anderen unterzuordnen.

Auslöser

Auslöser für die Sozialistengesetze war 1878 ein Attentat auf Kaiser Wilhelm, das nachweislich nicht sozialistischen Ursprungs war, aber politisch instrumentalisiert wurde.

„§ 1. Vereine, welche durch sozialdemokratische, sozialistische oder kommunistische Bestrebungen den Umsturz der bestehenden Staats- oder Gesellschaftsordnung bezwecken, sind zu verbieten. Dasselbe gilt von Vereinen, in welchen sozialdemokratische, sozialistische oder kommunistische [...] Bestrebungen in einer den öffentlichen Frieden, insbesondere die Eintracht der Bevölkerungsklassen gefährdenden Weise zu Tage treten. [...]

§ 9. Versammlungen, in denen sozialdemokratische, sozialistische oder kommunistische [...] Bestrebungen zu Tage treten, sind aufzulösen. Versammlungen, von denen durch Tatsachen die Annahme gerechtfertigt ist, dass sie zur Förderung der bezeichneten Bestrebungen bestimmt sind, sind zu verbieten. Den Versammlungen werden öffentliche Festlichkeiten und Aufzüge gleichgestellt. [...]

§ 11. Druckschriften, in welchen sozialdemokratische, sozialistische oder kommunistische [...] Bestrebungen zu Tage treten, sind zu verbieten."[145]

Folgen

Auch hier wurden zugunsten einer Staatsraison Grundrechte beschnitten. Der Staat verhielt sich reaktionär und – im Sinne unserer Kompetenzkategorien – regressiv: Er aktivierte Wertsetzungen längst vergangener Zeiten und fiel damit hinter die von der Zeit geforderten Maßstäbe zurück. Damit verursachte er soziale Schieflagen und Fehlentwicklungen zu Lasten des einzelnen Bürgers. August Bebel berichtete davon in seinen Memoiren:

„Während der zwölfjährigen Dauer des Sozialistengesetzes war ich – ich darf das ohne Übertreibung sagen – der in Deutschland polizeilich am meisten verfolgte Mensch [...]. Dass ich, wenn ich in Berlin zum Reichstag war, auf Schritt und Tritt überwacht wurde, das passierte auch meinen sozialdemokratischen Kollegen. Aber dass man den Telegrafen hinter mir in Bewegung setzte und von einer Stadt zur anderen telegrafierte, dass und wann ich ankommen würde, passierte nur mir. Das geschah meist in der Weise, dass der Polizist, der mich zu überwachen hatte, sobald ich auf dem Bahnhof eine Fahrkarte löste, hinter mir an den Schalter trat und sich erkundigte, wohin ich die Fahrkarte genommen [...]. In jenen Jahren stand jedoch nicht nur die Bahnverwaltung in intimen Beziehungen zur Polizei, sondern auch die Post. Dass Briefe und Pakete, die an bekannte Sozialdemokraten kamen, vor ihrer Ablieferung der Polizeibehörde mitgeteilt wurden, sodass diese hinter der Ablieferung der Gegenstände sofort in die Wohnung eintrat und die Beschlagnahme ausführte, kam in Tausenden Fällen vor."[146]

Inhaltliche Ergebnissicherung

Sozialistengesetze	
Einschränkung der Tätigkeit der SPD bis zum Stillstand	• Lahmlegung des Parteiapparates der SPD • Zwang zur Illegalität • 1500 Sozialisten wurden verhaftet • 900 Sozialisten wurden ausgewiesen, • Belagerungszustand über mehrere Industriestandorte
Bismarcks Politik scheiterte. Die SPD verdreifachte ihren Stimmenanteil und bildete 1890 mit 19,7% die stärkste Partei im Reichstag.	

Trotz dieser Maßnahmen erreichte Bismarck sein Ziel nicht. Gaben im Jahre 1878 437 000 Wähler ihre Stimmen für die SPD ab, stieg die Stimmenzahl von Wahl zu Wahl. Als die Sozialistengesetze 1890 aufgehoben wurden, war die

SPD mit 19,7% und 1 427 000 Stimmen zur stärksten Partei im Reichstag angewachsen. Wie im Kampf gegen die Kirche war Bismarck auch im Kampf gegen die Sozialisten gescheitert.

Militarisierung des Denkens

Die Mentalität im Kaiserreich war durch eine Militarisierung, Hierarchisierung und Nationalisierung des öffentlichen Lebens geprägt. Schon die Kleinsten erschienen im Matrosenanzug und in Kinderuniform. Den Kindern wurde das Ideal des Militärischen von Klein auf anerzogen, gleichgültig, ob man darin eine echte gesellschaftliche Überzeugung oder nur eine Modeerscheinung sah; die Wirkung der Uniform blieb die gleiche. Ein gesellschaftliches Ideal stellte nicht der echte Leutnant, sondern der „Reserveleutnant" dar; derjenige, der das, was er dem Anschein nach gerne sein möchte, in Wirklichkeit gar nicht war, sondern nur manchmal spielte. Der preußische Nationalstaat machte sich zur unfreiwilligen Karikatur seiner Staatsidee. Der königliche Rock hob den Soldaten vom Zivilisten ab und machte ihn zu etwas Besserem. „Aber der Mensch, der Mensch fängt erst beim Leutnant an", lässt Carl Zuckmayer den Uniformschneider voller Stolz sprechen. Der „Hauptmann von Köpenick" wurde zur Realsatire auf das Kaiserreich: Ein entlassener Zuchthäusler verschaffte sich eine Offiziersuniform und verhaftete als falscher Hauptmann Oberstadtsekretär Rosenkranz, Hauptkassenrendant von Wiltberg und den Bürgermeister von Köpenick, Georg Langerhans. Er missbrauchte das militärische Denken für seine Zwecke und machte es lächerlich. Ganz Berlin und auch „Seine Majestät haben gelacht". Kaiser Wilhelm II. meinte dazu:

„Fatal! Jetzt kann ich nicht mehr Reserveoffizier sein."
(Simplicissimus, 1896)

> „Der Respekt vor den Epaulettes ist dem Deutschen durch Gesetz und Verwaltung seit Menschengedenken anerzogen worden. In der Tat, [...] der Offiziersrock ist eine rechtliche, vom Gesetz privilegierte Einrichtung, ganz unabhängig von der Person, die in dem Rocke steckt."[147]

Der Kaiser machte damit deutlich, dass ihm die Problematik der „privilegierten Einrichtung" nicht zum Bewusstsein gekommen war. Ebenso wenig dem Reichstagsabgeordneten Elard von Oldenburg-Januschau, der in seiner Reichstagsrede vom 29. Januar 1910 erklärte:

> „Der König von Preußen und der Deutsche Kaiser muss jeden Moment imstande sein, zu einem Leutnant zu sagen: Nehmen Sie zehn Mann und schließen Sie den Reichstag!"[148]

Das Militärische war ein gewolltes Moment des öffentlichen Lebens, das dem Denken der beiden Kaiser Wilhelm I. und Wilhelm II. entsprach.

Nationales Selbstbewusstsein

Die jüngste militärische Vergangenheit hielt alljährlich mit der Feier zum Sedantag auch Einzug in die deutschen Oberschulen, wo je nach Vermögen alle Schulstufen am allgemeinen Jubel teilnehmen durften. Ein Schüler der Oberstufe hielt zum Beispiel eine Rede auf die siegreiche Schlacht; die Jüngeren sangen im Chor „Die Wacht am Rhein" usw. Die Glorifizierung kriegerischer Großtaten wurde zur Bildung der nationalen Identität benutzt. „Die Wacht am Rhein" von 1840 war ursprünglich gegen die Expansionsgelüste Frankreichs gerichtet; im Kaiserreich wurde sie zum Ausdruck von Stärke und nationalem Selbstbewusstsein. Die Ruhe des Refrains „Lieb Vaterland magst ruhig sein" meinte zunächst die Gelassenheit gegenüber einem französischen Angriff, dann auch die Ruhe der Selbstgewissheit in der Stärke. Und zum Dritten stand es mit unbeabsichtigter Ironie für eine einschläfernde Beruhigung des Bürgers gegenüber der Politik.

ALTES GYMNASIUM
BREMEN

SEDANFEIER 1912

1. Jubelouvertüre .... Weber
Schülerorchester
2. Vortrag:
Die Schlacht bei Sedan am 1. September 1870
3. Die Wacht am Rhein .... Wilhelm
Schülerchor
4. Des deutschen Knaben Tischgebet .... Gerok
5. Aus dem Epos »Sedan« .... Wildenbruch
6. Altniederländische Volkslieder
a) Klage
b) Wilhelmus von Nassauen
c) Kriegslied
d) Abschied
e) Berg op Zoom
f) Dankgebet
7. Kaiserhoch
8. Gemeinsamer Gesang: Deutschland über alles

Die Wacht am Rhein	
Es braust ein Ruf wie Donnerhall, wie Schwertgeklirr und Wogenprall: Zum Rhein, zum Rhein, zum deutschen Rhein! Wer will des Stromes Hüter sein?	Er blickt hinauf in Himmelsau'n, wo Heldengeister niederschau'n, und schwört mit stolzer Kampfeslust: Du Rhein bleibst deutsch wie meine Brust! [...]
Durch Hunderttausend zuckt es schnell, und aller Augen blitzen hell; der Deutsche, bieder, fromm und stark, beschützt die heil'ge Landesmark.	Lieb Vaterland magst ruhig sein, lieb Vaterland magst ruhig sein: Fest steht und treu die Wacht, die Wacht am Rhein! Fest steht und treu die Wacht, die Wacht am Rhein!

Drill und Erziehung

Der preußische Militärdrill galt als pädagogisches Vorbild in der Erziehung und kehrte die Idee der humanistischen Erziehung, die vor einem knappen Jahrhundert durch Wilhelm von Humboldt ebenfalls auf preußischem Boden entstanden war, in ihr Gegenteil. In den Anweisungen eines Schulrats für Lehrer hieß es 1903:

> „Damit jede Störung des Unterrichts unmöglich gemacht werde, hat der Lehrer [...] darauf zu halten: a) dass alle Schüler [...] gerade [...] und in Reihen hintereinander sitzen [...] b) dass jedes Kind seine Hände geschlossen auf die Schultafel legt [...] c) dass die Füße parallel nebeneinander auf den Boden gestellt werden [...]. [Zur Heraufnahme von Büchern gilt folgendes]: Die Kinder haben die betreffenden Lernmittel in 3 Zeiten heraufzunehmen und hinwegzutun. Gibt der Lehrer [...] zum Heraufnehmen des Lesebuchs [...] das Zeichen ‚1', dann erfassen die Kinder das unter der Schultafel liegende Buch; beim Zeichen ‚2' erheben sie das Buch über die Schultafel; beim Zeichen ‚3' legen sie es geräuschlos auf die Schultafel nieder, schließen die Hände und blicken den Lehrer an [...]. Alle breiten Auseinandersetzungen und Reden müssen wegfallen; hier muss ein Wink des Auges [...] oder der einzige [...] Ausruf: ‚Klasse – Achtung!' genügen, um die gesamte Schulordnung herzustellen."[149]

Eine solche Ordnung, die den Exerzierplatz und das militärische Kommando in die Schule trug, macht das harte Urteil Wilhelm Liebknechts über die preußische Schule verständlich:

> „Der dressierende Schulmeister und der drillende Unteroffizier sind die beiden Hauptpfeiler des heutigen Staates [...]. Neben dem drillenden Unteroffizier hat der dressierende Schulmeister [...] bei [Königgrätz 1866] gesiegt [...]. Der Unteroffizier ist die Voraussetzung des Schulmeisters. Die Volksschule ist die Vorschule der Kaserne, die Kaserne die Fortbildungsschule der Volksschule. Ohne den Schulmeister keinen Unteroffizier!"[150]

Erziehung und Staat

Wilhelm II. wollte die Schule zum Diener der staatlichen Politik machen.

> „Mich [hat] der Gedanke beschäftigt, die Schule [...] nutzbar zu machen, um der Ausbreitung sozialistischer und kommunistischer Ideen entgegenzuwirken. In erster Linie wird die Schule durch die Pflege der Gottesfurcht und der Liebe zum Vaterland die Grundlage für eine gesunde Auffassung auch der staatlichen [...] Verhältnisse zu legen haben [...]. Sie muss bestrebt sein, schon der Jugend die Über-

zeugung zu verschaffen, dass die Lehren der Sozialdemokratie nicht nur den göttlichen Geboten [...] widersprechen, sondern in Wirklichkeit unausführbar und in ihren Konsequenzen dem Einzelnen und dem Ganzen gleich verderblich sind."[151]

Auch hier verstieß der Preuße gegen das alte humanistische Ideal, die im Menschen liegenden Fähigkeiten zu entwickeln, sie nicht einem politischen Ziel dienstbar zu machen, wie vaterländisch und religiös begründet es auch immer sein mag. Mehr als symbolisch und mehr als Zufall war dann, dass mit Preußen zwar der preußische Drill untergegangen, die Idee der humanistischen Erziehung aber beide Weltkriege und die Auflösung Preußens überlebt hat. Sie prägte noch die frühe Zeit der Bundesrepublik; und ihr entzopfter Kern hat bis heute Gültigkeit und Bestand.

Nationale Krämergeschäfte

Die Nationalidee wurde auch für Krämergeschäfte benutzt. Für Liebigs Fleischextrakt wurde ungerührt mit der sog. Kaiserhymne geworben. Der Nationalstolz wurde für Dinge vereinnahmt, die mit ihm nichts zu tun hatten. Dies zeigt eine innere Unwahrhaftigkeit gegenüber dieser Idee, die sie von der Nationalstaatsidee der Befreiungskriege unterschied.

Kompetenzorientierte Urteilsbildung

	Herrschaft	Recht	Gesellschaft
Neuzeit	• Verfassungsstaat • Volkssouveränität • Demokratie	• Menschen- und Bürgerrechte • Einheitliches und gleiches Recht	• Bürgerliche Gesellschaft • Keine Stände

Beurteilen wir das Deutschland des Kaiserreichs mit unseren Kompetenzkategorien, müssen wir feststellen, dass sich hinter einem selbstbewussten und glorreichen Schein ein Gebilde verbarg, dessen Substanz brüchig und gefährdet war. Seine Fundamente waren nicht die soliden Bausteine der neuzeitlichen Werte, sondern Reminiszenzen einer vergangenen Welt, die mit ihrer Geburt schon zum Untergang verurteilt waren. Den Menschenrechten hätte die altpreußische Idee des humanistischen Gymnasiums entsprochen. Doch gerade sie wurde vom preußischen Drill verdrängt und die Schule in den Dienst politischer Ambitionen gestellt.

Die weitere Entwicklung Deutschlands und Europas erschien angesichts solcher Konfigurationen vorprogrammiert: Das Reich, das seine Entstehung dem Krieg schuldete und sein Selbstbewusstsein aus dem nationalen Machtstaat bezog, sollte an diesen Werten zugrunde gehen. Die Konzepte des Militarismus und des Nationalstaats sollten sich selbst widerlegen.

Inhaltliche Ergebnissicherung

Mentalität des Kaiserreichs	
• Militarisierung • Hierarchisierung • Nationalisierung	• Diese Einstellungen führen zum Konflikt der Nationen untereinander • Sie widersprechen den großen Ideen der Zeit: Freiheit, Gleichheit, Menschenrechte • Sie widerlegen sich durch die Geschichtsentwicklung selbst

4.9 Die Außenpolitik des Kaiserreichs

4.9.1 Außenpolitik unter Bismarck

Die neue Lage in Europa

Die Reichsgründung änderte die geopolitische Lage in Europa grundlegend: Statt einer schwachen Mitte stand nun ein starkes Zentrum im Herzen Europas. Deutschland wurde zur stärksten Militärmacht auf dem Kontinent; es verdrängte Frankreich aus dieser Rolle. Wie würden sich die anderen Staaten zu diesem Deutschland verhalten? Wir wissen bereits, dass England sich und seine Politik des Gleichgewichts der Mächte durch das neue Deutsche Reich bedroht sah. Das Kaiserreich war in der Folge von drei Kriegen entstanden. Daher war es die natürlichste und selbstverständlichste Frage des Auslandes, ob diese Expansion weitergehen würde. Bismarck erkannte diese Befürchtung und versuchte ihr entgegenzuwirken:

> „Unser Bedürfnis ist, von Frankreich in Ruhe gelassen zu werden und zu verhüten, dass Frankreich, wenn es uns den Frieden nicht halten will, Bundesgenossen finde. Solange es solche nicht hat, ist uns Frankreich nicht gefährlich, und solange die großen Monarchien Europas zusammenhalten, ist ihnen keine Republik gefährlich."[152]

So schrieb er 1872 an den deutschen Botschafter in Paris. Und drei Jahre später am 31. Mai 1875 sagte er:

> „Deutschland ist in sich gefestigt, will nichts als sich selbst in Frieden überlassen bleiben und sich friedlich weiterentwickeln."[153]

Bismarcks außenpolitische Grundprinzipien

Damit waren die Grundprinzipien der Bismarckschen Außenpolitik festgelegt: Bismarck wollte keine weitere Ausdehnung des deutschen Machtbereichs. Frankreich, das auf Revanche sann, sollte diplomatisch isoliert werden, damit es keine Verbündete gegen Deutschland fände. Der Zusammenhalt der drei Kaiserreiche Deutschland, Österreich und Russland sollte eine weitere Stütze der Außenpolitik des Kaiserreiches sein. Im Kissinger Diktat vom 15. Juni 1877 präzisierte Bismarck sein außenpolitisches Konzept:

> „Ein französisches Blatt sagte neulich von mir, ich hätte „le cauchemar des coalitions" [Alptraum der Koalitionen/Bündnisse]; diese Art Alp wird für einen deutschen Minister noch lange, und vielleicht immer, ein sehr berechtigter bleiben. Koalitionen gegen uns können auf westmächtlicher Basis mit Zutritt Österreichs sich bilden, gefährlicher vielleicht noch auf russisch-österreichisch-französischer; eine große Intimität zwischen zweien der drei letztgenannten Mächte würde der dritten unter ihnen jederzeit das Mittel zu einem sehr empfindlichen Drucke auf uns bieten. In der Sorge vor diesen Eventualitäten, nicht sofort, aber im Lauf der Jahre, würde ich als wünschenswerte Ergebnisse der orientalischen Krisis für uns ansehen: 1. Gravitierung der russischen und der österreichischen Interessen und gegenseitigen Rivalitäten nach Osten hin, 2. der Anlass für Russland, eine starke Defensivstellung im Orient und an seinen Küsten zu nehmen, und unseres Bündnisses zu bedürfen, 3. für England und Russland ein befriedigender Status quo, der ihnen dasselbe Interesse an Erhaltung des Bestehenden gibt, welches wir haben, 4. Loslösung Englands von dem uns feindlich bleibenden Frankreich wegen Ägyptens und des Mittelmeers, 5. Beziehungen zwischen Russland und Österreich, welche es beiden schwierig machen, die antideutsche Konspiration gegen uns gemeinsam herzustellen, zu welcher zentralistische und klerikale Elemente in Österreich etwa ge-

neigt sein möchten. Wenn ich arbeitsfähig wäre, könnte ich das Bild vervollständigen und feiner ausarbeiten, welches mir vorschwebt: nicht das irgend eines Ländererwerbes, sondern das einer politischen Gesamtsituation, in welcher alle Mächte außer Frankreich unser bedürfen, und von Koalitionen gegen uns durch ihre Beziehungen zueinander nach Möglichkeit abgehalten werden."[154]

Problematik von Bismarcks Außenpolitik

Das Kissinger Diktat machte die Zielrichtung, aber auch die Schwierigkeit der Bismarckschen Außenpolitik deutlich. Ihr Ziel war, in Europa eine Gesamtsituation herzustellen, in der alle Deutschland brauchen und von Koalitionen gegen Deutschland abgehalten werden. Eingeschlossen war dabei das unmittelbare Ziel einer diplomatischen Isolierung Frankreichs, dessen Revanchepläne gegen Deutschland als feste Größe in Bismarcks Planung eingerechnet waren. Auf einen weiteren Ländererwerb an den Grenzen Deutschlands wie auch in Gestalt von überseeischen Kolonien wollte Bismarck verzichten, da dieser die Gegnerschaft der europäischen Länder nur anstacheln und befestigen könne. Seine besondere Furcht galt einem gegen Deutschland gerichteten Dreierbündnis - sei es England, Frankreich und Österreich oder Russland, Österreich und Frankreich. Auffallenderweise reflektierte er die spätere Weltkriegskonstellation England, Frankreich und Russland nicht. Eine solche Dreierkonstellation sei nicht nur militärisch, sondern schon politisch gefährlich, da sie jedem der Bündnispartner erlaubte, großen politischen Druck auf Deutschland auszuüben. Bismarcks Bestreben war daher, eine Politik zu betreiben, die solche Bündnisse gegen Deutschland verhinderte. Er musste dazu eine Einigkeit der Bündnispartner mit Deutschland erreichen, sie zugleich aber unter ihnen selbst verhindern. So suchte er die Rivalität von Russland und Österreich anzuheizen, indem er ihre widerstreitenden Interessen auf dem Balkan nutzte, um sie so gegeneinander in Stellung zu bringen, dass sie jeweils des Wohlwollens Deutschlands bedurften. Ähnlich suchte er Frankreich und England von einer gegenseitigen Annäherung abzuhalten. Er war also bestrebt, den Frieden für Deutschland und Europa zu erhalten, indem er gewisse Spannungszustände der europäischen Mächte untereinander förderte. Hierin lag ein Grundwiderspruch der Bismarckschen Politik, die ihrerseits ein Folge des Wandels des politischen Denkens von einer werteorientierten Politik hin zu einer „Realpolitik" war. Denn, wenn das „politische Interesse" oder eine „Staatsraison" zur Triebfeder des außenpolitischen Handelns werden, dann wird die Politik schwankend und unberechenbar. Sie verliert und untergräbt das Vertrauen, das für jedes friedliche menschliche und staatliche Zusammenleben unerlässlich ist. Politik wird so zu einem Schachern um kurzfristiger Vorteile, zu einem Bevorteilen des eigenen Landes und zu einem Übervorteilen der anderen Länder einschließlich der eigenen Bündnispartner. Eine solche Politik kann langfristig nur zum Scheitern führen, da sie auf dem Prinzip des Konfliktes und des Interessengegensatzes aufgebaut ist. Sie setzt, um mit Fontane zu reden, ein „vollendetes Schlaumeiertum" und einen „Hang zum Betrügen" voraus. Beide sind nicht nur nicht geeignet, ein soziales und friedliches Zusammenleben zu schaffen, sondern sie stellen eine gewichtige Voraussetzung zu seiner Verhinderung dar. Dennoch gelang es Bismarck, ein ausgeklügeltes Vertragssystem zu entwickeln, das den Frieden in Europa eine Zeitlang wahren konnte.

Europäisches Bündnissystem zur Zeit Bismarcks

Bündnisse unter Bismarck und Mittelmeerentente	
Dreikaiserabkommen 1873	**Zweibund 1879**
• Deutschland, Österreich, Russland • Erhaltung des Friedens in Europa • Im Kriegsfall mit einer 4. Macht vorherige Verständigung ohne Abschluss neuer Bündnisse • Verständigung über antirevolutionäre Grundsätze	• Deutschland, Österreich • Beistand bei einem russischen Angriff • Wohlwollende Neutralität bei Angriff einer anderen Macht • Dauer: Zunächst fünf Jahre, dann immer wieder verlängert • Bis 1887 geheim
Dreikaiserbündnis 1881	**Dreibund 1882/1887**
• Deutschland, Österreich, Russland • Wohlwollende Neutralität bei aktivem oder passiven Konflikt mit einer 4. Macht • Achtung der gegenseitigen Interessen auf dem Balkan: Bulgarien ist russisches, der Westbalkan österreichisches Interessensgebiet • Geheimes Defensivbündnis	• Deutschland, Österreich, Italien • D, Ö leisten Italien bei französischem Angriff Beistand • I unterstützt D bei französischem Angriff • Neutralität bei Konflikt mit einer Fremdmacht • Beistand bei Konflikt mit mehreren Fremdmächten • Bündnis nicht gegen England gerichtet
Rückversicherungsvertrag 1887	**Mittelmeerentente 1887**
• Deutschland, Russland • Bei französischem Angriff auf Deutschland bleibt Russland neutral • Bei österreichischem Angriff auf Russland bleibt Deutschland neutral • Anerkennung und Förderung der russischen Interessen in Bulgarien • Wohlwollendes Verhalten gegenüber der russischen Balkanpolitik	• England, Italien, Österreich • Erhaltung des Status quo • Veränderungen nur nach Absprache

Bewertung der Außenpolitik

Bismarck war es während seiner knapp 20jährigen Amtszeit als Reichskanzler und Außenminister gelungen, Frankreich zu isolieren und den Frieden in Europa zu erhalten. Seine Bündnisverträge waren defensiver Natur, auf Vermeidung von Krieg ausgerichtet, insbesondere auf die Vermeidung eines Zweifrontenkriegs gegen Deutschland. Dennoch war seine Bündnispolitik nicht unproblematisch. Die tieferen Probleme der der Bündnispolitik zugrunde liegenden Denkweise haben wir bereits besprochen. Ein dauerhafter Erfolg war nicht zu erwarten. Die Ausgrenzung eines Landes aus dem europäischen Sicherheits- und Bündnissystem war langfristig nicht möglich; Frankreich musste früher oder später seinen Platz im europäischen Staatensystem wieder finden. Die Ausbalancierung aller Interessen verlangte hohes Verhandlungsgeschick und eine Selbstbescheidung hinsichtlich der eigenen territorialen Ausdehnung und des Eingreifens in die Weltpolitik. Den letzten Punkt hatte Bismarck richtig erkannt, den ersten meisterhaft beherrscht. Es blieb ihm aber verborgen, dass die auf punktuelle Interessen ausgerichtete Außenpolitik eher Händler- und Krämergeist atmete als einen Geist, der zur Grundlage einer echten und dauerhaften Friedensordnung werden konnte. Sie war auch moralisch fragwürdig, wenn der Friede nur deswegen gewahrt werden sollte, weil ein Krieg ein zu hohes Risiko bedeutete. Auch wurde das Wohlwollen gegenüber den Bündnispartnern von deren Verhalten abhängig gemacht; Russland wurde gegen Österreich und Österreich gegen Russland ausgespielt usw. Das waren Schachzüge der Macht, die dem anderen gerade soviel Luft ließen, dass er atmen, nicht aber frei leben konnte. So schuf Bismarcks Politik ein Friedenskorsett, in das alle eingezwängt wurden, nicht aber eine Friedensordnung, die eine freie Entfaltung und ein freies und friedlichen Zusammenleben ermöglichten. „20 Jahre nach meinem Tod wird Europa in Schutt und Asche liegen", soll er gesagt haben. Damit war ihm selbst deutlich, wie wenig tragfähig seine Friedensordnung war.

Inhaltliche Ergebnissicherung

Bismarcks Außenpolitik		
Neue Lage in Europa	Bismarcks Konzept	Bündnisse
• Statt einer schwachen Mitte ein starkes Zentrum in der Mitte Europas • Deutschland wurde zur stärksten Militärmacht auf dem Kontinent	• Ruhige Entwicklung Deutschlands • Zusammenhalt der Monarchien • Weltpolitische Zurückhaltung • Isolation Frankreichs • Vermeidung eines Zweifrontenkrieges	• Dreikaiserabkommen 1873 • Zweibund 1879 • Dreikaiserbündnis 1881 • Dreibund 1882/1887 • Rückversicherungsvertrag 1887

Kompetenzorientierte Urteilsbildung

	Herrschaft	**Recht**	**Gesellschaft**
Neuzeit	• Verfassungsstaat • Volkssouveränität • Demokratie	• Menschen- und Bürgerrechte • Einheitliches und gleiches Recht	• Bürgerliche Gesellschaft • Keine Stände

Betrachten wir das Europa zur Zeit Bismarcks im Lichte unserer Kompetenzkategorien, wird seine Problematik schlagartig deutlich. Die Ideen des Verfassungsstaats, der Volkssouveränität, der Demokratie hatten West- und Mitteleuropa erreicht, noch nicht aber Russland. In Deutschland und Österreich bestand neben dem Prinzip der Volkssouveränität nach wie vor das Gottesgnadentum; in Russland war es sogar noch die alleinige Legitimationsbasis der Herrschaft. Die Idee des Verfassungsstaats hatte in Russland noch nicht einmal die Köpfe aller Staatstheoretiker erfasst. Ebenso wenig die Idee der Demokratie, die in den westeuropäischen Staaten verwurzelt war, in Deutschland und Österreich aber um ihre Anerkennung ringen musste. Bismarck war kein Demokrat, und das demokratische Gedankengut war seit dem Scheitern der Revolution von 1848 diskreditiert. Von einer Staatsform, die den Menschen- und Bürgerrechten gerecht geworden wäre, konnte in keinem der europäischen Länder die Rede sein – auch nicht in den im Hinblick auf liberale Vorstellungen fortgeschrittenen westlichen Staaten. Die Idee des Nationalstaats bestimmte Europa. Unsere Kompetenzkategorien machen die Distanz zwischen der europäischen Realität in der zweiten Hälfte des 19. Jahrhunderts und den zeitgemäßen Notwendigkeiten deutlich. Diese Diskrepanzen führten zu Antagonismen, die wir bei der Bewertung der Außenpolitik schon dargelegt haben und die sich im Ersten Weltkrieg entluden.

Berliner Kongress

Werfen wir noch einen Blick auf den Berliner Kongress 1878, der deutlich machte, dass das raffinierte realpolitische Kalkül nicht nur Bismarck eigen war, sondern auch das Denken der anderen Nationen prägte. Russland besiegte 1877/78 ohne Unterstützung Österreichs das Osmanische Reich und diktierte den Frieden von San Stefano. In ihm wurde die Unabhängigkeit Serbiens, Montenegros und Rumäniens festgelegt; ferner sollte ein Großbulgarischer Staat geschaffen werden, der sich quer über den Balkan erstreckte. Rumänien trat Bessarabien an Russland ab, erhielt dafür die Dobrudscha. Dieses eigenmächtige Handeln Russlands auf dem Balkan erregte den Widerspruch der anderen europäischen Mächte. Die Unstimmigkeiten führten an den Rand eines Krieges, der aber durch die Einberufung eines europäischen Kongresses vermieden werden konnte. Der Kongress sollte die strittigen Fragen regeln. Bismarck bot sich mit Unterstützung Englands und Österreichs als „ehrlicher Makler" zur Vermittlung einer neuen Balkanordnung an. Russland musste auf die Errichtung eines Großbulgarien verzichten. England garantierte den türkischen Besitz in Asien und bekam dafür Zypern zugesprochen. Österreich erhielt zur Absicherung gegen Serbien das Besetzungs- und Verwaltungsrecht in Bosnien und der Herzegowina. Damit wurde der russische Gewinn geschmälert, die Früchte des Kriegsgewinns auch anderen zuteil, die nicht dafür gekämpft hatten; am Ende blieben die Balkanprobleme ungelöst. So war Russland gegenüber Deutschland verstimmt, da es sich durch Bismarcks „ehrliche" Vermittlerrolle benachteiligt fühlte: „Wir haben 100 000 Soldaten und 100 Millionen umsonst geopfert," klagte der russische Außenminister Gortschakow. England dagegen war nicht nur mit seinen Errungenschaften, sondern auch mit der deutsch-russischen Verstimmung sehr zufrieden. „Es war unser großes Ziel", äußerte Disraeli zwei Jahre später, „das Bündnis der drei Kaiserreiche aufzubrechen und seine Erneuerung auf Dauer zu verhindern."[155] Es waren also nicht alle ehrliche Makler, sondern verfolgten realpolitische Eigeninteressen, die Bismarck nicht ganz durchschaute.

4.9.2 Außenpolitik unter Wilhelm II.

Naturell Wilhelms II.

Im Jahre 1888 starb Wilhelm I. Ihm folgte für wenige Monate sein Sohn Friedrich III., der aber schon bald einem Krebsleiden erlag. Nachfolger wurde nun der erst 31jährige Wilhelm II., der Sohn Friedrichs III. und Enkel Wilhelms I. Sein Vater schrieb 1886 über ihn an Bismarck:

> „Angesichts der mangelnden Reife sowie der Unerfahrenheit meines ältesten Sohnes, verbunden mit seinem Hang zur Überheblichkeit, muss ich es geradezu für gefährlich bezeichnen, ihn schon jetzt mit auswärtigen Fragen in Berührung zu bringen."[156]

Bismarck lehnte Friedrichs Wunsch damals ab, den jungen Prinzen zunächst von der Außenpolitik fernzuhalten. Drei Jahre später musste er erkennen, dass Friedrich doch recht hatte. Bereits 1889 meinte Wilhelm über Bismarck: „Eine Weile werde ich den Alten verschnaufen lassen, dann regiere ich selbst."

Entlassung Bismarcks

Am 17. März 1890 kam es neben innenpolitischen Differenzen auch zum Streit zwischen Bismarck und Wilhelm II. wegen der Verlängerung des Rückversicherungsvertrags mit Russland. Der russische Botschafter war bei Bismarck, um über die Verlängerung zu verhandeln. Bismarck war dazu bereit, da er dem Vertrag „große Bedeutung für die Gegenwart und die Zukunft" beimaß. Der Kaiser aber war dagegen. So wurde der Rückversicherungsvertrag wird nicht verlängert und Bismarck musste gehen.

Die englische Zeitung „Punch" veröffentlichte aus diesem Anlass die berühmte und immer wieder nachgeahmte Karikatur „Der Lotse geht von Bord", womit die Rolle des Altkanzlers und der ungewisse Kurs des neuen Deutschlandschiffes in einem prägnanten Bild gezeichnet wurden. Bereits sieben Jahre später wurden die Folgen von Bismarcks Abgang von einer Zeitung bedauert, die Bismarck gegenüber durchaus feindlich eingestellt war. Die „La Tribune de Genève" schrieb 1897:

> „Man ist dahin gekommen, beinahe zu bedauern, dass uns die eiserne Hand des alten Bismarck fehlt. Man kann seine Politik verunglimpfen, man kann ihr Mangel an Grundsatz und hoher Sittlichkeit vorwerfen, aber man muss unweigerlich feststellen, dass unter seiner Herrschaft – denn er herrschte – Europa nicht strauchelte."[157]

Umkehrung der Verhältnisse

Die Verweigerung der weiteren Bindung an Russland führte zu einer Umkehr der gesamten europäischen Bündniskonstellation. Russland suchte nun eine Annäherung an Frankreich und England. Für Frankreich ergab sich die militärisch günstige Perspektive, dass Deutschland nun von zwei Seiten bedroht und in die Zange genommen werden konnte. England kamen die Annäherungsbemühungen entgegen, da es zunehmend in Rivalität zu Deutschland geriet: Dessen Wirtschafts- und Flottenpolitik ließen es zu einem Rivalen und Konkurrenten Englands werden, das seine führende Rolle als europäische Vormacht bedroht sah. So blieb nur noch Österreich als Bündnispartner übrig. Die Länder um Deutschland und Österreich herum schlossen nun ihrerseits wechselseitige Bündnisverträge, sodass Deutschland und Österreich-Ungarn, allein in der Mitte übrig geblieben, nun umgekehrt von den sie umgebenden Ländern umschlossen und eingekreist wurden. Damit wurde Bismarcks außenpolitisches Konzept innerhalb weniger Jahre in sein Gegenteil verkehrt. Und das nicht wegen der diplomatischen Raffinesse der anderen Länder, sondern wegen einer unklugen und zum Teil schroffen Haltung der deutschen Diplomatie und Politik, die ihre Forderungen nach „gleichem Eroberungsrecht" lautstark in die Öffentlichkeit posaunte:

„Die Zeiten, wo der Deutsche dem einen seiner Nachbarn die Erde überließ, dem anderen das Meer und sich selbst den Himmel reservierte, wo die reine Doktrin thront (Heiterkeit - Bravo!) -, diese Zeiten sind vorüber. Wir betrachten es als eine unserer vornehmsten Aufgaben, gerade in Ostasien die Interessen unserer Schifffahrt, unseres Handels und unserer Industrie zu fördern und zu pflegen [...]. Wir sind endlich gern bereit, in Ostasien den Interessen anderer Großmächte Rechnung zu tragen in der sicheren Voraussicht, dass unsere eigenen Interessen gleichfalls die ihnen gebührende Würdigung finden. Mit einem Worte: Wir wollen niemand in den Schatten stellen, aber wir verlangen auch unseren Platz an der Sonne."[158]

Mit dieser vollmundigen Rede verteidigte 1897 Reichskanzler von Bülow im Reichstag die kaiserliche Politik gegen Angriffe der Opposition. Mit jovialem Humor benannte er die neue Aufgabe Deutschlands, nicht mehr Frankreich allein das Festland und England allein das Meer zu überlassen, sondern nach beidem ebenfalls die Hand auszustrecken und sich nicht mehr bloß mit dem „Himmel, wo die reine Doktrin thront", zu begnügen. Er bemerkte noch nicht einmal in Ansätzen, auf welch gefährlichen Weg er Deutschland schickte, und er verhöhnte unwissend das, was Deutschland groß gemacht hatte und was es Europa hätte geben können. Von Fichte und Friedrich III. waren dieser Mann und dieses Deutschland meilenweit entfernt. Die Realpolitik führte auch hier zu einem Verlust der Realität.

Inhaltliche Ergebnissicherung

Weltmachtpolitik unter Wilhelm II.		
Lage in Europa	Konzept Wilhelms II.	Bündnisse
• Starkes Deutschland in der Mitte Europas • Deutschland stärkste Militärmacht auf dem Kontinent • Deutschland soll auch Seemacht werden („Risikoflotte")	• Deutschland soll Weltmacht werden • Zusammenarbeit mit Österreich • Aufrüstung Deutschlands zur See • Kein Bündnis mit Russland und England • Außenpolitische Isolierung	• Fortführung des Zweibunds von 1879 • Fortführung des Dreibunds von 1882/1887

„Militaristen und Kriegshetzer"

Bei der Eroberung der Welt und hinsichtlich seiner militärischen Stärke stand Deutschland deutlich hinter England und Frankreich zurück. England besaß ein Viertel der Festlandsoberfläche der Erde, Frankreich ein Siebtel. Nun mochte auch Deutschland nicht zu kurz kommen; es würde bald ein Siebzehntel besitzen. Um dieses Siebzehntel erhob es allerdings ein solches Geschrei, dass die Deutschen bald als Militaristen und Kriegshetzer galten. Mit der Wirklichkeit hatte das wenig zu tun, kam aber der Selbstdarstellung der anderen Nationen entgegen, die dadurch von sich ablenken und auf andere zeigen konnten.

Flottenbauprogramm

Um dem Anspruch auf Teilhabe an der Weltpolitik gerecht zu werden, musste das Kaiserreich auch und vor allem zur See aufrüsten. Um den deutschen Handel und die deutschen Interessen in Übersee zu schützen, sollte eine Flotte gebaut werden, die so groß sein sollte, dass eine Auseinandersetzung mit ihr selbst für die größte Flotte, nämlich die englische, zum Risiko werden sollte. Das war das Konzept der „Risikoflotte", das Admiral von Tirpitz entwickelte. Entsprechend den Flottenbaugesetzen von 1898/99 wurden 36 Linienschiffe, 12 große Kreuzer und 30 kleine Kreuzer gebaut. Das entsprach etwa der Hälfte der englischen Flotte.

Politik gegenüber England

Trotz des deutschen Flottenbaus waren die Chancen, zu einer politischen Verständigung mit England zu kommen, gegeben. Deutschland war durch die Annäherung Russlands an Frankreich wie auch an England diplomatisch isoliert, aber auch England befand sich in einer schwierigen Lage. Es betrieb weiter seine Politik der „Splendid Isolation", die es vor Bindungen und Bündnissen zurückschrecken ließ. Auf der anderen Seite brachten die Kolonien in Afrika England in Schwierigkeiten: An der Südspitze gab es Differenzen mit den Buren, an der Nordostecke mit Ägypten. Marokko bewirkte einen Konflikt mit Frankreich, mit Russland gab es Zusammenstöße wegen Indien und China. Daher war England trotz der deutschen Flottenpolitik zu einer Annäherung an Deutschland bereit und begann diplomatische Gespräche. Im englischen Kabinett hatte sich noch keine einheitliche Meinung gebildet. Ein Teil sprach sich für einen Anschluss an Deutschland aus; ein anderer favorisierte eine Bindung mit Frankreich und Russland trotz der Opfer, die eine solche Annäherung kosten sollte. Der Tod der englischen Königin Victoria, der Großmutter des deutschen Kaisers mütterlicherseits, am 22. Januar 1901 hätte eine Gelegenheit zu ersten Gesprächen geboten, da Wilhelm zu den Trauerfeierlichkeiten nach England reiste und sich in diesem Zusammenhang eine günstige Atmosphäre für Gespräche ergeben hätte. Aber Staatssekretär v. Bülow und eine „Graue Eminenz" im Hintergrund, Holstein, bremsten: Sie hielten es für besser, wenn Deutschland eine Politik der freien Hand behalten würde. Dass England sich mit Frankreich und Russland verständige, sei ihrer Ansicht nach nicht zu erwarten und nur als politischer Bluff zu bewerten.

Anregung eines Bündnisses mit England

England seinerseits regte den Abschluss eines Verteidigungsbündnisses an. Der deutsche Botschafter, Graf Hatzfeld, stimmte ihm grundsätzlich zu, verwies aber darauf, dass die deutsche Außenpolitik auf der festen Grundlage des Bündnisses mit Österreich beruhe. England möge daher dem Zweibund beitreten. Einen solchen Beitritt lehnte England aber ab. Es machte allerdings ein neues Angebot: Statt eines Bündnisses könnte eine Art von Interessensausgleich herbeigeführt werden, eine gegenseitige Verständigung also über ihre Politik, um eine Entfremdung zu verhindern. Der Nachfolger Hatzfelds, Graf Metternich, lehnte dieses Angebot aber in schroffer Form ab: „Ein solch untergeordneter Vorschlag wird bei meiner Regierung keine günstige Aufnahme finden." Das war weder diplomatisch noch klug. Nachdem Deutschland Englands Bündnisbemühungen abgelehnt hatte, orientierte England seine Politik um; das Deutschland feindliche Lager kam nun zum Zuge. Es betrieb eine Politik, auf die Disraelis Einschätzung der Reichsgründung schon hingewiesen hatte: Die Bekämpfung eines starken deutschen Staates in der Mitte Europas, der sowohl das bisherige Mächtegleichgewicht durcheinander brachte als auch eine französische und englische Dominanz in Europa gefährdete. England,

Frankreich und die anderen europäischen Staaten wollten keinen Machtstaat im Herzen Europas. Das hatte Friedrich III. begriffen, nicht aber Bismarck oder gar Wilhelm II. Auch die Deutschen selbst bedurften zweier Weltkriege, um zu einer Einsicht gezwungen zu werden, die, wenn sie sie früher gehabt und verstanden hätten, ihnen diese Kriege erspart hätte.

Inhaltliche Ergebnissicherung

Diplomatische Situation zwischen Deutschland und England	
Deutschland	England
• Diplomatisch isoliert durch Annäherung Russlands an Frankreich und England • Spannungen mit England wegen Flottenpolitik	• Politik der „Splendid Isolation" • Schwierigkeiten in Afrika (Buren) • Probleme mit Frankreich (Marokko) • Probleme mit Ägypten (Besatzung) • Probleme mit Russland (Indien und China) • Probleme mit Deutschland (Flottenbauprogramm)
• Deutschland lehnt alle englischen Bündnisangebote ab	• Zwei Lager im englischen Kabinett: • Anschluss an Deutschland • Anschluss an Frankreich und Russland trotz der Opfer, die das kosten wird • Das Deutschland feindliche Lager gewinnt die Oberhand

4.10 Der Imperialismus

Begriff Imperialismus

In der zweiten Hälfte des 19. Jahrhunderts huldigten die großen Industrienationen dem Glauben, dass die Zeit der endgültigen Aufteilung des Planeten gekommen sei. Alle Gebiete galten als besitzlos, die nicht im Besitz einer der großen Industrienationen waren. Es entstand die Befürchtung, dass man jetzt nicht zu kurz kommen dürfe, wenn man nicht aus dem Kreis der Weltmächte herausfallen wolle. Daher versuchten alle großen europäischen Staaten – allen voran England und Frankreich –, durch den Erwerb von Kolonien in Afrika und Asien ein großes Reich aufzubauen. Dieses Bemühen bezeichnet man als Imperialismus. Er brachte eine gewaltsame und unrechtmäßige Herrschaft europäischer Nationen über fremde Völker.

Motive des Imperialismus: Macht

Was waren ihre Motive?

Am 3. Juli 1900 sagte Wilhelm II. anlässlich der Taufe des Schiffes „Wittelsbach":

> „Ich bin nicht der Meinung, dass unser deutsches Volk vor dreißig Jahren unter der Führung seiner Fürsten gesiegt und geblutet hat, um sich bei großen auswärtigen Entscheidungen beiseite schieben zu lassen. Geschähe das, so wäre es ein für allemal mit der Weltmachtstellung des deutschen Volkes vorbei, und Ich bin nicht gewillt, es dazu kommen zu lassen. Hierfür die geeigneten und, wenn es sein muss, auch die schärfsten Mittel rücksichtslos anzuwenden, ist Meine Pflicht."[159]

Wilhelm sah in der Behauptung der Weltmachtstellung der europäischen Nationen ein zentrales Motiv des Imperialismus. Um dies zu erreichen, war er bereit, die „schärfsten Mittel rücksichtslos anzuwenden". Es ging ihm um Machterhalt und Machterweiterung; von Recht war keine Rede.

Wirtschaft

Weitere Motive führte der französische Ministerpräsident Jules Ferry in einer Rede vom 28. Juli 1885 an:

> „Man muss eine Wahl treffen, einerseits die Nützlichkeit neuer Erwerbungen und andererseits den Stand unserer Hilfsmittel erwägen. Diese kluge und maßvolle Kolonialpolitik ist für Frankreich einfach lebensnotwendig zu einer Zeit, in der alle Länder sich gegen ausländische Erzeugnisse sperren, was jedes Land nötigt, sich die für seine Landwirtschaft und seine Industrie unentbehrlichen Absatzmärkte zu sichern [...]. Die überlegeneren Rassen haben außerdem ein Recht gegenüber den unterlegenen Rassen, und in dieser Hinsicht sollte Frankreich sich nicht der Pflicht entziehen, die Völker zu zivilisieren, die mehr oder minder barbarisch geblieben sind [...]. Wenn Frankreich verzichtet [...], werden andere seinen Platz einnehmen, und während es auf den dritten oder vierten Platz herabfallen wird, werden sie auf den ersten gelangen."[160]

Ferry beschrieb die Notwendigkeit, für die einheimische Wirtschaft Absatzmärkte zu erschließen, da der freie Handel durch Importschranken behindert würde. Ferner nannte er die Pflicht der „überlegeneren Rassen", die „unterlegenen Rassen" und Völker zu zivilisieren. Und zum Dritten glaubte er, dass andere Staaten diese imperiale Aufgabe übernehmen würden, wenn es Frankreich unterließe; so würde Frankreich hinter diese anderen zurückfallen. Im Unterschied zum deutschen Kaiser machte Ferry den Versuch, die Ausübung von Macht ideologisch zu verbrämen und zu entschuldigen: Sie diene der Zivilisierung der unterlegenen Völker; außerdem würde man durch die anderen Mächte, die so handelten, gezwungen, das Gleiche zu tun. Was die „unterlegenen Rassen und Völker" dazu meinten, fragte er nicht.

Rassismus

Eine rassistische Begründung des Imperialismus finden wir auch bei dem englischen Kaufmann und Politiker Cecil Rhodes (1877):

> „Ich behaupte, dass wir die erste Rasse der Welt sind und dass es für die Menschheit umso besser ist, je größere Teile der Welt wir bewohnen [...]. Darüber hinaus bedeutet es einfach das Ende aller Kriege, wenn der größere Teil der Welt in unserer Herrschaft aufgeht [...]. Da [Gott] sich die Englisch sprechende Rasse offensichtlich zu seinem auserwählten Werkzeug geformt hat, [...] muss es auch seinem Wunsch entsprechen, dass ich alles in meiner Macht Stehende tue, um jener Rasse so viel Spielraum und Macht wie möglich zu verschaffen. Wenn es einen Gott gibt, denke ich, so will er daher eines gern von mir getan haben: nämlich so viel von der Karte Afrikas britisch-rot zu malen wie möglich und anderswo zu tun, was ich kann, um die Einheit der Englisch sprechenden Rasse zu fördern und ihren Einflussbereich auszudehnen."[161]

Cecil Rhodes bediente sich unverblümt des Rassismus des 19. Jahrhunderts und legte fest, dass die Engländer die erste Rasse der Welt seien. Daraus leitete er das Recht ab, die Welt zu beherrschen. Dies entspräche auch dem Willen Gottes, wenn es ihn gäbe. Die letzte Prämisse macht den ideologischen und fast schon zynischen Charakter seiner Argumentation deutlich. Ebenso die Annahme, dass der Krieg verschwände, wenn ein Volk alle anderen beherrschen würde.

Inhaltliche Ergebnissicherung

Motive des Imperialismus		
Machtpolitik	**Wirtschaft**	**Rassismus**
• Macht- und Rivalitätsdenken der europäischen Staaten • Realpolitik	• Suche nach neuen Absatzmärkten • Bedarf an Rohstoffen und Energie	• „Sendungsbewusstsein" der weißen Völker • „Rassische Überlegenheit"

Beurteilung der Motive

Die ersten beiden Motive sind offener Ausdruck dessen, was man unter „Realpolitik" verstand: Man hatte die Macht, etwas zu tun, und leitete daraus das Recht ab, es auch tun zu dürfen. Helmuth von Moltke, Generalstabschef im Ersten Weltkrieg, brachte die Motive der Europäer auf den Punkt:

> „Auf das eigentlich treibende Motiv der ganzen Expedition muss man freilich nicht eingehen, denn wenn wir ganz ehrlich sein wollen, so ist es Geldgier, die uns bewogen hat, den großen chinesischen Kuchen anzuschneiden. Wir wollten Geld verdienen, Eisenbahnen bauen, Bergwerke in Betrieb setzen, europäische Kultur bringen, das heißt in einem Wort ausgedrückt, Geld verdienen. Darin sind wir keinen Deut besser als die Engländer in Transvaal [in ihrem Krieg gegen die südafrikanischen Buren]!"[162]

Etwas diplomatischer formulierte es Bernhard von Bülow, 1899 Staatssekretär im Auswärtigen Amt:

> „Die ostasiatische Frage in ihrer gegenwärtigen Gestalt beruht auf der militärischen Schwäche des Chinesischen Reiches und der Unfähigkeit seiner Zentralregierung, welche dieses reiche Ländergebiet oder doch einzelne Stücke desselben allen stärker organisierten Staaten als leichte und lohnende Beute erscheinen lassen. Der Machtzuwachs, welchen sich einzelne europäische Staaten durch territoriale Erwerbungen in China holen könnten, würde aber unausbleiblich auf das bestehende europäische Gleichgewicht eine fühlbare Rückwirkung ausüben. Deshalb sehen sich mehr oder weniger alle zivilisierten Nationen daran interessiert, den Zersetzungsprozess des Chinesischen Reiches aus nächster Nähe zu beobachten, um einzugreifen, sobald es ihre Interessen zu erheischen scheinen."[163]

Die Unhaltbarkeit und Widersinnigkeit des Rassismus hatte schon damals der spätere französische Ministerpräsident Georges Clemenceau in seiner Entgegnung auf Ferrys Rede am 30. Juli 1885 deutlich gemacht:

> „Überlegene Rassen! Minderwertige Rassen! Das ist leicht gesagt! Ich für meinen Teil bin da vorsichtig, seit ich erlebt habe, wie deutsche Gelehrte wissenschaftlich nachgewiesen haben, dass Frankreich den Krieg gegen Deutschland verlieren musste, weil die Franzosen den Deutschen gegenüber eine minderwertige Rasse seien. Die Hindus – eine minderwertige Rasse [...]? Die Chinesen? [...] Nein! Nein, es gibt kein Recht für so genannte überlegene Nationen gegenüber unterlegenen Nationen. Wir sollten nicht die Gewalt mit der heuchlerischen Bezeichnung Kultur verhüllen. Sprechen wir nicht von Recht oder Pflicht. Die Eroberung, die Sie propagieren, ist nichts anderes als der Missbrauch der Macht, die die Wissenschaft unserer Kultur gegenüber zurückgebliebenen Kulturen gibt. Sie dient dazu, sich der Menschen zu bemächtigen, sie zu foltern oder alles aus ihnen herauszuholen zum Profit des angeblichen Kulturbringers. Das ist nicht das Recht, das ist seine Negation. In diesem Zusammenhang von Kultur zu sprechen, bedeutet, zur Gewalt noch die Heuchelei hinzuzufügen."[164]

Klarer und deutlicher kann man die ideologische Verbrämung von Gewalt nicht benennen, als es Clemenceau hier getan hat.

Wilhelm II. war frei von solcher Bemäntelung; die Natur des Imperialismus kam daher in seinen Reden ungeschminkt zum Vorschein, was ihm die Etikettierung als unverhohlener Militarist und Kriegstreiber einbrachte; sie hatte mit der Realität nur wenig zu tun. Als beim chinesischen Boxeraufstand des Jahres 1900 deutsche Marinetruppen an der Seite der Truppen der anderen imperialistischen Mächte kämpfen sollten, verabschiedete sie der Kaiser mit den folgenden Worten:

Wilhelms „Hunnenrede"

> „Eine große Aufgabe harrt eurer: ihr sollt das schwere Unrecht, das geschehen ist, sühnen. Die Chinesen haben das Völkerrecht umgeworfen, sie haben in einer in der Weltgeschichte nicht erhörten Weise der Heiligkeit des Gesandten, den Pflichten des Gastrechts Hohn gesprochen. [...] Ihr sollt fechten gegen eine gut bewaffnete Macht, aber Ihr sollt auch rächen, nicht nur den Tod des Gesandten, sondern auch vieler Deutscher und Europäer. Kommt Ihr vor den Feind, so wird er geschlagen, Pardon wird nicht gegeben; Gefangene nicht gemacht. Wer euch in die Hände fällt, sei in Eurer Hand. Wie vor tausend Jahren die Hunnen unter ihrem König Etzel sich einen Namen gemacht, der sie noch jetzt in der Überlieferung gewaltig erscheinen lässt, so möge der Name Deutschland in China in einer solchen Weise bestätigt werden, dass niemals wieder ein Chinese es wagt, etwa einen Deutschen auch nur scheel anzusehen."[165]

Französische Karikatur zum Imperialismus in China

Die inneren Widersprüche der sog. Hunnenrede, die Wilhelm frei hielt und zu der es folglich keinen authentischen Text von Seiten des Kaisers gibt, liegen auf der Hand. Wilhelm beklagte die Verletzung des Völkerrechts durch die Chinesen, bezog sich selbst auf die Werte des Christentums und verletzte beide gleichermaßen in dem immer wieder zitierten Schlussteil der Rede. Man gewinnt den Eindruck, dass zur Zeit des Imperialismus nicht nur Werte, sondern auch die Urteilsfähigkeit abhanden gekommen waren.

Politische Propaganda

Solche röhrenden Reden waren nicht nur unklug, sie gaben der politischen Propaganda in der Zeit des Imperialismus und im Ersten Weltkrieg die beste Munition, um gegen Deutschland zu Felde zu ziehen. So stellte eine französische Karikatur Wilhelm als den gierigsten Imperialisten in China dar, der sich mit seiner Habgier gegenüber allen anderen hervortat. Vergleicht man damit aber eine Karte der kolonialen Aufteilung Chinas, stellt man fest, dass das Deutsche Reich den mit Abstand kleinsten Teil Chinas vereinnahmt hatte; er betrug noch nicht einmal ein Zehntel des englischen Gebietes.

Auswirkungen des Imperialismus

Die Folgen des Imperialismus für Afrika beschrieb der Historiker Jacob Ajayi aus Nigeria 1977:

> „Der grundlegendste Aspekt der europäischen Einwirkung auf Afrika war der Verlust der Souveränität, den sie praktisch für jedes afrikanische Volk mit sich brachte. Gestützt auf ihre technologische Überlegenheit errichteten die Europäer ihre Herrschaft über den ganzen Kontinent. Sie zerstörten, unterdrückten oder schufen Staaten nach Belieben [...]. Die Gebiete, in die Afrika aufgeteilt wurde, waren ein völliger Neubeginn in der Geschichte Afrikas. In gewisser Weise standen die neuen Territorien in der Nachfolge früherer afrikanischer Reiche und Staaten, doch mit einem entscheidenden Unterschied. Die Grenzen der früheren Reiche unterlagen häufigen und raschen Veränderungen. Im Hin und Her der Geschichte war nichts von Dauer. Aber die Aufteilung durch die Europäer zielte darauf ab, die unablässige Veränderung zu unterbinden, indem sie die Entwicklung in völlig ungewohnte Bahnen zu lenken versuchten [...]. Die politische Souveränität war die Grundlage für die kulturelle Dominanz der Europäer. Sie schuf die Voraussetzun-

gen dafür, dass Christentum, westliche Erziehung, soziale und politische Ideen des Westens auf afrikanische Einrichtungen einen tiefen Eindruck machen konnten."[166]

Ajayi beschreibt eindrücklich, was sich hinter dem Begriff „Realpolitik" verbarg: Eine rücksichtslose Herrschaft mit politischer und sozialer Unterdrückung, ohne ein Verständnis für die Eigenart dieser Völker. In der Heimat wurde diese Unterdrückung verniedlicht, verharmlost und verspottet. So zum Beispiel in einer Seifenwerbung, die mit einer Abbildung von schwarzhäutigen Menschen für „zarte, weiße Haut" warb.

Kompetenzorientierte Urteilsbildung

Die Fallhöhe und die Dramatik des Imperialismus werden vor allem deutlich, wenn wir ihn mit unseren Kompetenzkategorien beurteilen und mit den Errungenschaften der Neuzeit vergleichen. Wir haben diese Beurteilung oben in anderem Zusammenhang schon durchgeführt, daher genügt es, an die Kategorien, die der Urteilsbildung zugrunde liegen, nur zu erinnern.

	Herrschaft	Recht	Gesellschaft
Neuzeit	• Verfassungsstaat • Volkssouveränität • Demokratie	• Menschen- und Bürgerrechte • Einheitliches und gleiches Recht	• Bürgerliche Gesellschaft • Keine Stände

4.11 Der Weg in den Krieg am Beispiel des Balkans

Krisenherd Balkan

Der Balkan ist ein klassisches Krisengebiet: Er ist geostrategisch von Bedeutung, indem er im Westen, Süden und Osten von drei Meeren umgeben ist und von ihm aus der Zugang zum Schwarzen Meer kontrolliert werden kann. Durch ihn führt der europäische Landweg nach Kleinasien. Das alles machte ihn für die Großmächte interessant. Er wird von unterschiedlichen Ethnien bevölkert. Religiös vereinigt er drei Religionen: Ein römisch-katholisches, ein griechisch-orthodoxes Christentum und den Islam. Das barg ein besonderes Konfliktpotenzial.

Geschichtliche Entwicklung

Seit dem 14. Jahrhundert, als in der Schlacht auf dem Amselfeld (Kosovo) ein großes Serbisches Reich den Osmanen unterlag, war der Balkan Teil des Osmanischen Reiches. Diese Herrschaft blieb ein knappes halbes Jahrtausend stabil, bis seit Mitte und vor allem Ende des 19. Jahrhunderts Aufstände der Balkanvölker zur Zurückdrängung des Osmanischen Reiches und zur Gründung neuer Staaten führten. Es entstanden Griechenland, Serbien, Bosnien, Herzegowina, Montenegro, Bulgarien, Rumänien. Dass nicht ein einziger Staat gegründet wurde, lag in den schon genannten ethnischen und religiösen Unterschieden begründet. Die neuen Staaten grenzten sich voneinander ab, bekämpften sich. Da die Ethnien gemischt waren, konnten sie in keinem Staat einheitlich zusammengefasst werden. So entstanden überall ethnische und religiöse Minderheiten, die von der Mehrheitsbevölkerung schikaniert oder unterdrückt wurden.

Inhaltliche Ergebnissicherung

Religiöse Konstellation auf dem Balkan		
Russisch-orthodox	**Katholisch**	**Islamisch**
• Besonders in Serbien	• Besonders in Kroatien	• Besonders in Bosnien
• Keine vollständige Abgrenzung • Entstehung ethnischer und religiöser Minderheiten, • die schikaniert und unterdrückt werden		

Anfang des 20. Jahrhundert kam es 1908 und 1913 in der Folge der Revolution in der Türkei zu zwei Balkankriegen. Österreich nutzte die Gelegenheit, um Bosnien und die Herzegowina seinem Staatsgebiet einzuverleiben. Dies führte zur Einmischung der europäischen Großmächte, die Österreich-Ungarn nicht allein schalten und walten lassen wollten. Russland stand aus ethnischen und religiösen Gründen auf Seiten der Serben, die ein Großserbisches Reich gründen wollten. Es fand die Unterstützung Englands und Frankreichs; Deutschland dagegen stellte sich auf Österreichs Seite, das vor allem die Errichtung eines mächtigen serbischen Staates verhindern wollte. Damit war die Mächtekonstellation des Ersten Weltkriegs vorgezeichnet. Sie galt so auch für den Zweiten Weltkrieg und den Ersten Balkankrieg von 1990–95, bei dem Deutschland sich den Unmut der europäischen Partner zuzog, weil es im Alleingang voreilig Kroatien als selbstständigen Staat anerkannte.

Inhaltliche Ergebnissicherung

Mächtekonstellation auf dem Balkan	
Österreich-Ungarn	**Russland**
• Vereinnahmung Kroatiens und Bosniens • Verhinderung eines Großserbisches Reiches	• Unterstützung Serbiens • Idee eines Großserbischen Reiches
unterstützt von **Deutschland**	unterstützt von **England und Frankreich**

Der serbische Nationalismus

Um ein anschauliches Bild des serbischen Nationalismus zu geben, sei er in der Form einer Lehrererzählung vorgestellt. Es geht um die Geheimorganisation der „Schwarzen Hand", die sich die Gründung eines Großserbischen Reiches auf die Fahnen geschrieben hatte.

> „Am 22. Mai 1911 treffen in Belgrad sieben Männer zusammen. Zwei von ihnen kommen aus Mazedonien. Sie sind in diesem bergigen, noch unter türkischer Herrschaft stehenden Land Führer von Untergrundgruppen. Einer leitet den Verband der revolutionären serbischen Studenten. Vier der Männer sind serbische Offiziere, unter ihnen der Generalstabsmajor Dimitrijewitsch, genannt Apis. Der Raum ist schwarz verhangen, auf einem Tisch stehen ein Totenschädel und ein Giftbecher, daneben liegt ein Dolch. Viele Vorsichtsmaßregeln sind getroffen worden, denn eine Geheimgesellschaft soll gegründet werden. Den hier Versammelten geht es zu langsam vorwärts auf dem Weg zur serbischen Einheit, sie wollen das Erreichen des Zieles mit allen Mitteln beschleunigen. Geistiger Führer der Gruppe ist Dimitrijewitsch, der bereits 1903 dabei war, als serbische Offiziere ihren damaligen König, den sie für schwach und unwürdig hielten, ermordeten."[167]

Der Anführer «Apis» eröffnet nun die Versammlung, indem er darauf hinweist, dass der Kampf der Serben für ein gemeinsames Reich in ein neues Stadium getreten sei, in dem es nicht mehr genüge, bloß auf außenpolitische Unterstützung zu warten oder den Zusammenhalt der Serben, die unter türkischer und österreichischer Fremdherrschaft stehen, nur durch Volksmusik und Feste zu stärken.

> „Wir müssen diese Arbeit jetzt durch Bomben und Attentate unterstützen. Das ist die Aufgabe unserer neuen Gesellschaft. Wir wollen sie nennen: «Ujedinjenje ili Smrt – Vereinigung oder Tod!» Dann liest Dimitrijewitsch das Statut der Geheimorganisation vor, schweigend hören die anderen zu: «Die Organisation führt ihre Aufgaben aus, indem sie 1. in Serbien [...] alle amtlichen Stellen, sowie alle Gesellschaftsschichten und das gesamte soziale Leben ihrem Charakter entsprechend beeinflusst, 2. in allen Gebieten, in denen Serben leben, revolutionäre Organisationen bildet, 3. außerhalb der Grenzen gegen alle Feinde dieser Idee mit allen Mitteln kämpft, 4. freundschaftliche Beziehungen mit allen Staaten, Völkern, Organisationen und einzelnen Persönlichkeiten unterhält, die Serbien und dem serbischen Volke freundschaftliche Gesinnung entgegenbringen. Beim Eintritt in die Organisation muss jedes Mitglied wissen, dass es seine Persönlichkeit aufgibt. Es wird daher jedes Mitglied bestraft, das versucht, die Organisation für seine persönlichen, Klassen- oder Parteiinteressen auszunützen. Entsteht hieraus ein Schaden für die Organisation, so wird das Mitglied mit dem Tode bestraft.»"[168]

Am Ende erklärt «Apis» noch, dass es keinen Austritt aus der Gesellschaft geben könne. Die Mitgliedschaft ende nur mit dem Tod. Alle Mitglieder führen Nummern, ihre Namen seien nur der Zentralleitung bekannt. Ihre Arbeit beginne sofort. Mit dem Schwur «Einheit oder Tod» trennten sich die Versammelten.

Kompetenzorientierte Urteilsbildung

Betrachten wir die Geheimorganisation im Lichte unserer Kompetenzkategorien. Ihre Mitglieder traten für den Nationalismus ein; eine – wie wir wissen – unzeitgemäße Kategorie, der sie einen höchsten Stellenwert einräumten. Daher waren sie bereit, dafür ihr Leben einzusetzen. Alle Beziehungen und alle Handlungen wurden diesem Wert untergeordnet; damit verschwanden jede Moralität und jede Verantwortung gegenüber allem, was nicht diesem Wert diente. Die Persönlichkeit sollte ausgelöscht werden, keinen eigenen Willen mehr haben, sondern nur von der Zielsetzung der Organisation erfüllt sein. Hierin finden wir eine Karikatur des Menschenbildes der Vorantike wieder, wo der Mensch noch nicht zur eigenständigen Persönlichkeit mit eignem Denken herangereift war, sondern sich als Glied der Weltordnung sah. Im serbischen Geheimbund war er zum Glied einer Ideologie geworden, die ihm nun die einzige und höchste Wirklichkeit darstellte. In diesem Geheimbund entfalteten sich daher keine zeitgemäßen, sondern höchst reaktionäre und regressive Kräfte der Geschichtsentwicklung. Diesen Zug wird er, wie wir bei der Behandlung der Zeitgeschichte in Band 5 sehen werden, mit den totalitären Diktaturen des 20. Jahrhunderts teilen.

Das Attentat von Sarajewo

Am 28. Juni 1914 besuchte der österreichische Thronfolger Franz-Ferdinand Bosnien. Er war gewarnt worden, dass ein Attentat verübt werden könnte, fuhr aber dennoch hin. Er wollte wie üblich ein Truppenmanöver besuchen. Der Empfang war festlich, die Menschen nicht stürmisch, aber freundlich. Die Sicherheitsvorkehrungen waren gering, sodass ein Passant ungehindert eine kleine Bombe auf den Wagen des Kronprinzen werfen konnte. Sie prallte aber am Arm Franz-Ferdinands ab und rollte unter den nächsten Wagen, wo sie detonierte. Zwei Offiziere wurden dabei verletzt. Zur weiteren Sicherheit des Prinzen sollte der Weg geändert werden; man wollte nicht mehr durch die Stadt, sondern um sie herum fahren. Der Fahrer bog aber trotz der Anweisung in die ursprüngliche Fahrtroute ein. Über seinen Fehler informiert hielt er an, setzte zurück, um zu wenden – und kam so genau an der Stelle zum Stehen, an der der Attentäter stand. Dieser schoss zweimal und traf Franz-Ferdinand und seine Gemahlin tödlich. Ein Telegramm mit einem vereinbarten Geheimcode wurde nach Belgrad an die „Schwarze Hand" gesandt: „Beide Pferde gut verkauft."

Reaktionen auf das Attentat

In Österreich gab es Kräfte, die sofort mit einer Kriegserklärung auf das Attentat antworten wollten. Sie konnten sich zunächst nicht gegen ungarische Widerstände durchsetzen. In Verhandlungen mit Wilhelm II. in Berlin versuchten Außenminister Graf Hoyos und der österreichische Botschafter in Berlin, den gegenüber einem europäischen Krieg zurückhaltenden Kaiser umzustimmen. Ob es ihnen gelungen war, ist fraglich; doch wollten sie diesen Anschein nach ihrer Rückkehr in Wien erwecken. Immerhin gab Wilhelm Österreich die berühmte Blankovollmacht, dass es „auf die volle Unterstützung Deutschlands rechnen kann, auch im Falle ernsterer europäischer Komplikationen." Allerdings ist auch hier nicht sicher, ob sich diese Zusage auf die aktuelle Situation bezog oder ob es sich nur um eine generelle Wiederholung der Unterstützungsbereitschaft Deutschlands handelte, die es bereits sechs Jahre zuvor bei der Bosnienkrise versichert hatte. Am 23. Juli 1914, mehr als drei Wochen nach dem Attentat, stellte Österreich dann ein Ultimatum an Serbien, das so abgefasst ist, dass seine Annahme so gut wie ausgeschlossen war. Österreich wollte also den Krieg mit Serbien. Zu seiner Überraschung nahm Serbien aber das Ultimatum bis auf eine Geringfügigkeit an, denn es sah sich von Russland allein gelassen, das noch vor einem Krieg zurückschreckte. Dennoch erklärte Österreich am 28. Juli Serbien den Krieg. Kaiser Wilhelm meinte dazu:

> „Das ist mehr als man erwarten konnte: Ein großer moralischer Erfolg für Wien; aber damit fällt jeder Kriegsgrund fort! Daraufhin hätte ich niemals Mobilmachung befohlen!"[169]

Krieg der Militärs?

Warum kam es dennoch zum Krieg? Den Ausschlag dürften die Militärs in beiden Lagern gegeben haben. Ihnen schien ein präventives Losschlagen die beste Option zu sein, um den Krieg, mit dem sie in der Zukunft zweifelsfrei rechneten, erfolgreich zu führen. Russland machte mobil, hob die Mobilmachung aber wieder auf, um sie dann erneut zu befehlen. „Jetzt können Sie das Telefon zerbrechen!", empfahl ein Kriegstreiber in der russischen Regierung seinem Generalstabschef im Feld, um zu verhindern, dass der Mobilisierungsbefehl erneut kassiert würde. Das Deutsche Reich erklärte am 1. August 1914 Russland den Krieg und begann mit der Mobilmachung, die ähnlich wie in Russland zunächst widerrufen, dann aber doch wieder in Kraft gesetzt wurde. Auch in Deutschland spielte das Militär eine entscheidende Rolle bei der Entscheidung zum Krieg. Der Generalstab sah sich in den Fesseln des Schlieffenplans, der zuerst einen Krieg im Westen vorsah, bevor die Truppen zum entscheidenden Kampf gegen Russland antreten könnten. Einen Kriegsplan gegen Russland allein gab es nicht. So erklärte Deutschland am 3. August auch Frankreich den Krieg, um an seinen Aufmarschplänen festhalten zu können. Zuvor war es bereits, dem Schlieffenplan entsprechend, in die neutralen Länder Luxemburg und Belgien eingedrungen. Das wiederum war der Anlass für England, am 4. August 1914 in den Krieg einzutreten. Der große europäische Krieg, der zum Weltkrieg werden sollte, war damit ausgebrochen. Der englische Außenminister Edward Grey ahnte die große Katastrophe, die über Europa hereinbrechen wird:

> „Die Lampen gehen über ganz Europa aus; wir werden sie während unseres Lebens nicht mehr brennen sehen."[170]

Inhaltliche Ergebnissicherung

<table>
<tr><th colspan="4">Krisenherd Balkan</th></tr>
<tr><th rowspan="2">Geschichte</th><th colspan="3">Differenzen</th></tr>
<tr><th>Religiös</th><th colspan="2">Weltpolitisch</th></tr>
<tr><td rowspan="3">• Balkan seit dem 14. Jahrhundert Teil des Osmanischen Reiches
• Aufstände der Balkanvölker im 19. Jahrhundert
• Zurückdrängung des Osmanischen Reiches
• Gründung neuer Staaten: Griechenland, Serbien, Bosnien, Herzegowina, Montenegro, Bulgarien, Rumänien</td><td rowspan="3">• Serbien
  • russisch orthodox
• Kroatien
  • katholisch
• Bosnien
  • islamisch
• Vermischung der Volksgruppen
• Diskriminierung der jeweiligen Minderheiten</td><td colspan="2">• Zerfall des Osmanischen Reiches ruft Großmächte auf den Plan</td></tr>
<tr><td>Österreich:
• vereinnahmt Kroatien und Bosnien
• will Großserbisches Reich verhindern
• von Deutschland unterstützt</td><td>Serbien:
• will ein Großserbisches Reich errichten
• von Russland, England und Frankreich unterstützt</td></tr>
<tr><td colspan="2">Mächte- und Konfliktkonstellation des
• Ersten Weltkriegs
• Zweiten Weltkriegs
• Ersten Balkankrieges 1990–1995</td></tr>
</table>

5 Der Erste Weltkrieg

5.1 Planung der Unterrichtseinheit

Strukturskizze

Strukturskizze: Der Erste Weltkrieg		
Begeisterung und Ernüchterung		Fazit
• Begeisterung und illusionäre Erwartungen • Vom Bewegungskrieg zum Stellungskrieg	• Die Seeblockade und der U-Boot-Krieg • Von Scheinsieg zum Zusammenbruch	• Bewertung des Ersten Weltkriegs • Versailler Vertrag

Der Erste Weltkrieg ist in vielerlei Hinsicht didaktisch interessant: Von allen Seiten trat man mit großer Begeisterung in ihn ein, um am Ende desillusioniert, enttäuscht, an Leib und Seele gebrochen aus ihm zurückzukehren. Warum das so war, wird die Leitfrage der Unterrichtseinheit sein. Der Verlauf des Krieges soll nur soweit behandelt werden, dass entscheidende Wendepunkte und die neue Natur des Krieges deutlich werden. Die Einheit endet mit einer militärischen und politischen Bewertung des Ersten Weltkriegs. Dazu gehören auch die politischen Folgen des Kriegs, die sich aus dem Versailler Vertrag ergeben haben.

5.2 Begeisterung und illusionäre Erwartungen

Schnelle Begeisterung

In Deutschland und Frankreich herrschte zunächst große Kriegsbegeisterung. Sie war verbunden mit der Erwartung auf einen schnellen Erfolg. Ihr lag eine diffuse, allgemeine Hoffnung zugrunde, dass mit einem siegreichen Krieg eine bessere Zukunft heraufziehen werde. Die Gegenwart, so schien es, wurde so erlebt, dass sie diese „bessere Zukunft" nicht ohne eine größere Krise hervorbringen konnte. Die Kriegsbegeisterung wurzelte trotz des imperialen Aufblühens des Deutschen Reichs in einer Sinnkrise.

„Jeder Stoß ein Franzos" war in den Aufschriften der Eisenbahnwagen zu lesen, die die Soldaten in das Kriegsgebiet bringen sollten. Auf französischer Seite freute man sich über: „A Berlin", wohin man rasch und siegreich zu kommen gedachte. Auf den Straßen wurden die Soldaten jubelnd und mit Blumensträußen verabschiedet, als ob der Krieg ein riesiges Volksfest wäre.

„Leipzig (leider immer noch!) 3. August 1914: Hurra! endlich habe ich meine Beorderung: morgen vormittag 11 Uhr in einem hiesigen Lokal. Stunde um Stunde habe ich auf meinen Befehl gewartet. Heute vormittag traf ich eine junge bekannte Dame; ich schämte mich fast, mich in Zivilkleidern vor ihr sehen zu lassen. – Auch Ihr, meine guten Eltern, werdet mir recht geben: ich gehöre nicht mehr ins friedliche Leipzig. Liebe Mutter, halte Dir bitte, bitte immer vor Augen, was ich seit gestern, dem Abschied daheim, im Wechsel der Stimmungen gelernt: Wenn wir in diesen Zeiten an uns und unsere Angehörigen denken, werden wir klein, schwach. Denken wir an unser Volk, ans Vaterland, an Gott, an alles Umfassende, so werden wir mutig und stark. [...] Im Eisenbahnzug: Erhebend und packend war unser Abmarsch [...] diese Begeisterung! Das ganze Bataillon hatte Uniform und Helm mit Blumen geschmückt. Unermüdlich Tücherschwenken aus allen Fenstern und Straßen, tausend Hurras! Hüben und drüben, und dazu die immer und immer wiederholte, ewig neue und wunderbare Versicherung der Soldaten: «Fest steht und treu die Wacht am Rhein!» Diese Stunde, die selten schlägt im Leben der Völker, ist so gewaltig und ergreifend, dass sie allein viele Anstrengungen und Entbehrungen aufwiegt."[171]

So schrieb ein Jurastudent 1914 im Alter von 24 Jahren. Von der Realität des kommenden Krieges konnte er sich keine rechte Vorstellung bilden.

Aufmarsch und Stillstand

Der deutsche Aufmarsch im Westen erfolgte nach dem Schlieffenplan: Um zu einem schnellen Erfolg zu kommen, sollten die französischen Befestigungen im Elsass und in Lothringen umgangen werden; die deutschen Truppen sollten rasch nach Paris vorstoßen. Dazu mussten Luxemburg und Belgien überrollt werden. Sie leisteten keinen nennenswerten Widerstand; auch die französischen Truppen mussten sich anfangs zurückziehen. Aber bereits ihr Gegenangriff an der Marne fünf Wochen nach Kriegsbeginn brachte die deutschen Armeen zum Stehen. Der Schlieffenplan, der eine schnelle Niederwerfung Frankreichs vorsah, um dann alle Kräfte gegen Russland werfen zu können, war damit bereits gescheitert.

Erfolgreicher verlief der Krieg im Osten, der eigentlich erst nach der Niederlage Frankreichs mit vollem Einsatz beginnen sollte. Anfänglich erlitten die deutschen Truppen zwar auch Rückschläge; denn die russischen Armeen waren etwa doppelt so stark wie die deutschen. Nach Ersetzung des Oberbefehlshabers General v. Prittwitz durch den auf eigenen Wunsch reaktivierten Paul von Hindenburg wendete sich aber das Blatt. In einer umfassenden Vernichtungsschlacht konnten die Russen Ende August 1914 bei Tannenberg geschlagen werden. Aber auch hier kam die Front Ende 1914 zum Stehen.

Stellungskrieg und Materialschlachten

Die Front bewegte sich im Westen zwischen 1914 und 1918 nur wenige Kilometer hin und her. Dafür starben Millionen von Menschen in den grauenvollsten Schlachten der bisherigen Kriegsgeschichte. Auch davon gibt uns ein Brief eines Studenten aus dem Jahre 1916 Nachricht:

„An der Somme, 21. August 1916: Furchtbar ist es hier zu sein. [...] Der ganze Himmel ist ein unaufhörliches Zucken und Leuchten. Die Luft ist erfüllt vom Krachen und Donnern der Abschüsse, vom Platzen berstender Granaten, vom Heulen und Pfeifen der Geschosse, die hin- und herfliegen. Granaten haben die Straßen zerrissen. [...] Munitionskolonnen bringen Futter für die unersättlichen Mäuler der Kanonen. Abgelöste Truppen eilen nach hinten. Trupps von marschfähigen Verwundeten, jeder mit einem Ausweiszettel im zweiten Knopfloch, begegnen uns. Sie haben es geschafft. Sie brauchen nicht mehr vor, und deshalb ziehen sie fröhlich trotz aller Schmerzen nach hinten. Allmählich kommen wir in die Zone, die dauernd unter Feuer liegt. Der Marsch geht in Laufen, in Rasen über. Hier und da bleibt einer zurück, der nicht mehr kann. Keuchend, schwitzend kommen wir endlich in ein Dorf. Ja, ein Dorf ist es gewesen. [...] Ein Granatloch hat das andere verschüttet. Die Kalkbeschotterung ist weit herumgespritzt. Bäume, Wagen, Leichen, Tornister, Pferde, Gewehre, Bleche, Draht, Ausrüstungsstücke liegen über dem getretenen Pfade durch die Trichter hindurch. Im heftigsten Granatfeuer stürzt die Kompanie vorwärts. [...] Eine flache Mulde ist da, wo früher der Graben war. Da stürzen wir hinein. Einige Leute liegen dort schon in Löchern, in Resten von Unterständen; verhetzt und schlapp gucken sie uns teilnahmslos an. Sie sind ja verrückt vor Angst."[172]

Wandel des Krieges

Der Brief macht den Wandel und die neue Dimension des Krieges sichtbar: Menschliche Tapferkeit und Mut vermochten nichts mehr gegenüber der Gewalt der technischen Waffen. Technik und Material machten den Soldaten hilflos und wehrlos, brachten ihn in dauernde Todesangst und trieben ihn in den Wahnsinn. Der psychischen Zerstörung stand die physische Vernichtung zur Seite. Zerschossene Leiber, abgerissene Glieder, entstellte Gesichter zeigten mit grausigem Realismus das neue Gesicht des Krieges, das Trommelfeuer, Maschinengewehre, Giftgas, das erstmals 1915 von Deutschen in Flandern eingesetzt wurde, mit sich brachten. Gegen Ende des Krieges kamen dann noch Panzer und erste Luftangriffe hinzu. Für diese neue Form des Krieges stand symbolisch „Die Hölle von Verdun" und für den Stillstand die sprichwörtlich gewordene Formulierung des deutschen Heeresberichtes: „Im Westen nichts Neues". Die neuen technischen Möglichkeiten gaben dem Krieg eine neue, bislang nicht vorstellbare Dimension an Grausamkeit und Zerstörung. Alles, was bislang in den Kriegen von Wert und Wichtigkeit war – die Zahl der Soldaten, persönliche Tapferkeit, strategische Intelligenz usw. –, war damit hinfällig und überholt. Überholt war damit aber auch der Krieg selbst. Denn jedem Einsichtigen war klar, dass solche Kriege nicht mehr geführt werden dürfen und in letzter Konsequenz auch nicht mehr geführt werden können, wenn nicht alle Beteiligten daran zugrunde gehen sollen. Im Briand-Kellog-Pakt von 1928 wurde der Krieg geächtet; in der Charta der Vereinten Nationen, die nach dem Zweiten Weltkrieg formuliert wurde, sogar schon jede Gewaltanwendung in den internationalen Beziehungen.

Kompetenzorientierte Ergebnissicherung

Krieg		
• Naturzustand • Gerechter Krieg • Heiliger Krieg	• Wirtschaftskrieg • Fortführung der Politik mit anderen Mitteln • Technisierter Krieg	• Ächtung des Krieges

5.3 Von der Seeblockade bis zum Kriegsende

Seeblockade 1914

Schon im November 1914 verhängte die britische Admiralität eine Blockade über die deutschen Küsten; alle – auch neutrale – Schiffe, die Lebensmittel, Kriegsmaterial und Rohstoffe, die sog. Bannware, an Bord hatten, wurden aufgebracht oder versenkt. Die Blockade bedeutete eine gravierende Störung des internationalen Handels. Dies führte zunächst zu einer bösen Verstimmung zwischen dem amerikanischen Präsidenten Wilson und England, die aber hinter den Kulissen und zum Teil auch hinter dem Rücken des Präsidenten „geregelt" wurde. Um Wilsons Zorn von England abzulenken, rieten amerikanische Diplomaten dazu, amerikanische Handelsschiffe durch Frankreich versenken zu lassen. Die Blockade zeigte Wirkung; es gelangten kaum noch überseeische Waren nach Deutschland.

Folgen für Deutschland

Die Folgen der Seeblockade für Deutschland waren auf den Straßen zu erkennen: Überall bildeten sich Schlangen vor den Einkaufsläden, denn Waren und Lebensmittel wurden knapp. Die durchschnittlich notwendige Kalorienzahl von ca. 3000 kal. wurde schon 1914 um 700 kal. unterschritten; 1916 lag sie bei 1000–1200 kal. Schon 1000 kal. verbraucht der hungernde Körper aus der eigenen Substanz. Missernten und ein Arbeitskräftemangel verschlechterten die Ernährungssituation weiter, sodass ungefähr 500 000 Deutsche während des Krieges verhungerten. Die Ernährungskrise wirkte sich natürlich auch auf die Soldaten im Felde aus. In einem Feldpostbrief aus der Champagne vom 9. Februar 1917 hieß es dazu:

> „Die Kälte setzt uns sehr zu, zumal die seitens der Heeresverwaltung gebotene Ernährung wirklich sehr mangelhaft ist. Die Rüben, die wir Tag für Tag bekommen, sind meist erfroren, Fleisch ist nur sehr wenig im Essen und Brot als Ersatz nicht zu bekommen. Belag, selbst Schmalz oder Fett-Ersatz, werden in so winzigen Mengen gereicht, dass sie in der täglichen Portion auf der Spitze des kleinen Fingers Platz haben. Zudem ist der Betrieb der hiesigen Küche zu beschränkt, dass es Essbares absolut nicht zu kaufen gibt. Dazu kommt noch ein großer Übelstand: Auch Licht wird in so kleinen Mengen ausgeteilt, dass wir manchmal tagelang ohne Licht, also Tag und Nacht im Dunkeln, in unserem Unterstand sitzen [...]. Alle diese Umstände lassen natürlich unsere Stimmung bis zur Verzweiflung sinken; Hoffnungslosigkeit hat sehr viele hier erfasst."[173]

Die Versorgungskrise betraf auch die militärisch notwendigen Rohstoffe: Es fehlte an Metall für die Kanonen, an Öl und Treibstoff für die Fahrzeuge. Man schmolz Kirchenglocken, Denkmäler, Fenstergriffe, Türklinken und elektrische Leitungen ein, um den Engpass an Buntmetallen zu überwinden; ebenso die kupfernen Einrichtungen von Brauereien, Brennereien, Gaststätten und Zuckerfabriken. Sammelaktionen für ölhaltige Kerne sollten der Öl- und Treibstoffgewinnung dienen. Das alles waren verzweifelte Notmaßnahmen, die zeigten, dass den Deutschen das Wasser bis zum Halse stand.

Der U-Boot-Krieg

Deutschland antwortete auf die Seeblockade mit einem U-Boot-Krieg. Am 4. Februar 1915 erklärte ihn Deutschland gegen alle Kriegs- und Handelsschiffe; die Schiffe neutraler Länder eingeschlossen. Auch die U-Boote gehörten zu den Neuerungen des Ersten Weltkriegs. Holländer betrieben als erste ihre Entwicklung, ab 1888 waren auch Franzosen damit befasst, 1898 gelang es England, ein erstes taugliches U-Boot herzustellen. Es hatte eine Tauchtiefe von max. 200 m. Der U-Boot-Krieg brachte Erfolge, bis es am 7. Mai 1915 zu einem Zwischenfall kam. Ein englischer Luxusdampfer, die „Lusitania", wurde versenkt. Der Dampfer war als englischer Hilfskreuzer registriert und hatte 12 000 Kilogramm Sprengstoff an Bord. Daneben aber auch zivile Passagiere, von denen 1198 umkamen, darunter 124 Amerikaner. Dies führte im September zu einem heftigen Protest der Amerikaner und zum Rückzug der deutschen U-Boote aus englischen Gewässern. 1916 nahm man den U-Boot-Krieg allerdings wieder auf, beschränkte ihn aber wegen eines amerikanischen Ultimatums auf die Prisenordnung, d. h. auf ein geregeltes Verfahren, das das Anhalten und Durchsuchen der Schiffe erlaubte. Bevor sie aber beschlagnahmt oder versenkt wurden, mussten Besatzung und Passagiere in Sicherheit gebracht werden.

Wiederaufnahme des uneingeschränkten U-Boot-Kriegs

Wegen der katastrophalen Ernährungslage stellte man Ende 1916 und Anfang 1917 Überlegungen an, den uneingeschränkten U-Boot-Krieg wieder aufzunehmen. Bei einer unbeschränkten Kriegsführung riskierte Deutschland den Eintritt der USA in den Krieg, da Wilson ein entschiedener Gegner des uneingeschränkten U-Boot-Krieges war. Die Entscheidung war also schwierig; sie sollte am 9. Januar 1917 getroffen werden. Bereits am Vormittag besprach sich Reichskanzler Bethmann-Hollweg mit den Militärs. Er war gegen die Wiederaufnahme des uneingeschränkten U-Boot-Krieges, den die Militärs für notwendig hielten, hatte aber nicht die Entschlossenheit und Energie, seinen politischen Standpunkt gegenüber dem militärischen zu behaupten. Am Abend fand der entscheidende Kronrat bei Kaiser Wilhelm statt. Die Militärs legten ihren Standpunkt dar und gaben sich auch gegenüber einem Kriegseintritt der USA zuversichtlich. Admiralsstabschef Holtzendorff erklärte:

> „Die amerikanische Gefahr schreckt mich nicht. Ich stehe nicht an zu er erklären, dass wir mit einem uneingeschränkten U-Boot-Krieg, der am 1. Februar beginnt, in 5 Monaten England zum Frieden zwingen können, noch ehe ein Amerikaner das Festland betreten hat.“[174]

Reichskanzler Bethmann-Hollweg trug seine Bedenken vor. Aber der Kaiser war nicht gewillt, sie ernsthaft und besonnen anzuhören. Stattdessen erklärte er den uneingeschränkten U-Boot-Krieg für beschlossen und beendete das Gespräch.

Kriegseintritt der USA

Zwei Wochen später sandte der deutsche Botschafter in den USA ein Telegramm an die deutsche Regierung, um eine wichtige Botschaft des amerikanischen Präsidenten zu übermitteln:

> „Washington, 27. Januar 1917. House bat mich spontan im Auftrage Wilsons, ihn zu besuchen, und sagte mir das Folgende als offiziellen Auftrag des Präsidenten: «Wilson anbietet zunächst vertraulich, Friedensvermittlung auf Grund seiner Senatsbotschaft, d. h. also ohne Einmischung in territoriale Friedensbedingungen. Als nicht vertraulich betrachte Wilson sein gleichzeitig an uns gerichtetes Ersuchen um Mitteilung unserer Friedensbedingungen.» Nachdem unsere Feinde uns ihre unmöglichen Friedensbedingungen offen ausgesprochen, seien auch wir moralisch verpflichtet, unsere Bedingungen bekannt zu geben, die ja nach unseren Mitteilungen gemäßigte seien, und die er dann der ganzen Welt bekanntmachen würde. «Wenn wir nur zu ihm Vertrauen hätten, sei Präsident überzeugt, dass er dann die beiden Friedenskonferenzen erreichen könne [...] und zwar so schnell, dass unnötiges Blutvergießen der Frühjahrsoffensive verhindert werde» [...] Wenn jetzt ohne weiteres U-Bootkrieg begonnen wird, wird Präsident dies als Schlag ins Gesicht betrachten, und Krieg mit den Vereinigten Staaten ist unvermeidlich. [...] Ich selbst bekenne mich allerdings zur Ansicht, dass wir jetzt durch Konferenzen einen besseren Frieden erreichen werden, als wenn sich die Vereinigten Staaten unseren Feinden anschließen.“[175]

Diese außerordentlich wichtige Botschaft, die dazu hätte führen können, den Krieg 1917 zu beenden und Deutschland einen erträglichen Frieden einzubringen, erhielt der Reichskanzler am 28. Januar 1917. Er begab sich mit ihr sofort ins Hauptquartier, ließ sich aber mit der Mitteilung abspeisen, dass die U-Boote bereits ausgelaufen seien und es nicht möglich sei, „ihnen mit der erforderlichen Sicherheit einen Gegenbefehl zukommen zu lassen."[176] Damit waren die Voraussetzungen gegeben, dass die USA in den Krieg gegen Deutschland einträten. Dennoch zögerte Wilson noch. Erst das rücksichtslose Vorgehen der deutschen U-Boote im Februar und März bewogen ihn dann zu dem Entschluss, dem Deutschen Reich den Krieg zu erklären. Dies geschah am 6. April 1917. Mehr als 2 Millionen amerikanische Soldaten kämpften nun an der Seite der Westalliierten gegen die Mittelmächte; etwa 650 000 t Munition wurden allein nach Frankreich geschafft. Dennoch verging zum Verdruss der Franzosen und Engländer noch etwa ein Jahr, bis die Amerikaner bereit waren, entschieden in die Kampfhandlungen einzugreifen.

Sieg im Osten

Im Februar 1917 stürzte eine bürgerliche Revolution in Russland den Zaren, um selbst neun Monate später der sozialistischen Revolution weichen zu müssen. Dazu leistete auch die deutsche Oberste Heeresleitung ihren Beitrag, indem sie Lenin die Fahrt vom Schweizer Exil durch Deutschland nach Schweden erlaubte. Das bolschewistische Russland wollte den Krieg beenden und schloss mit den Mittelmächten im Dezember 1917 einen Waffenstillstand, dem dann der harte Frieden von Brest-Litowsk folgte.

Westoffensive

Damit war der Zweifrontenkrieg beendet und Deutschland konnte sich nun ganz auf den Westen konzentrieren. Im Frühjahr 1918 erfolgte eine Entscheidung suchende Offensive der Deutschen. Die Alliierten, die von US-General Pershing immer noch nicht unterstützt wurden, gerieten in verzweifelte Bedrängnis. Sie drängten bei Wilson auf Pershings Ablösung. Doch Wilson ließ sich nicht beeindrucken und überließ dem General weiterhin die Entscheidungsvollmacht. Ab August starteten die Alliierten eine Gegenoffensive; und Anfang September erklärte sich auch Pershing bereit, die US-Truppen in den Kampf zu schicken. Die amerikanischen Panzer schafften den Durchbruch. Österreich bat Ende September um einen Sonderfrieden, Deutschland am 4. Oktober um Waffenruhe. Am 11. November 1918 schwiegen die Waffen. Deutschland und Österreich hatten den Krieg verloren.

Inhaltliche und kompetenzorientierte Ergebnissicherung

Bewertung des Ersten Weltkriegs	
• Neuartigkeit des Krieges: • Nicht mehr Menschen, sondern Waffen und Material sind kriegsentscheidend („Materialschlachten") • Nicht nur physische, sondern auch psychische Vernichtung • Krieg in letzter Konsequenz nicht mehr führbar	• Illusionäre Kriegserwartungen • „Urkatastrophe" für Europa: Beginn der Zurückdrängung Europas aus der Weltpolitik • Widerlegung der Nationalstaatsidee im Kampf der Nationen gegeneinander

5.4 Der Versailler Vertrag

Vorgeschichte

Vorverhandlungen zum Waffenstillstand waren seit September 1918 im Gange. Reichskanzler Graf Hertling war beim Gesuch um Waffenstillstand zurückgetreten. Er wollte sich mit dieser Schande nicht beflecken. Sein Nachfolger wurde Prinz Max von Baden. Ebenso trat Ludendorff – neben Hindenburg der zweite führende General im Ersten Weltkrieg – zurück. Zu den Waffenstillstandsverhandlungen in Compiègne, die wenige Tage später begannen, fuhr die deutsche Delegation unter der Leitung von Matthias Erzberger, dem Führer der Zentrumspartei. Die Vertreter des alten, monarchisch-konservativen Deutschlands hatten sich aus der Verantwortung zurückgezogen. Ludendorff erklärte darüber hinaus unverfroren: „Diejenigen, die uns die Suppe eingebrockt haben, sollen sie auch auslöffeln." Damit schob er die Verantwortung für die Kriegsniederlage auf die republikanischen Politiker ab, obwohl er kannte, was Hindenburg an Max von Baden zur Aussichtslosigkeit der militärischen Situation geschrieben hatte. Am 11. November 1918 wurde der Waffenstillstandsvertrag unterschrieben.

Auftakt der Verhandlungen

Die Verhandlungen zum Friedensvertrag selbst begannen ein halbes Jahr später. Der französische Ministerpräsident Clemenceau empfing die deutsche Delegation zur Überreichung des Vertragstextes mit folgenden Worten:

> „Um auch die andere Seite meines Gedankens zu Ihrer Kenntnis zu bringen, muss ich notwendigerweise hinzufügen, dass dieser zweite Versailler Friede, der den Gegenstand unserer Verhandlungen bilden wird, von den hier vertretenen Völkern zu teuer erkauft worden ist, als dass wir nicht einmütig entschlossen sein sollten, sämtliche uns zu Gebote stehenden Mittel anzuwenden, um jede uns geschuldete berechtigte Genugtuung zu erlangen. Es wird keine mündliche Verhandlung geben, und die Bemerkungen werden schriftlich vorgebracht werden müssen."[177]

Entgegen den Versprechungen des amerikanischen Präsidenten, über die Friedensbedingungen zu verhandeln, wenn er sich rechtmäßig gewählten Vertretern des deutschen Volkes gegenüber sähe, wurde der deutschen Delegation ein fertiger Friedensvertrag vorgelegt, zu dem sie nur schriftlich Stellung nehmen konnten. In den Augen der Zeitgenossen wurde der Vertrag so zum „Versailler Diktat".

Internationale Bestimmungen

Die internationalen Bestimmungen des Vertrages hatten die gravierendsten Veränderungen in Europa und im Nahen Osten zur Folge. Österreich-Ungarn hatte den höchsten Preis zu zahlen; es wurde vollständig zerschlagen. Auf seinem Gebiet entstanden fünf Staaten: Das neue Österreich, das nur noch einen Bruchteil seines ursprünglichen Territoriums umfasste, ein selbstständiges Ungarn, ein mit altem österreichisch-ungarischem Territorium deutlich vergrößertes Rumänien sowie die Tschechoslowakei und Jugoslawien als neu geschaffene Staaten. Zwischen Deutschland und Russland entstand ein Gürtel neuer Staaten, der sog. „Cordon sanitaire", als Sicherheitszone zwischen den beiden Staaten: Polen wurde wieder ein eigenständiger Staat, ebenso die baltischen Staaten Litauen, Lettland und Estland sowie Finnland. Sie waren alle seit den Napoleonischen Kriegen und dem Wiener Kongress zu einem Bestandteil des russischen Kaiserreichs geworden. Im Nahen Osten gingen aus dem Osmanischen Reich die Türkei und die französischen und englischen Protektoratsgebiete an der Ostküste des Mittelmeers hervor: Syrien und der Libanon unter französischer, Palästina, Transjordanien und Ägypten unter englischer Oberherrschaft.

Bestimmungen für Deutschland

Von den Deutschland betreffenden Bestimmungen des Vertrages wog die Zuweisung der alleinigen Kriegsschuld am schwersten. Mit diesem Vorwurf wurden alle Sanktionen gegenüber Deutschland begründet: Die Reparationszahlungen, die Gebietsabtretungen und die militärischen Beschränkungen.

Bestimmungen des Versailler Vertrags			
International	**Für Deutschland**		
	Einzelbestimmungen	**Gebietsabtretungen** **ohne**	**mit Abstimmungen**
• Zerschlagung der Donaumonarchie • Errichtung neuer Staaten, eines „Cordon sanitaire", in Osteuropa • Errichtung von englischen und französischen Protektoraten im Nahen Osten	• Alleinschuld am Kriege • Reparationsleistungen • Besetzung der linksrheinischen Gebiete • Entmilitarisierte Zone • Aufhebung der allgemeinen Wehrpflicht • 100 000-Mann-Heer • 15 000 Marine • Keine Luftwaffe • Keine schwere Artillerie	• Elsass-Lothringen (Ausweisung von 110 000 Bürgern) • Memelland: Frz. besetzt, von Litauen erobert • Polnischer Korridor (Auswanderung von 150 000 Deutscher oder Option für Polen) • Danzig wird freie Stadt • Abgabe der Kolonien	• Eupen-Malmedy (Druck Belgiens) • Nordschleswig • Südliches Ostpreußen • Westpreußen östlich der Weichsel • Oberschlesien (entgegen der Abstimmung von 60% für Deutschland!) • Saargebiet (Völkerbund unterstellt – Entscheid nach 15 Jahren)
Neugestaltung • Europas • des Nahen Ostens	Ziele: • Deutschland als Militärmacht auszuschalten (Frankreich) • „Gerechter Friede" (USA) • „Gleichgewicht der Mächte" (England)		

Reaktionen und Bewertungen

Die Bestimmungen des Vertragswerkes riefen in Deutschland einhellige Empörung hervor. Insbesondere trug der Kriegsschuldartikel dazu bei, der als glatte Unwahrheit aufgefasst wurde. In der Tat entsprach die alleinige Kriegsschuldbehauptung auch nach damaligen Kenntnisstand nicht der Wahrheit; sie diente dem politischen Zweck, die Schwächung Deutschland und die Zerschlagung Österreichs zu rechtfertigen. Scheidemann fasste diese Empörung vor der Nationalversammlung in die Worte:

„Welche Hand müsste nicht verdorren, die sich und uns in diese Fessel legt? Dieser Vertrag ist nach Auffassung der Reichsregierung unannehmbar!"[178]

Er trat mit seiner Regierung zurück. Da militärischer Widerstand aber für aussichtslos gehalten wurde, gab es zur Annahme des Vertrags keine Alternative. Man empfand diesen Vertrag, wie aus zeitgenössischen Darstellungen hervorging, als Hinrichtung Deutschlands. Dies mag zeitbedingt verständlich gewesen sein. Ein Blick auf die historische Landkarte hätte aber auch damals zu Erkenntnis führen können, dass weit mehr als Deutschland Österreich-Ungarn berechtigt gewesen wäre, diese Metapher auf sich anzuwenden.

Probleme durch die neuen Grenzen

Der Versailler Vertrag hatte an allen neugeschaffenen Grenzen Konfliktpunkte geschaffen: Sei es, dass die Grenzziehung selbst in Frage gestellt wurde, sei es, dass Bevölkerungsgruppen in Staaten hineingezwungen wurden, die ethnisch nicht hineinpassten und so Minderheitenprobleme erzeugt wurden. Der Vertrag diente also gewiss nicht der Friedenswahrung und Friedenssicherung in Mitteleuropa; bestenfalls sollte er den ehemaligen Mittelmächten innere Probleme bereiten, um sie so vor weiteren außenpolitischen Ambitionen und Aktionen abzuhalten. Dass eine solche Strategie zur Friedenssicherung ungeeignet war, wissen wir aus der nachfolgenden historischen Entwicklung. Sie wurde aber auch von damaligen Zeitgenossen in Zweifel gezogen. Wir gehen auf diese Kritik bei der Behandlung der Weimarer Republik in Band 5 ein, wo wir auch die Bedeutung des Versailler Vertrags für die Weimarer Republik herausarbeiten werden.

Probleme durch die Grenzziehungen des Versailler Vertrags	
Grenzkonflikte	**Minderheitenprobleme**
• Jugoslawien und Italien (Fiume) • Polen und Tschechoslowakei (Teschen) • Polen und Litauen (Wilna, Memel) • Polen und Deutschland (Korridor, Danzig) • Naher Osten (England und Frankreich treten die Nachfolge des Osmanischen Reiches an: Libanon, Syrien, Palästina, Transjordanien, Ägypten)	• Sudetenland • Böhmen • Polnischer Korridor • Oberschlesien • Südtirol • Ungarische Bevölkerung in Polen, Rumänien, Tschechoslowakei • Türkische Bevölkerung auf griechischem Gebiet
Der Vertrag hat systematisch Konfliktpunkte geschaffen und damit Unfrieden gesät: In Deutschland, in Süd- und Osteuropa und im Nahen Osten. Eine gewisse Stabilität konnte nur Finnland erreichen.	

6 Gesamtzusammenfassung: Wissensbasis der Orientierungs- und Handlungskompetenz

Wir verzichten auf die Domänen „Wissenschaft“ und „Wirklichkeit“, da sich in ihnen keine Neuerungen gegenüber der Frühen Neuzeit ergeben haben.

Herrschaft	Recht	Gesellschaft	Wirtschaft
• Verfassungsstaat • Gewaltenteilung • Volks-souveränität • Demokratie	• Menschen- und Bürgerrechte • Einheitliches und gleiches Recht für alle	• Bürgerliche Gesellschaft • National-bewusstsein	• Marktwirtschaft • Privateigentum

Religion	Selbstverständnis	Krieg
• Religion wird Privatsache • Religion als Machtinstrument (Napoleon)	• Individualismus • Mensch ist frei und gleich • Mensch verfügt über Menschenrechte	• Mittel der Politik • Volksheer • Volkskriege • Ächtung des Krieges

Zur Erinnerung zum Umgang mit den Begriffsschemata:

- Es handelt sich bei diesen Begriffen um Kompetenzkategorien und Kompetenzbeschreibungen, nicht um Beschreibungen der historischen Wirklichkeit. Sie stellen ein Begriffsrepertoire dar. Mit diesen Begriffen und ihren Vernetzungen soll die historische Wirklichkeit in einer schülergemäßen Weise erfasst und beurteilt werden. Die vernetzten Kategorien bilden die Grundlage der historischen Urteilsbildung.
- Bei der Sicherung eines neuen Elementes müssen die bereits erarbeiteten immer wieder wiederholt werden. Aus ökonomischen Gründen wurde diese Wiederholung bei der kompetenzorientierten Ergebnissicherung nicht mit aufgeführt, sondern nur die neuen Elemente notiert. Die Wiederholung der vertikalen Elemente und ihre Vernetzung ist also bei jeder kompetenzorientierten Ergebnissicherung mitzudenken.
- Dies gilt auch für die horizontale Vernetzung der Kategorien, die wir nur an Beispielen exemplarisch durchgeführt haben; sie sind in den Marginalien als „kompetenzorientierte Urteilsbildung“ ausgewiesen.

Anhang

Verzeichnis der benutzten Literatur

Quellen:

Bismarck, Otto von: Werke in Auswahl. Achter Band Teil A Erinnerung und Gedanke. FSGA Band Xa. Hrsg. von Rudolf Buchner. Darmstadt 1975

Die Deutsche Arbeiterbewegung 1848–1919 in Augenzeugenberichten. Hrsg. von Ursula Schulz. München 1976

Geschichte in Quellen Band IV: Amerikanische und Französische Revolution. Hrsg. von Wolfgang Lautemann und Manfred Schlenke. Bearb. von Wolfgang Lautemann. München 1981

Geschichte in Quellen Band V: Das Bürgerliche Zeitalter 1815–1914. Hrsg. von Wolfgang Lautemann und Manfred Schlenke. Bearb. von Günter Schönbrunn. München 1980

Geschichte in Quellen Band VI: Weltkriege und Revolutionen. Hrsg. von Wolfgang Lautemann und Manfred Schlenke. Bearb. von Günter Schönbrunn. München 1961

Handbuch des Geschichtsunterrichts Band IV: Die Neuzeit. Hrsg. von Herbert Krieger. Frankfurt ^{4}1978

Handbuch des Geschichtsunterrichts Band V: Die neueste Zeit. Hrsg. von Herbert Krieger. Frankfurt ^{4}1980

Hoerster, Norbert (Hrsg.): Klassische Texte der Staatsphilosophie. München ^{2}1979

Kaiser Friedrich III.: Kriegstagebuch 1870–71. Hrsg. von Heinrich Otto Meisner. Berlin und Leipzig 1926

Königin Luise von Preußen: Briefe und Aufzeichnungen 1786–1810. München 1985

Lassalle, Ferdinand: Reden und Schriften. Hrsg. von Friedrich Jenaczek. München 1970

Marx, Karl/Engels, Friedrich: Manifest der Kommunistischen Partei. Stuttgart 1969

Montesquieu, Charles de: Vom Geist der Gesetze. Stuttgart 1984

Stürmer, Michael (Hrsg.): Bismarck und die preußisch-deutsche Politik 1871–1890. Dtv Dokumente. München ^{3}1978

Fachliteratur:

Gall, Lothar: Bismarck: Der Weiße Revolutionär. Frankfurt 1980

Grab, Walter (Hrsg.): Die Französische Revolution. Eine Dokumentation. München 1973

Hartig, Paul: Die Französische Revolution im Urteil der Zeitgenossen und der Nachwelt. Stuttgart ^{2}1973

König, Wolfgang/Weber, Wolfhard: Netzwerke, Stahl und Strom 1840 bis 1914. Propyläen Technikgeschichte Bd. 4. Berlin 1997

Sieburg, Friedrich: Robespierre Napoleon Chateaubriand. Stuttgart 1967

Fachdidaktische Literatur:

Heil, Werner: Vorantike und Antike Welt. Reihe „Geschichte im Unterricht" Bd. 2. Stuttgart 2011 (1)

Heil, Werner: Welt des Mittelalters und der Frühen Neuzeit. Reihe „Geschichte im Unterricht" Bd. 3. Stuttgart 2012 (2)

Heil, Werner: Zeitgeschichte. Reihe „Geschichte im Unterricht" Bd. 5. Stuttgart 2013 (3)

Hoffmann, Joachim: Der Imperialismus und der Erste Weltkrieg. Frankfurt ^{5}1974

Rost, Sieghart: Nationalstaaten und Weltmächte. Frankfurt ^{6}1975

Trog, Walter: Die nationale und die industrielle Revolution. Frankfurt ^{6}1974

Schulbücher:

Askani, Bernhard/Wagener, Elmar: Anno 3. Braunschweig 1996

Bernlocher, Ludwig u. a.: Geschichte und Geschehen. Band 3. Stuttgart 1996

Borth, Wilhelm/Schanbacher, Eberhard (Hrsg.): Zeiten und Menschen. Neue Ausgabe G. Bd. 2. Paderborn 1986

Bruch, Rüdiger vom u. a.: Geschichte 3N. München 1988

Günther-Arndt, Hilke/Kocka, Jürgen (Hrsg.): Geschichtsbuch 3. Neue Ausgabe B. Berlin 1995

Mickel, Wolfgang W. (Hrsg.): Geschichte, Politik und Gesellschaft Band 1. Frankfurt ^{2}1988

Ripper, Werner (Hrsg.): Weltgeschichte im Aufriss Band 2: Von den bürgerlichen Revolutionen bis zum Imperialismus. Frankfurt ^{3}1978

Schmid, Heinz Dieter (Hrsg.): Fragen an die Geschichte Band 3. Frankfurt 1980.

Anmerkungen

1 Kant, Immanuel: Werke Bd. VI. Darmstadt 1964, S. 53

2 Montesquieu, S. 212ff.

3 wie Anm. 2

4 Vgl. dazu Heil (1), S. 118ff. und 162ff.

5 Aus dem Wikipedia-Artikel zum Stichwort „Gewaltenteilung"

6 Zit. nach Hoerster, S. 193 und S. 195

7 Zit. nach Hoerster, S. 196f. und S. 200

8 Zit. nach Hoerster, S. 203

9 Vgl. dazu Heil (1), S. 69ff. und 118ff.

10 Zit. nach Hoerster, S. 199

11 Vgl. Heil (2), S. 134f.

12 Beaumarchais: Ein toller Tag oder Figaros Hochzeit. Übers. von F. Dingelstedt. Hildburghausen 1865, S. 109

13 Handbuch Geschichtsunterricht IV, S. 209

14 Handbuch Geschichtsunterricht IV, S. 210

15 Grab, S. 33-36, gekürzt

16 Vgl. Heil (1), S. 91ff. und 122ff.

17 Götz W. Werner/Adrienne Goehler: 1000 € für jeden. Freiheit. Gleichheit. Grundeinkommen. Berlin 2010.

18 Handbuch Geschichtsunterricht IV, S. 214

19 Handbuch Geschichtsunterricht IV, S. 214

20 Handbuch Geschichtsunterricht IV, S. 221f.

21 Zit. nach Schmid, S. 139

22 Zit. nach Schmid, S. 139f.

23 Zit. nach Schmid, S. 140

24 Zit. nach Schmid, S. 145

25 Zit. nach Walter Markov: Revolution im Zeugenstand. Frankreich 1789-1799 Bd. 2. 1987, S. 499 ff.

26 Angaben nach Handbuch Geschichtsunterricht IV, S. 228

27 Zusammengestellt nach Handbuch Geschichtsunterricht IV, S. 228

28 Aus Saint-Just: Institutions Republicaines, hrsg. und eingeleitet von J. Gratien. Paris 1946. S. 303 ff. und S. 311. Diese Fragmente wurden nach dem Tode von Saint-Just unter seinen Papieren gefunden. Zit. nach Schmid, S. 144

29 Willms, Johannes: Napoleon. München 2009, S. 236

30 Hartig, S. 82f.

31 Hartig, S. 97f.

32 Fichte: Reden an die deutsche Nation. In: Fichte, Johann Gottlieb: Schriften zur angewandten Philosophie. Werke II. Frankfurt 1997, S. 659f.

33 Die Zuordnung der Begriffe „Freiheit", „Gleichheit", „Brüderlichkeit" zu bestimmten Lebensgebieten geht auf Rudolf Steiner zurück, der sie in einer „Dreigliederung des sozialen Organismus" verwirklicht sehen wollte. Vgl. dazu Steiner, Rudolf: Die Kernpunkte der sozia-

len Frage. Dornach 1919 sowie Ders.: Aufsätze über die Dreigliederung 1915-1921. Neu erschienen Dornach 1982

[34] Vgl. Anm. 33

[35] Malthus, Thomas: Das Bevölkerungsgesetz. München 1977, S. 22-24

[36] König, S. 196

[37] Zit. nach Geschichte und Geschehen, S. 104

[38] Aus Carl von Rotteck und Carl Welcker, Staatslexikon, Bd. 4. Altona 1835, S. 650ff.

[39] Aus A. v. Sternberg, Erinnerungsblätter aus der Biedermeierzeit. Hrsg. v. J. Kühn. Potsdam, Berlin 1919. Zit. nach Salwski, Michael/Stölken-Fitschgen, Ilona: Moderne Zeiten. Stuttgart 1994

[40] F. Schulze (Hrsg.): Die erste deutsche Eisenbahn Nürnberg-Fürth. Leipzig 1917, S. 24

[41] Aus einer Eingabe im Königreich Hannover. Zit. nach Geschichte und Geschehen, S. 105

[42] Benedict, Friedrich August: Der Zunftzwang und die Bannrechte gegenüber der Vernunft, dem Rechte und der Wissenschaft. Leipzig 1835, S. 8

[43] Auszug aus der Fabrikordnung der Baumwollspinnerei Staub & Söhne in Altenstadt (1853). Zit. nach Borth/Schanbacher, S. 283f.

[44] wie Anm. 42

[45] wie Anm. 42

[46] Karl Scheffler: Der junge Tobias. Zit. nach Geschichte und Geschehen 3, S. 101

[47] Zit. nach Handbuch Geschichtsunterricht V, S. 8f.

[48] Nach G. Hohorst, J. Kocka, A. Ritter: Sozialgeschichtliches Arbeitsbuch. München 1975, S. 107

[49] H. Rosenbaum: Formen der Familie. Frankfurt a. M. 1982, S. 405

[50] Friedrich Engels: Die Lage der arbeitenden Klasse in England. 1845; zit. nach Handbuch des Geschichtsunterrichts Bd. V, S. 10f.

[51] Heil (2), S. 120

[52] Friedrich Engels: Die Lage der arbeitenden Klasse in England. 1845; zit. nach Handbuch des Geschichtsunterrichts Bd. V, S. 9f.

[53] Zit. nach Handbuch Geschichtsunterricht Bd. V, S. 20

[54] Hans Haussherr: Wirtschaftsgeschichte der Neuzeit. Köln 1960, S. 306; zit. nach Handbuch Geschichtsunterricht Bd. V, S. 10f.

[55] Adam Smith: Untersuchungen über Natur und Ursprung des Wohlstands der Nationen. Zit. nach Ripper, S. 100ff.

[56] wie Anm. 55

[57] wie Anm. 55

[58] Vgl. Heil (1), S. 185ff.

[59] Heil (1), S. 185

[60] Vgl. Heil (2), S. 101ff. und 134ff.

[61] Auf die Bestimmung des Geldwertes gehen wir in Band 5 bei der Behandlung der Inflation von 1923 genauer ein; vgl. Heil (3), S. 23

[62] Adam Smith: Untersuchungen über Wesen und Ursachen des Reichtums der Völker. Hrsg. von Erich W. Streissler. Düsseldorf 1999, S. 167 und 385

[63] Aus dem Schmuckblatt zur Gründung der Pensionskasse der Maschinenspinnerei Augsburg 1851. Zit. nach Geschichte 3N, S. 149

64 A. Krupps Briefe 1826–1887. Zit. nach Mickel, S. 238

65 Zit. nach Seminarmaterialien Stuttgart 2012

66 W. E. v. Ketteler, Die Arbeiterfrage und das Christentum. Schriften. Kempten und München 1911, S. 287ff. Zit. nach Mickel, S. 234ff.

67 Die Enzyklika Leos XIII. Rerum novarum und die Enzyklika Pius XI. Quadragesimo anno. Amtlicher deutscher Text. Hrsg. vom Erzbischöflichen Seelsorgeamt Köln. Bastion Verlag, Düsseldorf 1946. Abschnitt 15-17. Zit. nach Mickel, S. 235

68 Vgl. Heil (2), S. 119f.

69 W. A. Visser't Hooft [Hrsg.]: Die erste Vollversammlung des Ökumenischen Rates der Kirche. Zürich 1948, S. 100. Zit. nach Mickel, S. 235f.

70 H. Schulze-Delitzsch: Das deutsche Assoziationswesen. Rede 1858. Zit. nach Mickel, S. 238

71 Lassalle, S. 49

72 Lassalle, S. 50

73 Lassalle, S. 56f.

74 Lassalle, S. 40

75 Arbeiterbewegung, S. 200

76 Vgl. Anm. 33

77 Arbeiterbewegung, S. 202

78 Manifest, S. 41 und S. 60

79 Brief Luises an ihren Vater vom April 1808. Zit. nach Königin Luise, S. 422

80 Aus Metternichs nachgelassenen Papieren. Zit. nach Schmid, S. 153

81 Heinrich von Kleist: Sämtliche Werke und Briefe. Band III. München/Wien 1982, S. 355. Zit. nach Bernlocher: Geschichte und Geschehen Band 3, S. 71

82 Adolf Kußmaul, Jugenderinnerungen eines alten Arztes. Stuttgart 1922, S.73/74. Zit. nach Bernlocher: Geschichte und Geschehen Band 3, S. 71

83 Sieburg, S. 465

84 Hegel, Vorlesungen über die Philosophie der Geschichte. In: Georg Wilhelm Friedrich Hegel: Sämtliche Werke Bd. 11. Hrsg. von Hermann Glockner. Stuttgart 1971, S. 562 und 564

85 Zit. nach Seminarmaterialien Stuttgart 2012

86 Freiherr vom Stein: Ausgewählte Politische Briefe und Denkschriften. Hrsg. v. E. Botzenhart u. G. Ipsen. Aalen 1955, S. 351 ff.

87 Geschichte in Quellen Bd. 5, S. 27

88 E. R. Huber (Hrsg.): Dokumente zur deutschen Verfassungsgeschichte. Band 1. Stuttgart 1961, S. 91f.

89 Heinrich von Gagern: Das Leben des Generals Friedrich von Gagern. Band 1. Heidelberg 1856, S. 270 ff.

90 Philipp Jacob Siebenpfeifer. Zit. nach Kurt Hirsch (Hrsg.): Deutschlandpläne. Dokumente und Materialien zur deutschen Frage. München 1967, S. 26f.

91 Offenburger Programm vom 12.9.1847. Zit. nach Aufrufabbildung in Wikipedia, Art. „Offenburger Programm"

92 Zit. nach Mickel, S. 117

93 Geschichte in Quellen Bd 5, S. 136

94 Fanny Lewald: Erinnerungen aus dem Jahr 1848. Frankfurt 1969, S. 74 ff.

95 Trog, S. 78

[96] Bismarck, S. 413

[97] Trog, S. 79

[98] Trog, S. 79

[99] Trog, S. 79

[100] Geschichte in Quellen Bd. V, S. 189f.

[101] Geschichte in Quellen Bd. V, S. 190ff.

[102] Geschichte in Quellen Bd. V, S.197

[103] Meyer, Thomas: Ludwig Polzer-Hoditz. Ein Europäer. Basel 1994, S. 462f.

[104] Zit. nach Günther-Arndt, S. 110

[105] Zit. nach Günther-Arndt, S. 110

[106] Zit. nach Günther-Arndt, S. 110

[107] Geschichte in Quellen Bd. V., S. 221

[108] Leopold v. Ranke: Aus dem Briefwechsel Friedrich Wilhelms IV. mit Bunsen. Leipzig 1873. S. 235. Zit. nach Mickel, S. 120f.

[109] F. Lautenschlager (Hrsg.): Volksstaat und Einherrschaft. Dokumente aus der badischen Revolution 1848/49, Konstanz 1920, S. 193 ff. Zit. nach Bernlocher, S. 181

[110] Trog, S. 83

[111] Darstellung nach Bernlocher, S. 180

[112] Zit. nach Askani, S. 105

[113] Bismarck, S. 128ff.

[114] Zit. nach www.preussen-chronik.de/ereignis_jsp/key=chronologie_007080.html

[115] Brief Bismarcks an Minister von Schleinitz vom 12.5.1859. Zit. nach Bismarck, Otto von: Bismarcks Briefwechsel mit dem Minister Freiherrn von Schleinitz. 1858-1861. Übertragung von Fraktur in Antiqua Hamburg 2011, S. 25

[116] Aus einem Brief an die Gräfin von Bismarck-Bohlen. Zit. nach Handbuch Geschichtsunterricht V, S. 55; Vgl. Gall, S. 43

[117] Vgl. Ernst Engelberg: Bismarck – Urpreuße und Reichsgründer. Berlin 1985, S. 181

[118] Zit. nach Rost, S. 35

[119] Rost, S. 35

[120] Thomas Stamm-Kuhlmann: Der Mantel der Geschichte. Zur Karriere eines unmöglichen Zitats. In: Thomas Stamm-Kuhlmann, Jürgen Elvert, Birgit Aschmann, Jens Hohensee (Hrsg.): Geschichtsbilder. Festschrift für Michael Salewski zum 65. Geburtstag. Stuttgart 2003, S. 212ff.

[121] Brief an August von Heyden, 5. August 1893. Zit. nach: Im Blickfeld: Theodor Fontane und seine Zeit. Hrsg. von Charlotte Müller-Reisener. Flensburg 2008, S. 110

[122] Rost, S. 40

[123] Rost, S. 41

[124] Bismarck, S. 205

[125] Schmid, S. 212

[126] Zit. nach Rost, S. 43

[127] Bismarck, S. 221f.

[128] Bismarck, S. 222f.

[129] Zit. nach Schmid, S. 212

[130] Zit. nach Gall, S. 279

[131] Vgl. Heil (2), S.134f.

[132] Bismarck, S. 322f.

[133] Werner Richter: Ludwig II. München [11]1985, S. 112. Das Burckhardt-Zitat stammt aus einem Brief Burckhardts an Friedrich von Preen vom 9. Dezember 1878.
[134] Zit. nach Rost, S. 59
[135] Zit. nach Rost, S. 68
[136] Zit. nach Spiegel Special Geschichte 1/2007, S. 153
[137] Rudolf Eucken: Lebenserinnerungen. Leipzig 1921. Zit. nach Spiegel Online Kultur, Projekt Gutenberg.de; William Ewart Gladstone 1809–1898; liberaler englischer Politiker, der viermal Ministerpräsident war
[138] Zit. nach Gerhard A. Ritter (Hrsg.): Das Deutsche Kaiserreich 1871–1914. Ein historisches Lesebuch. 5. Aufl. Göttingen 1992, S. 181.
[139] Friedrich, S. 302f.
[140] Zit. nach Franz Herre: Kaiser Friedrich III. Stuttgart 1987, S. 190 und Werner Richter: Kronprinz Rudolf von Österreich. S. 251
[141] Siehe S. 105
[142] Friedrich Nietzsche: Erste unzeitgemäße Betrachtung. In: Friedrich Nietzsche: Werke in drei Bänden. München 7. Aufl. 1973, S. 137
[143] Vgl. Joachim Bauer: Das kooperative Gen. Abschied vom Darwinismus. Hamburg 2008
[144] Zit. nach dem Wikipedia-Artikel „Syllabus errorum"
[145] So im Reichs-Gesetzblatt vom 22. Oktober 1878. Zit. nach Das Staatsarchiv. Band 34. 1878. S. 45 ff., Nr. 6797
[146] August Bebel: Aus meinem Leben. Berlin, Bonn/Bad Godesberg 1976, S. 149 ff.
[147] So zu lesen in der „Königlichen privilegierten Berlinischen Zeitung" vom 19.10.1906
[148] Stenographische Berichte des Reichstages, XII. Legislaturperiode, 2. Session, Bd. 259, S. 898
[149] C. Kehr [Seminardirektor], Wegweiser zur Führung einer geregelten Schuldisziplin. In: Praxis der Volksschule. Gotha 1903. S. 65 ff. Zit. nach Schmid, S. 227
[150] W. Liebknecht, Wissen ist Macht. Göttingen 1887. S. 21 und 25. Zit. nach Schmid, S. 227
[151] Neue Aufgaben-Order Wilhelms II. vom 1. Mai 1889. In: Giese, Quellen zur Schulgeschichte, seit 1800, S. 194. Zit. nach Schmid, S. 227
[152] Zit. nach Stürmer, S. 60f.
[153] Zit. nach Stürmer, S. 75
[154] Zit. nach Stürmer, S. 100f.
[155] Zit. nach Gall, S. 524
[156] Bismarck, S. 540
[157] Rost, S. 108
[158] Verhandlungen des Reichstags. IX. Legislaturperiode V. Sektion. Band 1. Berlin 1898, S. 60
[159] Ernst Johann (Hrsg.): Reden des Kaisers. Ansprachen, Predigten und Trinksprüche Wilhelms II. München 1966, S. 88f.
[160] L. Zimmermann: Der Imperialismus. Stuttgart 1971, S. 27. Zit. nach Bernlocher, S. 221
[161] W. T. Stead (Hrsg.): The Last Will and Testament of Cecil J. Rhodes, London 1902, S. 58f. und S. 98. Zit. nach Bernlocher, S. 221
[162] Zit. nach: E. v. Moltke (Hrsg.): Helmuth v. Moltke. Erinnerungen, Briefe, Dokumente 1877-1916. Stuttgart 1922, S. 243.
[163] Zit. nach Bernlocher, S. 230
[164] Zit. nach Bernlocher, S. 221

[165] Zit. nach Bernd Sösemann: Die sog. Hunnenrede Wilhelms II. Textkritische und interpretatorische Bemerkungen zur Ansprache des Kaisers vom 27. Juli 1900 in Bremerhaven. In: Historische Zeitschrift 222, 1976, S. 342ff.

[166] P. Alter: Der Imperialismus. Stuttgart 1985, S.67f.

[167] Hoffmann, S. 46f.

[168] Hoffmann, S. 46f.

[169] Zit. nach Walter Fabian: So brach 1914 der Krieg aus. 1925, S. 473

[170] Zit. nach Michael Freund: Deutsche Geschichte. 1961. S. 919

[171] Brief von Walter Limmer, Jurastudent, geboren 1890. Zit. nach Hoffmann, S. 65

[172] Brief des Jurastudenten Friedel Oehme, geboren 1897. Zit. nach Hoffmann, S. 65f.

[173] Hoffmann, S. 69

[174] Hoffmann, S. 73

[175] So Bernstorff in seinen Memoiren, S.373ff. Zit. nach Prinz Max von Baden: Erinnerungen und Dokumente 1. Übertragung von Fraktur in Antiqua Hamburg 2011, S. 81

[176] Hoffmann, S. 75

[177] Geschichte in Quellen Bd. VI, S. 126f.

[178] Geschichten in Quellen Bd. VI, S. 129

Werner Heil

Kompetenz-orientierter Geschichtsunterricht

2. vollständig überarbeitete Auflage 2012
156 Seiten, 66 Abb. Kart. € 19,90
ISBN 978-3-17-022254-0

Geschichte im Unterricht, Band 1

Kompetenzorientierter Unterricht ist seit dem PISA-Schock in aller Munde. Unbestritten ist dabei, dass sich auch der Geschichtsunterricht wandeln muss. Unterrichtsziel ist heute ein selbstständiger, reflektierter Umgang mit Geschichte, der nachhaltiges Lernen und Verstehen ermöglicht. Dieser Band gibt einen grundlegenden Überblick über die bestehenden Kompetenzmodelle, untersucht ihre Stärken und Schwächen und entwickelt vor diesem Hintergrund ein eigenes Kompetenzentwicklungsmodell, das mit zahlreichen praxisrelevanten Beispielen anschaulich erläutert wird. Praxisnah wird die Grundlage eines modernen kompetenzorientierten Geschichtsunterrichts gelegt; Studierende, Referendare sowie Lehrer erhalten so umsetzbare Hilfestellungen für eine neue Vermittlung von Geschichte. Die zweite Auflage des Bandes wurde vollständig überarbeitet und grundlegend erweitert.

www.kohlhammer.de

W. Kohlhammer GmbH · 70549 Stuttgart
Tel. 0711/7863 - 7280 · Fax 0711/7863 - 8430 · vertrieb@kohlhammer.de

Kohlhammer

Werner Heil

Vorantike und Antike Welt

2012. 164 Seiten. Kart. € 19,90
ISBN 978-3-17-021229-9

Geschichte im Unterricht, Band 2

Die Steinzeit, die frühen Hochkulturen und die Alte Welt der Griechen und Römer stehen im Mittelpunkt dieses zweiten Bandes des kompetenzorientierten Geschichtsunterrichts. Die Vermittlung von Inhalt und der Aufbau von Kompetenz und Kompetenzen stellen höchste Ansprüche an die Lehrenden und Lernenden. Eine große Schwierigkeit bereitet das Verständnis der anderen Denkweisen und Welterfahrungen. Ihnen wird auf der Basis des Konstruktivismus' besondere Aufmerksamkeit gewidmet. Strukturskizzen visualisieren die Gliederung und den Aufbau des Unterrichts; inhaltliche und kompetenzorientierte Ergebnissicherungen halten den Ertrag der Stunden und der Einheiten fest. Vorschläge zur Selbstevaluation und andere didaktischen Methoden zeigen, wie moderner Geschichtsunterricht die Steinzeit, die frühen Hochkulturen und die Antike Welt optimal vermitteln kann und welche didaktischen Methoden den Lernprozess begleiten und unterstützen. Besondere, die Epoche kennzeichnende Inhalte, werden ausgewählt und miteinander verknüpft und entsprechend aufbereitet. Das Buch bettet den Lehrstoff didaktisch in das Kompetenzentwicklungsmodell ein und zeigt so anschaulich, wie moderner, kompetenzorientierter Geschichtsunterricht aussehen kann.

W. Kohlhammer GmbH · 70549 Stuttgart
Tel. 0711/7863 - 7280 · Fax 0711/7863 - 8430 · vertrieb@kohlhammer.de

Kohlhammer

Werner Heil

Welt des Mittelalters und der Frühen Neuzeit

2012. 164 Seiten. Kart. € 19,90
ISBN 978-3-17-021634-1

Geschichte im Unterricht, Band 3

Die Welt des Mittelalters und der Frühen Neuzeit stehen im Mittelpunkt dieses dritten Bandes. Charakteristische Herrschafts- und Lebensformen, Leben in Kloster, Stadt und auf dem Land, die Reformation und Konfessionalisierung sowie die Entwicklung des Absolutismus werden in diesem Band eingehend erklärt und auf der Grundlage des Kompetenzkonzepts didaktisch aufbereitet. Vorschläge zur Selbstevaluation und andere didaktischen Methoden zeigen praxisorientiert, wie moderner Geschichtsunterricht die Welt des Mittelalters und der Frühen Neuzeit optimal vermitteln kann und welche didaktischen Methoden den Lernprozess begleiten und unterstützen. Besondere, die Epoche kennzeichnende Inhalte, werden ausgewählt und miteinander verknüpft und entsprechend aufbereitet. Das Buch bettet den Lehrstoff didaktisch in das Kompetenzentwicklungsmodell ein und zeigt so anschaulich, wie moderner, kompetenzorientierter Geschichtsunterricht aussehen kann.

www.kohlhammer.de

W. Kohlhammer GmbH · 70549 Stuttgart
Tel. 0711/7863 - 7280 · Fax 0711/7863 - 8430 · vertrieb@kohlhammer.de

Werner Heil

Zeitgeschichte

2012. 184 Seiten. Kart. € 24,90
ISBN 978-3-17-022639-5

Geschichte im Unterricht, Band 5

Das „kurze 20. Jahrhundert" ist Inhalt dieses Bandes. Er beginnt mit der Darstellung der Weimarer Republik, behandelt den Nationalsozialismus und die Geschichte Deutschlands von 1945 bis 1990. Deren Geschichte wird miteinander verzahnt, sodass der innere Zusammenhang der beiden Entwicklungen sichtbar bleibt. Die Darstellung endet mit der Wiedervereinigung der beiden deutschen Staaten. Die Inhalte werden wieder auf der Grundlage des in Band 1 entwickelten Kompetenzkonzepts didaktisch reduziert, aufbereitet und vermittelt. Vorschläge zur Selbstevaluation und andere didaktischen Methoden zeigen praxisorientiert, wie moderner Geschichtsunterricht die Zeitgeschichte optimal vermitteln kann und welche didaktischen Methoden den Lernprozess begleiten und unterstützen. Charakteristische, die Epoche kennzeichnende Inhalte werden ausgewählt, aufbereitet und miteinander verknüpft. Im Unterschied zu den ersten drei Bänden, in denen die historische Kompetenz der Schülerinnen und Schüler vor allem aufgebaut wurde, geht es bei der Zeitgeschichte in erster Linie darum, die erworbene Kompetenz zur historischen Urteilsbildung anzuwenden.

www.kohlhammer.de

W. Kohlhammer GmbH · 70549 Stuttgart
Tel. 0711/7863 - 7280 · Fax 0711/7863 - 8430 · vertrieb@kohlhammer.de